KB244247

인권을 외치다

가장 낮은, 가장 약한
사람들의 열망으로 바꿔온
인권의 역사

인권을 외치다

류은숙 지음

가상 낮은, 가장 약한 사람들의
열망으로 바꿔온 인권의 역사

푸른숲

인권은 어떤 자격이나
능력을 요구하지 않는다.
인권은 인간이라는
단 한 가지 이유만으로
누구나 차별 없이 누려야 할
필수적인 권리이다.

인권의 저자들에게 바친다

1992년에 인권 단체에 몸을 담았다. 인권은 그야말로 안갯속이었다. 우선 인권 자료를 모아보기로 했다. 인권 정보 자료실이란 거창한 이름을 달았지만, 처음 한 일은 앵글 책꽂이를 짜는 일이었다. 주머니 사정이 뻔한 인권 단체였는지라 책꽂이를 사는 것보다 앵글을 사서 우리 손으로 직접 짜서 만들었다. 그날을 잊을 수 없는 건 바로 말복이었기 때문이다. 게다가 작업 장소는 그늘 하나 없는 옥상이었다. 하늘의 땡볕과 옥상의 지열이 합쳐지니 용광로가 따로 없었다. 땀으로 목욕하고서야 여섯 개의 책꽂이가 만들어졌다. 그런데 가진 자료들을 꽂아보니 채 한 칸도 차지 않았다. 그 뒤로도 오랫동안 우리의 책꽂이는 비어 있었다. 가끔 신문 기사 스크랩을 채울 수 있을 뿐 인권에 관한 읽을거리는 정말 빈약했다.

그동안 강산도 바뀌고 세기도 바뀌었다. 요즘은 책꽂이가 모자란다. 그런데 이젠 다른 고민이 생겼다. 인권에 대해 알고 싶다는 사람들에게 '뭘 읽으라고 권할까'라는 고민이다. 각종 보고서와 논문, 출판물이 넘쳐 나지만, 사람들이 쉽게 손에 잡을 수 있는 인권 자료는 내 맘속에선 여전히 채 한 칸도 되지 못하는 것 같다. 감히 '그 한 칸에 꽂아도 되는 걸까'라는 두려운 심정으로 이 책을 내놓게 됐다.

인권에 관한 글을 읽다 보면 자주 인용되는 문헌들이 있다. 당대 인권 현장에 있던 사람들의 울림이 있고, 치열한 토론의 결실인 국제적 합의가 있고, 인권을 우습게 아는 권력을 속시원히 비웃어주고, 인권의 핵심을 한 방에 꿰는 그런 문헌들이다. 그런데 우리가 접할 수 있는 건 한두 줄의 인용이거나 그에 대한 해석뿐이다. 감질이 난다. 뭔가가 더 있을 것 같고 내 눈으로 직접 읽고 느껴보고 싶었다. 아무리 찾아봐도 번역본은 물론, 원문 자체도 구할 수 없는 경우가 많았다. "이걸 인용한 필자는 전체 글을 읽어봤을까?" 하는 의심도 들고, "이 좋은 걸 혼자만 읽었나? 좀 자세히 소개해주면 좋잖아" 하는 불만도 생겼다.

목마른 사람이 우물 판다고, 전문 연구자가 아니지만 나와 인권 활동가 동료들이 나서서 그런 문헌을 함께 찾고 공부를 했다. 국내에 번역문이 조금이라도 소개된 것이 있으면 찾아서 이어붙이고, 원문을 찾으면 실력이 허락하는 만큼만 번역을 하고, 전혀 알려지지 않았던 문헌은 '우리 같은 상황을 다른 누군가도 겪었을 테니 분명 한마디쯤 남겨놓았을 거야'란 생각으로 무턱대고 찾아보기도 했다. 그런 방황 속에서 찾고 읽고 쓴 글이라 체계도 어지럽고 빈 구석이 많을 수밖에 없음을 이해해주시길 바란다. 인권 현장의 목소리는 지금도 절실히 터져 나오고 있고, 인류의 새로운 다짐을 담은 문서들도 쏟아지고 있다. 이 책의 부족함은 그런 소리를 계속 찾아나가겠다는 다짐으로 메워가려 한다.

인권 문헌을 읽기도 전에, "그런데 도대체 인권이 뭐야?" 하는 의문이 들 것이다. '졸려, 자고 싶다'고 말하면 될 것을 '수면권을 보장하라'고 말하고, 갖고 싶은 것이나 하고 싶은 것에 죄다 '권' 자를 갖다 붙이는 게 유행이다. 그런 '권'들과 '인권'의 차이는 무엇일까?

지금껏 들어온 인권에 대한 질문 중 가장 어려운 질문도 역시 '도대체 인권이 무엇이냐'는 것이다. 권리 주장이 차고 넘치는 요즘엔 답하기가 더욱 어려워졌다. 밥 먹는다고 불러서 갔다. 앉으려는데 누가 이런 말을 한다. "쟤, 누가 불렀니? 누가 오라고 했니?" 이러면 정말 화나고 모욕감을 느낄 것이다. 억지로 앉아서 대화에 끼려고 하니 "여기가 어디라고 네가 입을 열어? 넌 발언권 없어" 하는 것도 마찬가지다. 이 식탁에 도사리고 있는 것은 구분과 배제와 차별과 억압이고, 여기에 차려진 권리가 아무리 풍성하다 한들 그건 어디까지나 특권일 수밖에 없다. 인권은 인간 존중의 식탁에 누구나 둘러앉아 같이 먹고 마시며 누구나 목소리를 가질 수 있는 것이다. 이런 점을 염두에 두고 유사품(?)과 인권을 비교해보자.

먼저 '자연권'이다. 자연권은 인간에게 자연적으로 속한 권리, 즉 인간이라는 단 한 가지 사실만으로 가질 수 있는 기본적인 권리이다. '자연적'이니까, 국가가 준 게 아니니까 어떤 권력으로도 빼앗을 수 없다. 인간으로 태어났다는 사실만으로 자연권을 가지므로 모든 인간은 평등하다. 자유가 구속당하면 자연권을 행사할 수 없으니 자유로워야 하는 것도 당연하다. 따라서 자유와 평등이 자연권의 핵심 개념이 된다.

그런데 자연권을 말할 때 모든 인간에게 공통된 필수적인 특질이 있다고 말하는데 바로 '이성'이다. 이성이란 옳고 그름을 구별할 줄 아는 능력이고, 이성을 가진 인간은 도덕적으로 옳은 것을 판단하는 힘을 가진다. 이 힘을 권리로 여긴 것이 바로 자연권 사상이다. 그런데 이들은 자신들의 기준으로 볼 때 '이성'과 '자율적인 도덕적 의지'를 갖지 못했다고 낙인찍은 사람들을 인간으로 여기지 않았다. 노예, 이교도, 야만인, 식민지인, 원주민, 여성, 아동, 빈민, 광인(당시의 표현에는 정신장애란 말이 없었다)에겐 이성이 없고 자율적인 도덕적 의지가 없으니, 이들에게 무슨 짓을 하건 '인권침해'로 비난받을 일이 아니라고 했다. 자연권은 모든 사람의 권리를 외쳤지만 실상은 대다수 인간을 '배제'하는 논리였다.

하지만 인권은 다르다. 자연권처럼 인간 본성에 내재된 무엇(이성)이 있다고 가정하지 않는다. 인권은 이 세상에 인간으로 태어났다는 사실 말고는 아무것도 묻지 않는 모든 인간의 권리다. 노예, 식민지, 인종차별 등 불의하고 부정한 것을 자연적 질서라며 정당화하는 대신 모든 인간을 위한 보편적 정의를 추구하고 그 정의의 요소가 되는 것이 인권이다.

두 번째로 생각해볼 것은 '시민권'이다. 시민권과 인권의 내용은 별반 다르지 않다. 하지만 시민권은 한마디로 멤버십 카드 소지자만 누릴 수 있는 권리다. 멤버십 카드가 있어야 특정 클럽에 들어가 권리와 서비스를 누릴 수 있다. 또한 멤버십 카드에 골드 카드가 있고 그렇지 않은 카드가 있듯이 시민권 내에서도 1등 시민이 있고, 2등 시민, 3등 시민이 계속 만들어진다. 인권이 멤버십을 해체해서 권리를 보편화하는 것이라면 시민권은 배타적인 멤버십에 기초한 권리다.

시민권은 구분하고 배제함으로써 '우리'를 만들어내고 그럼으로써 '그들'을 만들어낸다. 반면 인권은 '인간'이라는 것 외에 어떤 조건도 붙이지 않는다. 신체의 자유, 사상의 자유, 의사표현의 자유 등 권리 내용을 말할 때 시민권과 인권의 차이가 없어 보이지만, 바로 이런 점에서 시민권과 인권은 가까우면서도 다르다.

세 번째로 '기본권'을 생각해보자. 인권이 추상적이고 일반적인 원칙을 담고 있다면 기본권은 민주 사회에서 의사소통 절차를 거쳐 정해진 구체적인 실정법적 권리를 말한다. 헌법전을 가진 나라에서는 헌법이 보장하는 권리, 즉 특정한 시간과 공간에서 보편성을 얻은 인권을 기본권이라 한다. 그런데 모든 실정법상 권리가 인권은 아니다. 헌법상 기본권이라 하여 국가가 정해줬다고 여기면 안 된다. 또는 헌법상 기본권으로 설정된 권리까지만 인권이라고 여겨서도 안 된다. 기본권이 인권을 드러내는 방식인 건 맞지만 인권의 전부를 드러내는 건 아니다.

옷을 입었으면 거울을 보고 매무새를 다듬어야 한다. 단추를 똑바로 채

였는지, 김치 국물이 묻지는 않았는지 말이다. 인권과 기본권의 관계가 그러하다. 구체적인 법과 제도는 근원이 되는 인권의 원칙에 비추어 항상 점검해야 하고, 인권은 구체적인 법과 제도의 옷을 입기 위해 노력해야 한다.

마지막으로 숱한 '권리들'이 있다. '나에겐 권리가 있다'고 말할 때는 타인 또는 국가가 특정 행위를 못하도록 하거나 반드시 하도록 명령하는 힘이 있다. 권리 주장이 늘어날수록 인권의 자리는 오히려 협소해진다. 인권은 무권리자의 권리를 말하는 것이고, 경쟁을 강요하는 정치·경제·사회적 관행을 추궁하는 악역을 도맡아야 하기 때문이다.

노상강도가 여러분에게 강압으로 돈을 요구할 수 있다. 그리고 힘으로 요구를 관철할 수 있다. 이 노상강도에게 권리가 있다고 말할 수는 없다. 하지만 실제 현실은 어떤가? 강도의 권리를 말하는 권리 주장이 넘치고 그것을 법으로 인정해주기도 한다. 타인이나 공동체에 대한 배려가 없는 권리 주장이 힘으로 관철되는 일이 흔하다. 당연히 인권은 이런 권리들과 구분된다. 인권은 도덕적 정당성을 갖는 권리이고 때로 강도의 권리를 인정해 주는 실정법에 맞설 수 있는 힘이다. 그래서 인권은 실정법에 따른 권리 주장의 정당성을 판단하는 잣대가 된다. 인권은 근원적 규범을 추구하지만 인권을 부정당할 때 다시 되찾기 위한 투쟁이 현실의 규범을 어기기도 한다.

모든 요구가 권리 주장이 될 수는 없다. 그것이 실현 가능한지 인간 생활에 근본적이고 긴요한지 여부를 따져야 한다. 그것이 없으면 인간 존엄성을 도무지 유지할 수 없는 것, 그것을 존중하지 않으면 우리가 사는 사회를 인간다운 사회라 할 수 없는 속성을 지닌 것이 인권의 대상이 된다.

이런 기준들을 따른다 할지라도 흔히 이기적이고 배타적이라 질타하는 권리 주장과 정당한 인권의 요구를 구분하기란 쉽지 않다. 그래서 인권을 마음으로 느끼고, 타인의 고통에 대해 공감하는 인권 감수성이 필수라면 인권에 대한 독해 능력도 필요하다. 이 책이 그런 독해 능력을 기르는데 작은 도움이 되길 바랄 뿐이다.

　여러 인권 단체들이 공동 발간하는 인터넷 인권 신문인 〈인권오름(구 인권하루소식)〉에 연재되던 글을 푸른숲에서 발견하고 출판을 추진해주셨다. 글의 모자란 부분도 많이 지적하고 고쳐주셨다. 수고하신 분들에게 감사드린다. 또 조악한 나의 번역을 성공회대 영어학과의 진영종 교수님이 세심하게 감수해주셨다. "인권 활동가들과 함께하는 건 뭐든지 영광"이라면서 늘 인권 운동을 추켜세워주시는 진 교수님께 감사드린다. 인권이란 말 앞에 마음과 몸과 시간과 돈을 아끼지 않고 계신 많은 분들에게 이름을 일일이 열거하지는 못하지만 정말 감사드린다.

　가장 감사드리고 싶은 분들은 인권의 진짜 저자들이다. 최근에 본 책에서 "인권에는 분명한 저자가 있다"고 했다. '인권의 저자'란 인간의 고난과 굴욕을 당연한 것으로 여기지 않고 도전해온 사람들이다. 인권을 써내려온 사람들, 지금도 인권을 쓰고 있는 사람들이 이 문헌집을 통해 조우하는 기쁨을 누렸으면 좋겠다. 부족한 글이나마 인권의 저자들에게 바치고 싶다.

2009년 8월

류은숙

1장_

인권이 우리를
자유케 하리라

인권의
새로운
지평을 열다

〈세계 인권 선언〉, 1948

"모든 사람은 태어날 때부터 자유롭고
존엄성과 권리에서 평등하다.
사람은 이성과 양심을 부여받았으며
서로를 형제의 정신으로 대해야 한다."

달력을 보면 '날'들이 많다. 어린이날, 어버이날, 스승의 날은 물론이고 문화의 날, 과학의 날처럼 익숙지 않은 기념일도 많다. 혹시 달력에서 '세계 인권의 날'을 본 적이 있는가. 무슨 날인지 궁금해서 인터넷으로 검색해보는 사람도 있겠지만 대개 이런저런 날 가운데 하나로 여기고 흘려보내게 마련이다. 나도 인권 단체에 몸담은 후에야 이 날의 의미를 알게 되었다. 유엔 총회가 인권의 보편적 기준으로 〈세계 인권 선언〉을 선포한 1948년 12월 10일을 기려 이 날을 '세계 인권의 날'로 정한 것이다.

내가 맨 처음 접한 인권 문헌도 바로 〈세계 인권 선언〉이었다. 인권 공부를 하기는 해야겠는데 1990년대 초만 해도 입문서조차 드물었다. 궁여지책으로 나와 동료들은 〈세계 인권 선언〉을 구해 한 조항씩 읽어가며 토론하기로 했다. 인터넷은커녕 개인 컴퓨터도 흔하지 않던 때라 우리는 각자 손으로 베껴 온 토론문을 들고 낭독하며 이야기를 나눴다. '가갸거겨'를 익히는 기분이었다.

〈세계 인권 선언〉이 탄생한 1948년, 우리나라에서는 남(8월 15일)과 북(9월 9일)에 따로 정부가 세워졌고, 국가보안법이 제정(12월 1일)되었다. 남북 분단이라는 상황에서 국가 안보와 체제 우월성을 앞세운 정부에 의해 인권이 무시당하고 짓밟히던 당시, 우리에게 〈세계 인권 선언〉의 한 조항 한 조항은 '맞다! 이거다' 연신 무릎을 치게 했다. 우리가 평소 '이런 건 참을 수 없다', '왜 우리 정부는 이런 걸 존중해주지 않는 거지'라고 생각했던 문제와 그 해결 방안이 분명히 제시되어 있었다. 게다가 그것이 국제적으로 권위 있는 문서라 하니 기운이 솟았다. '그래, 우리만 이런 생각을 한 게 아니었어. 든든한 빽이 생겼네' 하는 기분이었다.

물론 그때의 감동이 지금도 같은 건 아니다. 〈세계 인권 선언〉의 행간에 숨어 있는 정치적 계산도 알게 됐고, 인권에 대한 눈높이가 그때와는 달라졌기에 〈세계 인권 선언〉이 초라해 보일 때도 있다. 그렇다고 해서 '첫사랑'을 잊을 수 있나. 〈세계 인권 선언〉을 되풀이해서 읽을 때마다 '다시는 전쟁 같은 것은 하지 말자. 인권으로 사람살이를 도모하자'는 인류의 의지는 온전히 전해진다.

5천만 명이 죽고서야 인권 선언이 탄생하다 |

〈세계 인권 선언〉이 나오게 된 직접적인 원인은 제2차 세계대전이다. 1939년부터 1945년까지 6년 동안 모든 대륙과 바다에서 벌어진 전쟁, 5천만 명에 이르는 인간의 생명을 앗아간 전쟁의 참상과 만행은 자국민을 억압하는 국가는 인류 모두의 인권을 위협할 수 있음을 깨우쳐줬다. 이를 교훈 삼아 1945년 전쟁 방지와 평화 유지를 위해 창설된 유엔은 그 헌장에 '모든 사람을 위한 인권과 기본적인 자유에 대한 보편적인 존중과 준수'(제55조)라는 목적과 그 성취를 위한 '행동 서약'(제56조)을 담았다.

엘리너 루스벨트가 완성된 〈세계 인권 선언〉을 들여다보고 있다. 미국 대통령 프랭클린 루스벨트(Franklin Roosevelt)의 부인이기도 한 엘리너는 미국의 유엔 대표, 유엔 인권위원회 의장을 지냈다.

그러나 〈유엔 헌장〉은 일반적인 수준의 인권을 언급하고 있을 뿐이며, 더욱이 모순되는 조항도 함께 담고 있다. 예를 들어, 〈유엔 헌장〉은 제2조 7항에 "국내 관할권에 속하는 문제에 개입할 수 없다"고 명시해놓아 한 국가의 인권 상황에 대해 여전히 국제기구나 다른 국가들의 개입을 막는 국가주의적 특징을 드러내고 있다. 전쟁과 반인권의 상흔이 생생히 드러난 1945년에도 인권에 대한 실질적이고 국제적인 이해는 여전히 미미한 수준이었다.

이런 상황에서 인권에 대한 국제적 관심을 분명히 하려면 인류 공통의 인권 기준이 필요했다. 1946년 1월에 열린 제1차 유엔 총회는 기본적인 인권에 관한 문서를 기초하기로 하고, 그 내용을 구체적으로 정하기 위해 유엔 인권위원회를 설치했다. 엘리너 루스벨트(Anna Eleanor Roosevelt)를 의장으로 한 유엔 인권위원회는 8개국으로 구성된 '기초위원회'에 초안 작성을 맡겼다. 이리하여 1947년 1월부터 1948년 12월 사이 〈세계 인권 선언〉의 기초 작업이 진행되었다. 그 과정에서 선언으로 할 것인가 조약으로 할 것인가를 놓고 논란이 벌어졌다. 선언은 이행 의무를 부과하는 것이 아니라 목표로 삼아야 할 지침을 담는 것이다. 따라서 선언이 법적 구속력을 가진 조약보다 회원국의 서명을 받아내기 쉬웠다. 기초위원회의 흐름은 선언 쪽으로 기울었다.

1948년 9월부터 12월까지 열린 제3차 유엔 총회에서는 〈세계 인권 선언〉 초안을 아주 면밀히 검토했다. 모든 단어와 문장을 샅샅이 검토했고 무려 1,400회의 투표를 거쳤다. 다소 일반적이고 추상적인 내용의 〈세계 인권 선언〉이 반대 없이 채택된 것은 이런 고된 타협의 결과였다. 〈세계 인권 선언〉은 매우 다양하고 심하게 갈등하는 정치·철학·종교 체제와 문화적 전통이 그 차이를 극복하고 하나를 이룬 승리의 나팔소리였다. 엘리너 루스벨트는 〈세계 인권 선언〉 채택 표결을 하루 앞둔 1948년 12월 9일, 유엔 총회에서 다음과 같이 연설하면서 지지를 호소했다.

······ 장기간 꼼꼼한 연구와 논쟁 끝에 태어난 〈세계 인권 선언〉은 많은 이들과 정부의 견해를 모은 것입니다. 자신들이 원하는 바를 모두 담은 사람이나 정부는 없습니다. ······ 이것은 훌륭한 문서입니다. 우리가 할 수 있는 최대의 지지를 보낼 것을 제안합니다. ······우리는 오늘 인류의 삶에서 위대한 문턱에 서 있습니다. 〈세계 인권 선언〉은 모든 곳의 모든 사람들에게 국제적인 〈마그나 카르타〉가 될 것입니다. 이 선언의 선포는 1789년 프랑스의 〈인권 선언〉 선포, 미국의 〈권리장전〉 채택, 그리고 세계 곳곳에서 이루어진 비슷한 선언의 선포에 견줄 사건입니다. 합의의 공통분모에 이르기까지 많은 어려움이 있었음에도 복잡한 인권 분야에서 대단한 합의를 이루었다는 것은 중대한 사실입니다. 이것은 모든 곳에 사는 사람들 삶의 질을

끌어올리고 더 큰 자유를 누리겠다는 우리 공통의 열망을 증언하는 것입니다. 이 선언에는 평화를 향한 인류의 열망이 있습니다. ……우리 자신의 결점과 부족함을 의식하면서 이 고매한 기준에 따라 살겠다는 신념에 찬 노력에 동참합시다.

드디어 1948년 12월 10일, 유엔 총회장은 '경이로운 성취'라는 의장의 연설로 술렁였다. 투표 결과는 찬성 48, 반대 0, 기권 8이었다. 기권표는 선언의 의의는 인정하지만 파시즘 반대나 사회권 보장이 불충분하다는 불만의 표현이었다. 이렇게 '모든 민족과 국가가 성취해야 할 공동의 기준'으로 〈세계 인권 선언〉이 채택되었다. 인류 역사상 최초로 국가들의 조직체인 국제기구가 인권이 무엇인가를 적어 넣은 보편적인 문서를 만든 것이다.

인간다움을 지키자는 약속의 최소 목록 |

〈세계 인권 선언〉은 전문(前文)과 30개 항으로 구성되어 있다. 전문은 인류가 겪은 전쟁과 잔학 행위의 참상을 기억하며 '결코 다시는'을 외치는 다짐이다. '인권, 평화, 발전, 민주주의'가 따로 떨어진 것이 아니라 전후 세계를 이끌어갈 동등한 가치임을 확인하고 있다.

제1조와 제2조는 〈세계 인권 선언〉의 대전제를 천명하고 있다. 모든 인간은 평등하며, 이 평등은 인간의 존엄성에 기반을 둔다. 따라서 인권은 어떤 이유로든 누구든 부정해서는 안 된다. 제3조부터 제21조까지는 생명권, 공정한 재판을 받을 권리, 언론의 자유, 프라이버시 등 시민적 · 정치적 권리를 규정하고 있고, 제22조부터 제27조까지는 사회보장에 대한 권리, 노동권, 교육권 등 인간다운 생활을 유지하는 데 빠질 수 없는 경제적 · 사회적 · 문화적 권리를 규정하고 있다. 마지막으로 제28조에서 제30조까지는 선언에서 다룬 권리를 누리기 위한 사회 및 국제기구와 개인의 공동체에 대한 의

무를 언급하고 있다.

〈세계 인권 선언〉은 모든 사람의 인권이 보장되어야 함을 국제적으로 선언한 최초의 문서이다. 물론 〈세계 인권 선언〉에 앞서 인권에 관한 국제 기준이 없었던 것은 아니지만, 노예제나 외국에 거주하는 자국민 보호 등 특수한 상황에 관한 것으로 모든 사람의 보편적 인권을 다루지는 않았다. 이러한 중요성 때문에 〈세계 인권 선언〉은 지난 60년간 인권 논쟁의 핵심에 있었다. 그 의의를 높이 평가하는 입장도 있고 인색하게 평가하는 입장도 있다. 모호한 내용을 담고 있는 조항들 때문에 지지나 비판으로 입장이 갈리기도 한다. 이렇듯 다양한 평가를 받는 〈세계 인권 선언〉이지만, 인권의 목록을 정했다는 점, 인권 규범이 정교해지는 데 기여했다는 점, 인권을 국제 관계의 틀에서 인식했다는 점 등에서 결코 그 의의를 무시할 수 없다.

'인권은 소중하니까 우리 꼭 지키자'고 늘 말하지만 정작 '어떤' 인권을 약속했는지 서로 확실치 않다면 실천도 흐지부지되게 마련이다. 그런 점에서 〈세계 인권 선언〉은 인간다움을 지키자는 약속의 최소 목록이고, 여기에 가장 큰 의의가 있다. 그런데 〈세계 인권 선언〉을 '최소한'이 아닌 '최고'의 규정으로 여기는 데서 여러 가지 오해와 마찰이 빚어진다. 〈세계 인권 선언〉은 더할 수 없이 높은 기준을 담고 있으니 천천히 실천해도 된다고 생각하기도 한다. 정치, 경제, 종교, 문화 등 배경이 아주 다른 국가들이 모여서 인류 공동의 기준을 만들 때 '최고' 수준에서의 합의가 과연 쉬울까. 자국 입장에서 받아들이기 어려운 것도 있고, 다른 국가에 일방적으로 강요할 수 없는 것도 있다. 다시 강조하지만, 〈세계 인권 선언〉은 '최고'가 아니라 '최저', 즉 '이 밑으로는 절대 안 된다'는 합의이다. 그러므로 '사회가 좀 더 성숙해지면, 경제가 좀 더 발전하면' 하는 식의 단서를 달아 〈세계 인권 선언〉에 담긴 권리들을 미뤄서는 안 된다. '최저'의 인권은 인간 존엄성을 위해 지금 당장 지켜야 하고, 충분하고 완전한 실현을 위해 함께 노력해야 하는 것이다.

〈세계 인권 선언〉으로 일단 인권의 기본 목록이 제시되고 난 후 국제 사회는 좀 더 구체적이고 실질적인 인권 규범 만들기를 꾸준히 진행하고 있다. 아동, 여성, 장애인, 원주민, 노인 등의 개별적인 인권 주체와, 교육, 주거, 노동, 신체의 안전, 평화, 환경 등 실질적인 주제에 관한 수많은 국제 선언·규약·조약들이 계속 만들어지고 있다. 이들 국제적 인권 규범은 각국 정부와 시민사회 그리고 국제기구에서 대화와 실천의 기준이 되고 있다. 〈세계 인권 선언〉을 만들기 위해 세계 각국이 머리를 맞댔던 경험이 다양한 인권 논의의 시발점이 된 셈이다.

〈세계 인권 선언〉의 또 다른 중요한 의의는 인권 문제가 국제 관계에 영향을 미치게 되었다는 사실이다. 이전에는 전제 정권이 대량 학살을 저지른다 해도 국제적 관심을 얻지 못했고 인권 문제를 외교적 대화에서는 거의 언급하지 않았다. 인권은 국익과 관계없는 것이었고, 자국 내 사람들을 어떻게 다루느냐는 전적으로 국가 주권의 몫이었다. 국제법의 주체는 국가이고, 국가 간 관계를 다룰 뿐이었다. 개별 인간이 국제법에서 어떤 지위와 권리를 가진다는 생각이 없었다. 그런데 제2차 세계대전 중에 일어난 끔찍한 잔학 행위가 변화를 가져왔다. 왜 인류에게는 잔학한 행위를 막을 수 있는 권위와 국제법이 없었나를 반성하게 되었고, 한 국가가 자국 시민과 관할권 내의 사람들을 다루는 방식에 국제 사회가 관심을 갖는 것은 정당하며 국제 규범에 속하는 문제라는 새로운 시각이 만들어졌다.

그리하여 제2차 세계대전 이후 '인류에 반하는 범죄' 또는 '반인도적 범죄(crime against humanity)'가 새로운 유형의 범죄로 규정되었다. 히틀러의 학살은 그로 인해 직접 피해를 입은 사람들만이 아니라 인류 전체에 대한 범죄로 규정되었다. 나아가 인권에 대한 국제적 관심을 실천하기 위한 공통의 기준이 필요했고, 그 첫 작업으로 〈세계 인권 선언〉이 만들어졌다. 〈세계 인권 선언〉 이후 반식민지 운동, 민주화 운동, 아파르트헤이트(인종 분리 정책)

반대 투쟁 등 억압에 반대하는 역사적 운동들이 '인권 투쟁'이라는 이름으로 전개되었고, 이로써 인권은 국제 정치에서 강력한 영향력을 가지게 되었다.

〈세계 인권 선언〉은 인류가 해결해야 할 숙제 목록

'짖기만 할 뿐 물지 않는 종이호랑이', '기준을 열거해봤자 정부에게는 권고나 훈계밖에 더 되겠는가', '지키지 않아도 아무런 제재가 없으니 각국 정부가 부담 없이 합의한 문서가 아닌가'. 〈세계 인권 선언〉의 한계를 지적하는 평가들이다. '선언을 만든 주요 세력이 선언 당시 여전히 식민지를 거느리고 있던 서구 열강, 곧 미국과 유럽 국가들인데 거의 모든 아시아와 아프리카를 식민지로 억압하면서 인권을 국제법으로 준수하겠다고 약속했으니 세상에 그런 위선은 없다', '제3세계의 생각은 거의 반영하지 않은 것을 어떻게 세계 보편의 인권 기준이라 말할 수 있느냐', '서구 지배를 정당화하는 새로운 도구이다', 인권의 정치화를 비판하는 입장에서는 〈세계 인권 선언〉이 부당한 외부 간섭을 그럴듯하게 치장하는 도구일 뿐이라고 주장한다. 또한 인권 논의 속에서 제3세계는 구원의 대상 또는 수혜자, 제1세계는 구원의 주체 또는 자비를 베푸는 시혜자의 모습이라는 비판도 오늘날까지 인권 논쟁의 중심에 있다.

이런 회의와 비판은 어느 정도 타당하다. 하지만 '그러니까 〈세계 인권 선언〉을 버리자'는 결론이어서는 안 된다. 인권이 실제로 지켜질 수 있는 장치를 마련하고 '인류 공통의 규범'에 걸맞은 실천에 노력해야 한다. 이것이 〈세계 인권 선언〉이 남긴 과제이다. 오늘날 국제 사회는 실천적인 인권 활동으로써 바로 그 숙제를 풀어가고 있다. 〈세계 인권 선언〉을 만들 당시 외면했던 보다 근본적인 여러 실천 방안들이 차츰 진전되고 있다. 인권의 무대에 제3세계가 대거 등장했고, 국제 인권 단체와 풀뿌리 인권 단체들이 인권의 빈틈을 메울 새로운 권리를 찾기 위해 노력하고 있으며, 접근 방식 또한 달라졌다. 설령 강대국이 인권을 정치도구로 이용했다 하더라도, 인권 변화의 주역은 언제나 인권의 주인공 그들이었다.

전쟁 중이 아닐 때도 인간 세계에는 폭력과 불의가 넘쳐난다. 그것을 나날이 확대 재생산하는 사회·경제적 구조도 버티고 있다. 인권은 이러한 문제의 해결책이 되어야 한다. 〈세계 인권 선언〉은 국제 사회와 인류에게 무엇이 옳고 그른지 판단할 수 있는 기준을 제시했다. 말도 많고 탈도 많지만 〈세계 인권 선언〉에는 인권의 역사가 숨 쉬고 있고 살 만한 세상에 대한 열망이 담겨 있다. 그러나 〈세계 인권 선언〉에 미처 담지 못한 인권의 과제를 찾아내는 것은 여전히 우리의 숙제이다.

세계 인권 선언

UNIVERSAL
DECLARATION
OF HUMAN RIGHTS

유엔 총회, 1948년 12월 10일

인류 전체 구성원의 타고난 존엄성과 평등하고 양도할 수 없는 권리를 인정하는 것이 세계의 자유·정의·평화의 기초이며,

인권에 대한 무시와 경멸은 인류의 양심을 짓밟는 야만적 행위를 낳았으며, 인류가 언론의 자유, 신념의 자유, 공포와 궁핍으로부터의 자유를 누리는 세계의 도래가 모든 사람의 최고 열망으로 천명되었으며,

사람들이 폭정과 억압에 대항하는 마지막 수단으로서 반란에 호소하도록 강요받지 않으려면 반드시 인권이 법에 의해 보호되어야 하며,

국가 간 친선 관계의 발전을 촉진하는 것이 긴요하며,

유엔의 여러 국민들은 그 헌장에서 기본적 인권, 인간의 존엄과 가치, 남녀의 동등한 권리에 대한 신념을 재확인했으며, 더욱 폭넓은 자유 속에서 사회적 진보와 삶의 수준의 개선을 촉진할 것을 다짐했으며,

회원국들은 유엔과 협력해 인권과 기본적 자유에 대한 보편적 존중과 준수의 증진을 달성할 것을 서약했으며,

이들 권리와 자유에 대한 공통의 이해가 이러한 서약의 이행을 위해 가장 중요하므로,

이제 유엔 총회는 모든 개인과 사회의 각 기관은 〈세계 인권 선언〉을 항상 마음속에 간직하고, 교육과 학업을 통해 이들 권리와 자유에 대한 존중을 신장시키기 위해 노력하고, 계속해서 국내 및 국제적 조치를 통해 회원

국 국민 및 회원국 관할 영토의 국민 모두에게 권리와 자유의 보편적이고 효과적인 인정과 준수를 보장하기 위해 힘쓰도록 모든 인민과 국가에 대한 공통의 기준으로서 〈세계 인권 선언〉을 선포한다.

제1조　모든 사람은 태어날 때부터 자유롭고 존엄성과 권리에서 평등하다. 사람은 이성과 양심을 부여받았으며 서로를 형제의 정신으로 대해야 한다.

제2조　모든 사람은 인종, 피부색, 성, 언어, 종교, 정치 또는 그 밖의 견해, 민족적 또는 사회적 출신, 재산, 출생, 기타의 지위 등에 따른 그 어떤 차별 없이, 이 선언에 제시된 모든 권리와 자유를 누릴 자격이 있다. 나아가 개인이 속한 나라나 영역이 독립국이든 신탁통치 지역이든, 비자치 지역이든 또는 다른 주권상 제한을 받고 있는 지역이든, 그 나라나 자치령의 정치적·사법적·국제적 지위를 근거로 개인을 차별해서는 안 된다.

제3조　모든 사람은 생명권과 신체의 자유와 안전을 누릴 권리가 있다.

제4조　어느 누구도 노예나 예속 상태에 놓여서는 안 된다. 모든 형태의 노예제도 및 노예 매매는 금지된다.

제5조　어느 누구도 고문이나, 잔혹하거나 비인도적이거나 모욕적인 취급 또는 형벌을 받아서는 안 된다.

제6조　모든 사람은 어디에서나 법 앞에서 인간으로 인정받을 권리를 가진다.

제7조　모든 사람은 법 앞에 평등하고, 어떠한 차별도 없이 법의 평등한 보호를 받을 권리를 가진다. 모든 사람은 이 선언을 위반하는 어떠한 차별에 대하여도, 또한 어떠한 차별의 선동에 대하여도 평등하게 보호받을 권리를 가진다.

제8조　모든 사람은 헌법 또는 법률이 부여하는 기본권을 침해하는 행위에 대해 담당 국가 법원에서 효과적으로 구제받을 권리를 가진다.

제9조　어느 누구도 자의적인 체포, 구금 또는 추방을 당하지 않는다.

제10조　모든 사람은 자신의 권리와 의무, 그리고 자신에 대한 형사상의 혐의를 결정할 때 독립적이고 편견 없는 법정에서 공정하고도 공개적인 공판을 전적으로 평등하게 받을 권리를 가진다.

제11조　1. 형사 범죄로 소추당한 모든 사람은 자신의 변호를 위해 필요한 모든 장치를 갖춘 공개된 재판에서 법률에 따라 유죄로 입증될 때까지 무죄로 추정될 권리를 가진다.

2. 어느 누구도 국내법 또는 국제법상으로 범죄를 구성하지 않는 작위 또는 부작위를 이유로 유죄가 되지 않는다. 또한 범죄가 행해진 때에 적용될 수 있는 형벌보다 무거운 형벌이 부과되지 않는다.

제12조　어느 누구도 자신의 사생활, 가정, 주거 또는 통신에 대해 자의적인 간섭을 받지 않으며, 자신의 명예와 신용에 대해 공격받지 않는다. 모든 사람은 그러한 간섭과 공격에 대해 법률로 보호받을 권리를 가진다.

제13조　1. 모든 사람은 각국의 영토 내에서 이전과 거주의 자유에 대한 권리를 가진다.

2. 모든 사람은 자국을 포함한 어떤 나라에서도 출국할 권리가 있으며, 또한 자국으로 돌아올 권리를 가진다.

제14조　1. 모든 사람은 박해를 피해 타국에서 피난처를 구하고 보호받을 권리를 가진다.

2. 아 권리는 비정치적인 범죄 또는 유엔의 목적과 원칙에 반하는 행위 때문에 제기된 소추의 경우에는 활용될 수 없다.

제15조　1. 모든 사람은 국적을 가질 권리를 가진다.

2. 어느 누구도 자의적으로 자신의 국적을 박탈당하거나 국적을 바꿀 권리를 부인당하지 않는다.

제16조　1. 성년에 이른 남녀는 인종, 국적 또는 종교에 따른 제한 없이 혼인해 가정을 이룰 권리를 가진다. 이들은 혼인 기간 중이나 그 해소 시에도 혼인에 관해 동등한 권리를 가진다.

2. 결혼은 양 당사자의 자유롭고도 완전한 합의로만 성립된다.

3. 가정은 사회의 자연적이고 기본적인 구성 단위이며, 사회와 국가의 보호를 받을 권리를 가진다.

제17조　1. 모든 사람은 단독으로는 물론 타인과 공동으로 재산을 소유할 권리를 가진다.

2. 어느 누구도 자신의 재산을 자의적으로 박탈당하지 않는다.

제18조　모든 사람은 사상, 양심 및 종교의 자유를 누릴 권리를 가진다. 이러한 권리는 자신의 종교 또는 신념을 바꿀 자유와 교육·활동·예배·의식에서 단독으로나 다른 사람과 공동으로나 공적으로나 사적으로나 자신의 종교나 신념을 표명하는 자유를 포함한다.

제19조　모든 사람은 의견과 표현의 자유에 관한 권리를 가진다. 이 권리는 간섭받지 않고 의견을 가질 자유와 모든 매체에서 국경에 관계없이 정보와 사상을 추구하고 접수하고 전달하는 자유를 포함한다.

제20조 1. 모든 사람은 평화적 집회와 결사의 자유를 누릴 권리를 가진다.

2. 어느 누구도 어떤 결사에 소속될 것을 강요받지 않는다.

제21조 1. 모든 사람은 직접 또는 자유롭게 선출된 대표를 통해 자국의 통치에 참여할 권리를 가진다.

2. 모든 사람은 자국의 공무에 취임할 동등한 권리를 가진다.

3. 국민의 의사는 정부 권한의 기초가 된다. 이 의사는 보통 및 평등 선거권에 의거하며, 또한 비밀 투표 또는 이와 동등한 자유로운 투표 절차에 따라 실시되는 정기적이고 진정한 선거로 표현된다.

제22조 모든 사람은 사회의 일원으로서 사회보장을 받을 권리를 가지며, 국가적 노력과 국제적 협력으로 그리고 각국의 조직과 자원에 따라 자신의 존엄성과 인격의 자유로운 발전을 위해 불가결한 경제적·사회적·문화적 권리를 실현할 권리를 가진다.

제23조 1. 모든 사람은 노동의 권리, 자유로운 직업 선택의 권리, 공정하고 적절한 노동 조건에 관한 권리 및 실업으로부터 보호받을 권리를 가진다.

2. 모든 사람은 어떠한 차별도 받지 않고 동등한 노동에 동등한 보수를 받을 권리를 가진다.

3. 모든 노동자는 자신과 가족에게 인간적 존엄에 합당한 생활을 보장해주며, 필요할 경우 다른 사회적 보호의 수단으로 보완되는, 정당하고 적절한 보수를 받을 권리를 가진다.

4. 모든 사람은 자신의 이익을 보호하기 위해 노동조합을 결성하고 가입할 권리를 가진다.

제24조 모든 사람은 노동 시간의 합리적 제한과 정기적인 유급 휴일을 포함한 휴식과 여가를 누릴 권리를 가진다.

제25조 1. 모든 사람은 식량, 의복, 주택, 의료, 필수적인 사회 서비스를 포함해 자신과 가족의 건강과 안녕에 적합한 삶의 수준을 누릴 권리를 가지며, 실업, 질병, 장애, 배우자와의 사별, 노령, 그 밖의 자신이 통제할 수 없는 상황에서 생계의 결핍이 발생했을 때 사회보장을 누릴 권리를 가진다.

2. 어머니와 어린이는 특별한 보살핌과 도움을 받을 권리를 가진다. 모든 어린이는 부모의 혼인 여부에 관계없이 동등한 사회적 보호를 누린다.

제26조 1. 모든 사람은 교육받을 권리를 가진다. 교육은 최소한 초등 및 기초 단계에서는 무상이어야 한다. 초등교육은 의무적이어야 한다. 기술교육과 직업교육은 일반적으로 이용할 수 있어야 하며, 고등교육도 능력에 따라 모든 사람에게 평등하게 개방되어야 한다.

2. 교육은 인격의 완전한 발전과 인권 및 기본적 자유에 대한 존중의 강화를 목표로 해야 한다. 교육은 모든 국가와 인종적 또는 종교적 집단 사이에서의 이해, 관용 및 친선을 증진하고 평화를 유지하기 위한 유엔의 활동을 촉진해야 한다.

3. 부모는 자녀에게 제공되는 교육의 종류를 선택할 우선권을 가진다.

제27조 1. 모든 사람은 공동체의 문화생활에 자유롭게 참여하고, 예술을 감상하며, 과학의 진보와 그 혜

택을 향유할 권리를 가진다.

2. 모든 사람은 자신이 창조한 모든 과학적·문학적·예술적 창작물에서 생기는 정신적·물질적 이익을 보호받을 권리를 가진다.

제28조 모든 사람은 이 선언에 제시된 권리와 자유가 완전히 실현될 수 있는 사회적 및 국제적 질서에서 살아갈 권리를 가진다.

제29조 1. 모든 사람은 자신의 인격을 자유롭고 완전하게 발전시킬 수 있는 공동체에 대하여 의무를 가진다.

2. 모든 사람은 자신의 권리와 자유를 행사할 때 타인의 권리와 자유에 대한 적절한 인정과 존중을 보장하고, 민주 사회에서의 도덕심, 공공질서, 일반의 복지를 위해 정당한 필요를 충족시키기 위한 목적에서만 법률에 규정된 제한을 받는다.

3. 이러한 권리와 자유는 어떤 경우에도 유엔의 목적과 원칙에 반해 행사될 수 없다.

제30조 이 선언의 그 어떤 조항도 특정 국가, 집단 또는 개인이 이 선언에 규정된 권리와 자유를 파괴할 목적의 활동에 종사하거나, 또는 그와 같은 행위를 행할 어떤 권리를 갖는 것으로 해석될 수 없다.

사회의
새로운 원리를
선언하다

〈인간과 시민의 권리 선언〉, 1789

"사람은 자유롭게 그리고 권리에서 평등하게
태어나며 또 그렇게 존속한다. 사회적 차별은 오직
공동의 유용성에 입각할 때에만 가능하다."

《베르사유의 장미》, 마리 앙투아네트, 테니스 코트의 서약, 바스티유, 《프랑스 혁명사 3부작》, 공포정치와 단두대, 《레미제라블》……. 우리는 만화, 영화, 역사서 등 다양한 경로로 프랑스 혁명을 알게 되었고 그 관심 분야도 저마다 다를 것이다. 하지만 프랑스 혁명에 관한 많고 많은 이야기 가운데 놓쳐서는 안 될 것이 바로 '프랑스 인권 선언', 즉 〈인간과 시민의 권리 선언〉이다.

〈인간과 시민의 권리 선언〉은 '구체제(앙시앵레짐)의 사망 증서'이자 '인간' 일반의 권리를 확립한 선언으로서 세계 인권사에서 그 의의를 인정받고 있다. 이것은 이제 '왕의 신성한 권리'가 아니라 '인간의 권리'에 바탕을 둔 새로운 체제가 시작됐음을 알리는 팡파르였다.

새로운 시대의 이상, 자유와 평등 |

프랑스 혁명에 앞서 영국과 미국에서 시민혁명

과 인권 선언이 있었으나, 그것들을 '인간' 일반에 대한 인권 선언, 즉 근대적 의미의 인권 선언이라고 보기는 어렵다. 영국의 〈마그나 카르타(Magna Carta)〉(1215), 〈권리청원(Petition of Right)〉(1628), 〈권리장전(Bill of Right)〉(1689) 등을 인권 선언이라고 보는 견해도 있다. 하지만 이들 문서는 예로부터 승인받아온 신민의 권리를 왕이 침해했다고 고충을 털어놓은 정도에 불과하다. 영국 자유민에 한정된 권리를 왕에게 재확인하고 다짐받는 것이 목적이었지 모든 사람에게 적용되는 보편적 권리를 외친 것은 아니었다.

미국의 대표적 인권 선언인 〈버지니아 권리장전(Virginia Declaration of Rights)〉(1776)은 그 이름에서 보듯 영국의 〈권리장전〉을 모방한 것이다. 그러나 권리를 다루는 방식은 영국 것과는 완전히 다르다. 여기에는 '모든 사람'의 타고난 자연적 권리가 정치조직의 기초를 이룬다는 생각이 담겨 있다. 나아가 미국 〈독립 선언서(The Declaration of Independence)〉(1776)는 '생명·자유·행복 추구의 권리'를 부인하는 정부를 내쫓고 새로 세울 수 있다고 했다. 그러나 이들 선언은 보편적 인권보다는 영국 식민 지배로부터의 해방을 강조하고 있다.

프랑스의 〈인간과 시민의 권리 선언〉은 그 목표와 효과에서 국경을 넘어섰다. 여기에는 사회의 새로운 원리가 담겨 있다. "자유를 부정하는 절대주의와 평등을 부정하는 구시대의 특권들과는 이제 단절한다. 모든 인간의 자유와 평등 위에 새로운 체제를 세운다." 즉, 경제적으로는 자본주의, 정치적으로는 법의 지배와 대의정치라는 변화된 시대의 틀을 제시한 것이다.

만약 혁명이라는 충격이 없었다면 〈인간과 시민의 권리 선언〉에서 천명한 인권의 개념은 존재하지 않았을 것이다. 혁명은 오로지 인간의 본성에 근거한다고 주장하는 인권에 생명력을 불어넣었다. 역사에서 혁명이라는 특별한 이름을 얻는 경우는 흔치 않은데 그중에서도 인권 혁명 또는 대혁명이란 이름을 얻은 사건이 프랑스 혁명이다. 1789년부터 1799년에 이르는 기간 동안 전개된 프랑스 혁명은 여러 색깔의 얼굴을 가지고 있다. 봉건 군주제 철폐, 민중 혁명과 공화정 수립, 더 나아가 사적 소유 철폐를 부르짖은 사회주의 운동의 선례(바뵈프가 이끈 '평등파의 음모'. 74쪽 참조)까지 다양한 모습을 보여줬다.

프랑스 혁명 이전의 구체제는 인구의 1퍼센트가 될까 말까 한 국왕, 귀족, 일부 고위 성직자, 대부르주아의 세상이었다. 혁명의 발단은 세금 문제였다. 프랑스는 결코 가난하지 않았지만 만성적인 재정 적자에 시달리고 있었는데, 구체제 지배 세력은 면세 특권을 누리는 반면 농민은 과세 부담을 지고 있었다. 재정난을 해결하는 데 특권층이 조금이라도 양보했다면 혁명은 일어나지 않았을지도 모른다. 하지만 그들은 여전히 한 푼의 세금도 내려 하지 않았고 모든 개혁을 거부했다. 특권 신분(제1·2신분)에게 세금을 부과하는 데 실패하자 왕은 1789년 5월 5일 베르사유 궁에서 신분제 의회인 삼부회를 소집했다.

그러나 제3신분(평민)의 대표자들은 이를 기회로 자신들의 권리를 주장했고 특권 신분에 유리한 신분제 표결에 반대했다. 그들은 궁정의 테니스 코트에 모여 농성에 들어갔다. "우리는 국민의 대표이며 창끝으로 몰아내기 전에는 해산하지 않겠다고 왕에게 이르라." 6월 13일 평민 대표들은 삼부회를 국민의회(Assemblée Nationale)라는 이름으로 바꾸고 헌법 제정을 요구했다. 이에 놀란 왕은 군대를 불러들였고 민중은 국민의회를 지키기 위해 모여들었다. 7월 14일 구체제의 상징인 바스티유 감옥이 민중의 습격으로 함락되자 이에 자극받은 농민들이 장원을 습격해 봉건 문서를 불태우는 사태까지 이르렀다. 이에 따라 국민의회는 8월 4일 봉건제 폐지를 단행했다.

혁명 세력의 처음 구상은 입헌군주제였다. 하지만 막 움직임이 시작될 때 혁명 세력은 유럽의 주요 권력들과 광범위하고 필사적인 전쟁을 치러야 했다. 프랑스 왕이 도망치려다 붙잡히자 지레 겁먹은 유럽 군주들은 반혁명

혁명의 이름으로 전제 군주를 몰아내고 새로운 세상을 만들어낸 프랑스.
그러나 저마다 구상한 새로운 세상이 달랐기에 더 많은 혁명과 변화를 필요로 했다.

전쟁을 벌이겠다고 위협했다. 국내에서도 귀족 등이 혁명 세력에 맞서기 위해 군대를 모으는 등 도전과 갈등이 이어졌다. 왕의 폐위를 요구하는 시위 민중이 귀족의 군대에게 학살당하기도 했다. 이런 상황에서 군주제는 수정 대상에서 아예 폐지 대상이 되었다.

혁명 세력의 정책은 제한선거가 아닌 보통선거제 실시, 소유권 제한, 노동권, 교육권 등 애초에 부르주아 계급이 생각한 것에서 한참 더 나아갔다. 입헌군주제에서 민중적 공화정으로 그 수위가 높아진 것이다. 이후 민중의 급진적 요구와 반혁명 세력의 반발에 포위된 공화정은 정치적 반대자들을 억압하는 공포정치로 치달았고, 프랑스는 보다 안정적이고 권위주의적인 형태의 정부를 원하는 부르주아의 자유주의 공화정으로 뒷걸음질했다. 그리고 그 끝은 나폴레옹이라는 군사 독재자의 등장이었다.

〈인간과 시민의 권리 선언〉은 혁명이 급박하게 전개되던 1789년 8월 혁명 세력 사이에서 중점적으로 논의됐다. 그러나 혁명 세력 모두가 〈인간과 시민의 권리 선언〉에 대해 우호적인 것은 아니었다. 우파는 무질서가 빚어질 것이라 우려했고 좌파는 법률적 '서식'에 진보적인 인간의 정신이 묶이지 않을까 걱정했다. 그럼에도 〈인간과 시민의 권리 선언〉을 채택한 것은 헌법을 만들기에 앞서 정치적으로 정당한 원칙을 제시해야 했기 때문이다. 군주제에서와는 완전히 다른 원칙에 기초한 정부의 상을 제시하는 것은 혁명의 정당성을 위해서도 절실했다. 그 새로운 원칙은 왕의 의지로 지위와 서열에 따라 특권을 부여하는 것이 아니라 법이 개인의 권리를 보장하는 것이었다.

구체제의 사망 확인서로서 새로운 사회질서의 원칙을 담아 1789년 8월 26일에 공포한 〈인간과 시민의 권리 선언〉은 17개 조항으로 이루어져 있다. 나중에 헌법을 완성한 후 재검토하고 보완한다는 조건하에 다루지 못한 나머지 제안들은 빠져 있었다. 미완의 선언이었던 셈이다. 그런데 1791년 프랑스 최초의 헌법이 제정될 때 이미 '정치적 신앙의 상징이 되어버린' 〈인간과 시민의 권리 선언〉에 더 이상 손대지 않기로 했다.

권력의 주인은 왕이 아니라 인민이다 |

혁명 기간은 숨 가쁘고 피 마르는 위기와 긴장의 연속이었을 것이다. 그 소용돌이 속에서 '한가하게(?) 선언이나 만들고 있었을까' 하는 생각이 들 법도 하다. 다른 한편으로 오늘날에는 하도 많은 선언을 접해서 '선언은 그저 선언'일 뿐이라는 선입견도 가질 만하다. 그런데 '선언'이라는 단어는 그 자체로 매우 깊은 뜻을 담고 있다. 역사학자 린 헌트(Lynn Hunt)는 '선언'을 '주권의 전환'으로 풀이한다. 선언을 뜻하는 영어 단어 'declaration'은 프랑스어 'déclaration'에서 유래했는데, 원래는 '봉건 영주에게 충성 선서를 한 대가로 주어진 땅의 목록'을 가리켰다. 그 뒤로 17세기까지 왕의 공적 명령을 뜻했다. 즉, '선언한다'는 행위는 주권자의 몫이었다. 선언하는 권위가 봉건 영주로부터 왕에게 옮겨진 것처럼 〈인간과 시민의 권리 선언〉은 이제 권력이 왕에서 인민에게 옮겨졌음을 선포한다는 의도를 담고 있다.

혁명에 나선 사람들이 구체제의 문제점을 조금 고치는 정도에서 그쳤다면, 〈인간과 시민의 권리 선언〉은 필요 없었을 것이다. 그들은 사회 체제를 뿌리부터 다시 세우고자 했다. 그러한 주장을 담은 문서의 형식으로서 '헌장', '청원' 등은 부적절했다. 그것은 더 높은 권력에 무언가를 요청하거나 호소한다는 의미였다. 선언은 누군가에게 복종하는 게 아니라 주권을 잡으려는 민중의 의지를 가장 잘 나타낼 수 있는 문서 형식이었다. 그래서 미국의 〈독립 선언서〉는 자신들의 주권을 가진 독립된 국가를 갖겠다고 선언했고, 프랑스의 〈인간과 시민의 권리 선언〉은 인권이 정부의 기초를 구성한다고 선언했다.

〈인간과 시민의 권리 선언〉은 헌법보다 앞서 제정되었다. '앞섰다'는 말은 시간적으로 먼저 나타났다는 뜻만이 아니라 논리적으로도 헌법에 우선한다는 의미이다. 즉, 헌법이 정체(政體)를 밝히는 것이라면, 〈인간과 시민의 권리 선언〉은 국가를 구속하는 원리이다. 〈인간과 시민의 권리 선언〉에 담긴 권리들을 보전하는 것이 국가 형성의 목적이고, 그 권리를 실현하는 것이 국가 형성의 방법이라는 의미이다. 〈인간과 시민의 권리 선언〉의 체계를 뜯어보면 이런 점이 잘 드러나는데, 중심 맥락은 다음의 세 가지이다. 첫째, 모든 사람은 태어나면서부터 자연권을 가지며 그 권리는 사회 속에서도 계속 유지된다. 둘째, 이 자연권을 보전하기 위해 정치적 결사(국가)를 형성할 수 있다. 셋째, 국가가 자연권을 보전하기 위해서 국민주권·권력분립의 원칙과 주권자 국민의 구성원인 시민의 여러 권리가 선언된다.

이러한 의의에도 불구하고 〈인간과 시민의 권리 선언〉에는 갈등 요소가 적지 않다. 자연권과 사회 상태의 권리를 어떻게 구분할 수 있는가, 인간과 시민은 왜 구분되는가, 인권과 법 사이의 갈등 관계는 어떻게 해야 하는가, '신성불가침'이라 선언된 소유권이 경제사회적 불평등을 조장하고 방임하는 것은 어떻게 할 것인가 등이다. 이런 문제들을 둘러싼 당대의 불만과 비판도 적지 않았다. 그래서 1789년의 〈인간과 시민의 권리 선언〉은 혁명을 주도하는 당파마다 선포했던 1793년(지롱드파 인권 선언과 산악파의 인권 선언)과 1795년(총재정부의 인권 선언)의 선언들과 미묘한 차이가 난다. 또한 이들 선언이 의회 내에서 만들어진 것이었다면 의회 밖 전혀 성격이 다른 민중의 인권 구상이 존재했다. 그래서 〈인간과 시민의 권리 선언〉은 봉건시대 대다수 사람들의 '권리 없음'을 타파하고자 한 분명 위대한 대전진이지만, 훗날의 인권 선언들과 끊임없이 비교돼야 할 운명이었다.

〈인간과 시민의 권리 선언〉은 그 이전에는 상상할 수 없었던 정치적 논쟁을 불러일으켰다. 인권이 정부가 가지는 정당성의 기초라면 나이·성·인종·종교·재산의 차이를 가진 사람들을 제한하는 것을 무엇으로 정당화할 수 있는가? 가난한 사람, 여성의 권리, 종교적·인종적 소수자의 권리를 막을 권리는 어디에서 나오는가? 누가 그 결과를 통제해야 하고 과연 통제할 수 있는가?

〈인간과 시민의 권리 선언〉이 선언되는 순간, 사람들은 이론적으로나마 자유와 평등이라는 보편적 권리를 가진 존재로서 인간을 정의하게 되었다. 언어에서 보편적이지만 적용에서 제한적이고 불평등했던 인권의 차이를 사람들은 금방 알아챘다. 그리고 보편성을 지렛대로 불평등에 도전할 수 있다는 것도 곧바로 깨달았다. 〈인간과 시민의 권리 선언〉은 그 자체로 세계 인권 역사의 정점에 서 있다. 그러나 가장 큰 의의는 바로 불평등에 도전하고 그것을 바꿀 수 있다는 의식에 불을 댕겼다는 점이다.

인간과 시민의 권리 선언*

DECLARATION
OF THE RIGHTS
OF MAN AND OF THE CITIZEN

1789년 8월 26일

국민의회를 구성하고 있는 프랑스 인민의 대표들은 인간의 여러 권리들에 대한 무지나 망각 또는 멸시가 공공의 불행과 정부 부패의 유일한 원인들이라고 간주해 엄숙한 선언으로써 자연적이고 양도할 수 없으며 신성한 인간의 권리들을 제시하기로 결의했다. 그리하여 이 선언이 사회체의 모든 구성원들에게 항시적으로 제시되어 그들이 자신의 권리와 의무를 끊임없이 상기하도록 하고, 입법권과 행정권의 행위들이 순간마다 모든 정치제도의 목적과 비교됨으로써 더욱 존중받도록 하고, 이제 단순 명백한 원리들에 입각한 시민들의 여러 요구가 언제나 헌법의 유지와 만인의 행복에 이바지할 수 있도록 하고자 한다. ……따라서 국민의회는 최고 존재 앞에서 그리고 그 비호 아래 다음과 같은 인간과 시민의 권리들을 승인하고 선포한다.

제1조 사람은 자유롭게 그리고 권리에서 평등하게 태어나며 또 그렇게 존속한다. 사회적 차별은 오직 공동의 유용성에 입각할 때에만 가능하다.

제2조 모든 정치적 결사의 목적은 인간의 자연적이고 소멸할 수 없는 권리들을 보존하는 데 있다. 이 권리들은 자유, 소유권, 안전, 그리고 압제에 대한 저항이다.

제3조 모든 주권의 원리는 본질적으로 국민에게 있다. 명백하게 국민으로부터 유래하지 않은 권위를 어떠한 단체나 개인도 행사할 수 없다.

---

* 최갑수 교수(서울대 서양사학과)의 번역을 바탕으로 삼아 부분적으로 수정했다.

제4조 자유는 타인에게 피해를 주지 않는 한 모든 것을 행할 수 있음에 있다. 그러므로 각자가 자연권을 행사할 때에는 사회의 다른 구성원에게 같은 권리의 향유를 보장해야 한다는 제약만이 있을 뿐이다. 그 제약은 법에 의해서만 정할 수 있다.

제5조 법은 사회에 해로운 행위들에 대해서만 금지할 권리를 갖는다. 법이 금지하지 않는 모든 것은 방해될 수 없으며, 또 누구에게도 법이 명령하지 않은 것을 하도록 강요할 수 없다.

제6조 법은 일반의지의 표현이다. 모든 시민들은 직접, 또는 그들의 대표를 통해 그것의 형성에 협력할 권리를 갖는다. 법은 보호해주는 경우에도, 처벌을 가하는 경우에도 만인에게 동일해야 한다. 모든 시민들은 법 앞에 평등하므로, 그들의 능력에 따라서 또 그들의 덕성과 재능 이외에는 어떠한 차별도 없이 평등하게 모든 공적인 위계·지위·직무에 오를 수 있다.

제7조 누구도 법이 정한 경우가 아니라면 또 법이 규정한 형식에 의하지 않고서는 고소, 체포 또는 구금될 수 없다. 자의적인 명령들을 간청, 발령, 집행하거나 또는 집행시키는 자들은 처벌받아야 한다. 그러나 법에 의해 소환되거나 체포된 시민은 모두 즉시 복종해야 한다. 그것에 저항하는 자는 유죄가 된다.

제8조 법은 엄격하고 명백하게 필요한 형벌만을 규정해야 하며, 누구도 범법 행위 이전에 제정·공포되고 또 합법적으로 적용된 법에 의하지 않고서는 처벌될 수 없다.

제9조 모든 사람은 유죄로 선고되기까지는 무죄로 추정되므로, 그를 체포하는 것이 불가결하다고 판단되더라도 그의 신체를 확보하는 데 필요하지 않은 모든 가혹행위는 법에 의해 엄격하게 억제되어야 한다.

제10조 누구도 자신의 의견 표명이 법이 규정한 공공질서를 어지럽히지 않는 한 설사 그것이 종교적인 것일지라도 그 의견 때문에 괴롭힘을 당해서는 안 된다.

제11조 사상과 의견의 자유로운 소통은 인간의 가장 고귀한 권리의 하나이다. 따라서 모든 시민은 자유롭게 말하고 쓰고 인쇄할 수 있다. 다만 법이 정한 경우에 그 자유의 남용에 대해서는 책임을 져야 한다.

제12조　인간과 시민의 권리 보장은 공공의 무력을 필요로 한다. 따라서 그 무력은 그것을 위탁받은 자들의 특수한 유용성을 위해서가 아니라 만인의 이익을 위해서 설치된 것이다.

제13조　공공의 무력 유지를 위해 그리고 행정의 비용을 위해 공동의 기여는 불가결하다. 그것은 모든 시민에게 그들의 능력에 따라 평등하게 배분되어야 한다.

제14조　모든 시민은 스스로 또는 그들의 대표를 통해 공공의 기여의 필요성을 검토하고 그것에 자유롭게 동의하고 그 사용을 추적하고 또 그 액수, 근거, 징수, 기간을 정할 권리를 가진다.

제15조　사회는 모든 공직자에게 그들의 행정에 대한 책임을 물을 권리를 갖는다.

제16조　권리의 보장이 확보되어 있지 않고 권력의 분립이 정해지지 않은 모든 사회는 헌법을 갖고 있지 못하다.

제17조　소유권은 불가침의 신성한 권리이므로, 누구도 합법적으로 확인된 공공의 필요성이 명백히 요구하는 경우가 아니고서는, 그리고 정당한 사전 보상의 조건이 이루어지지 않고서는 그 소유권을 빼앗길 수 없다.

여성이 단두대에
오를 권리가 있다면
연단에 오를 권리도 있다

〈여성과 여성 시민의 권리 선언〉
1791, 올랭프 드 구즈

"여성은 자유롭게 그리고 권리에서
남성과 평등하게 또 존속한다."

"사람은 자유롭게 그리고 권리에서 평등하게 태어나며 또 그렇게 존속한다." 〈프랑스 인권 선언〉은 이렇게 보편적 인권을 주장했다. 그러나 모든 인간이 아닌, 부르주아 남성의 권리만 보장되었을 뿐이었다. 1791년 올랭프드 구즈(Olympe de Gouges)가 쓴 〈여성과 여성 시민의 권리 선언〉은 〈인간과 시민의 권리 선언〉을 다시 쓰는 방식으로 여성의 권리를 간과하고 모멸하는 현실을 꼬집었다. 그녀는 사람의 권리와 시민의 권리에서 여성이 배제되는 현실, 그러한 사실을 알면서도 '보편적 인권'을 선언했던 인권 선언(과 그 제정자들)의 기만을 비판했다.

〈인간과 시민의 권리 선언〉에 명시된 '모든 인간은 평등하다'는 말은 당연히 여성과 남성이 평등하다는 뜻이다. 하지만 가부장적 사회 질서는 노예제, 식민 통치, 계급 차별 등과 마찬가지로 모든 인간의 평등과 양립할 수 없는 것이다. 또한 근대의 인권은 공적 영역과 사적 영역을 구분했다. 국가는 공적 영역에서 법을 평등하게 (획일적으로) 적용하지만, 사적 영역에 개입하지 않는다는 것이 당시의 지배적인 생각이었다. 그러니 공적 영역에 참여할 수 없는 여성이 사적 영역에서 겪는 폭력과 박탈은 애당초 인권 문제로 거론조차 될 수 없는 구조였다.

여성에게 완전한 정치적 평등을 |

구즈가 〈여성과 여성 시민의 권리 선언〉을 쓴 1791년은 프랑스 최초로 헌법이 제정된 해이다. 당시 모든 여성은 재산 없는 남성 시민과 더불어 '이등 시민', '수동 시민'으로 여겨졌다. "적어도 현 상황에서는 여성, 어린이, 외국인 그리고 공적 시설 유지에 아무런 공헌도 할 수 없는 자는 공적 문제에 능동적으로 영향력을 행사해서는 안 된다." 이것이 당시 의회를 지배하는 논리였다. 그 결과 프랑스 전체 인구의 80퍼센트가 넘는 사람들이 수동 시민으로 분류되어 투표 같은 정치 활동에 참여할 수 없었다. 그 가운데 가장 큰 비중을 차지한 것은 바로 여성이었다.

파리에서 베르사유 궁까지 30여 킬로미터를 비를 맞으며 걸어가 빵을 요구하며 왕을 파리로 데려온 것은 여성이었다. 그렇지만 여성에게 정치적 권리를 부여하는 입법은 논의조차 되지 않았다. 여성은 프랑스 혁명 중에 완전한 정치적 권리를 얻지 못했을 뿐 아니라 1944년까지 기본적 참정권인 투표권이나 공직 취임권도 얻지 못했다.

여성의 권리에 대한 인식은 18세기로 거슬러 올라간다. 그 시기에 여성의 지위 향상에 관심을 갖는 계몽주의자들이 등장했다. 그러나 그들은 참정권 같은 일반적인 권리가 아닌 여성의 교육을 주장했다. 게다가 여성을 생물학적으로나 사회적으로 남성과 다른 존재로 파악한 그들이 주장하는 여성교육의 내용은 지금과는 많이 달랐다. 여성은 공적인 공간, 즉 정치의 장이 아닌 집 안에 머무르는 존재이며 따라서 여성의 교육도 가정에서의 역할을 잘 해내도록 하기 위한 것이었다. 계몽주의자들이 옹호한 여성권이란 수유,

혁명의 과정에서 큰 역할을 해낸 여성들, 그러나
모든 사람의 권리를 외친 〈인간과 시민의 권리
선언〉에 포함되지 않은 여성은 스스로 자신의
권리를 외쳐야만 했다.

가사 노동이나 자녀 교육 같은 데 한정될 뿐이었으며, 집 밖에서의 지위 획
득을 위한 활동에는 관심조차 없었다.

사회계약론자는 자연 상태에서 여성이 남성과 동등하다고 인정했지만,
여성은 독자적인 사회계약의 당사자가 아니라 남편이나 남성의 정치적 권
위에 동의함으로써 사회계약 관계에 편입되었다고 주장했다. 여성은 반문
하지 않을 수 없었다. "남편의 권위가 신성하고 양도할 수 없는 것이라면,
왜 군주의 권리는 그렇지 않은가?" 여성은 자녀 양육이나 가사 노동에 대한
교육보다 자신의 삶을 위한 보다 진지한 지적 준비가 필요하다고 생각하기
시작했다.

이런 인식은 서서히 가시화됐다. 구즈의 선언이 있기 1년 전인 1790년
7월 지도적인 지식인이자 귀족이었던 콩도르세(Marquis de Condorcet)는
여성의 완전한 정치적 권리, 남성과 동등한 정치적 권리를 지지하는 기사
를 써서 파장을 일으켰다. 그리고 곧이어 그의 주장에 동조하는 여성권 지
지자들의 서클이 만들어지고 이혼과 재산 문제에서의 민권 평등 등을 주장
했다.

구즈가 〈여성과 여성 시민의 권리 선언〉을 쓴 이듬해인 1792년 영국의

메리 울스턴크래프트(Mary Wollstonecraft)는 〈여성의 권리 옹호(A Vindi-
cation of the Rights of Woman : with Strictures on Political and Moral Subjects)〉
에서 남성과 동등한 여성의 권리를 요구했다. 이것은 울스턴크래프트가 프
랑스 혁명과 〈인권 선언〉을 반대하는 보수주의자들에 맞서 썼던 〈인간의 권
리 옹호(A Vindication of the Rights of Man)〉(1790)를 여성주의 관점에서 고
쳐 쓴 책이다. 또한 1848년 뉴욕 주의 세네커폴스에서 열린 미국 최초의 여
성 권리 대회에서는 〈독립 선언서〉를 모델로 삼아 〈감정의 선언(Declaration
of Sentiments)〉을 선포했다.

그러나 단연코 가장 대담한 여성의 정치적 권리 천명은 구즈의 펜에서
나왔다. 푸줏간 집 딸로 태어난 구즈는 혼자 힘으로 공부하며 극작가가 되었
다. 그녀는 많은 팸플릿과 희곡을 썼는데 특히 노예제를 매섭게 비판했다.
그녀는 〈여성과 여성 시민의 권리 선언〉을 통해 인권을 주장하는 문서에서
배제된 여성의 권리를 드러내 보였다. 하지만 동등한 인간이기를 요구한 여
성이 겪어야 했던 수난은 컸다. 여성은 단두대에 세워질 권리만이 아니라 연
단에 설 권리가 있다고 주창했던 구즈는 역설적이게도 1793년 단두대에서
처형당했다. '부자연스럽고 인도에 어긋난(unnatural)' 여성이라는 이유에서
였다.

그러나 사회·정치적 권리에 대한 여성의 관심은 높아졌고, 그에 따른
사회 참여도 계속됐다. 여성은 식량 가격 폭등에 분노해 각종 시위를 벌였고
여성들로 따로 조직된 클럽에 참여했다. 혁명 정부는 여성 클럽의 해산과 여
성의 집회 참여 금지 등으로 대응했지만 여성의 전진은 계속됐다. 집안을 잘
돌보기 위한 교육권이 아닌 여성의 정치적 참여를 내세운 구즈의 〈여성과
여성 시민의 권리 선언〉과 그 대가로 돌아온 처형은 역설적으로 여성이 이
미 정치 활동의 중심에 섰음을 증명한 사건이었다.

인권의 주체가 누구인가라는 관점에서 '인권의 보편성'에 대한 비판은

지금도 이어지고 있다. 원주민·장애인·이주자나 이중적 사회적 약자(여성 장애인, 여성 이주자 등)는 인권에서 배제되고 있다는 비판과 투쟁이 이어지고 있다. '침해'가 원래 가지고 있던 권리를 빼앗기거나 침범당하는 것이라면, '배제'는 처음부터 권리에서 소외되었다는 의미이다. '과거보다 지금 여성의 권리가 나아졌다'는 말은 사실이지만, 여전히 인권에서 배제된 사람들이 남아 있다는 사실을 잊지 말아야 한다.

여성과 여성 시민의 권리 선언

DECLARATION
OF THE RIGHTS OF WOMAN
AND THE FEMALE CITIZEN

올랭프 드 구즈, 1791년

전문

어머니들, 딸들, 자매들, 그리고 프랑스 인민의 대표들로 국민의회를 구성할 것을 요구한다. 여성의 권리에 대한 무지, 망각 또는 멸시가 공공의 불행과 정부의 부패를 부른 유일한 원인이라고 간주하며, 이에 엄숙한 선언으로 자연적이고 양도할 수 없으며 신성한 여성의 권리를 제시하기로 결의한다.

이 선언은 사회의 모든 구성원에게 항시 제시되어 그들이 자신의 권리와 의무를 끊임없이 상기하도록 하고, 여성의 권위 있는 행위와 남성의 권위 있는 행위가 매 순간마다 모든 정치 제도의 목적과 비교됨으로써 존중받도록 하고, 단순 명백한 원리에 입각한 시민의 요구가 언제나 헌법, 유익한 도덕, 만인의 행복에 이바지할 수 있도록 할 것이다.

따라서 출산의 고통 중에 보이는 용기와 같이 미(美)에서 우등한 여성은 최고 존재 앞에서 그리고 그 비호 아래 다음과 같은 여성과 여성 시민의 권리를 승인하고 선포한다.

제1조   여성은 자유롭게 그리고 권리에서 남성과 평등하게 태어나며 또 그렇게 존속한다. 사회적 차별은 오직 공동의 유용성에 입각할 때만 가능하다.

제2조 모든 정치적 결사의 목적은 여성과 남성의 자연적이고 소멸할 수 없는 권리를 보전하는 데 있다. 이 권리는 자유, 소유권, 안전, 그리고 특히 압제에 대한 저항이다.

제3조 모든 주권의 원리는 본질적으로 국민에게 있으며, 국민은 여성과 남성의 결합에 다름 아니다. 명백하게 국민으로부터 유래하지 않은 권위를 어떠한 단체나 개인도 행사할 수 없다.

제4조 자유와 정의는 타인에게 속한 모든 것을 회복하는 것으로 구성된다. 따라서 여성의 자연권 행사에 대한 유일한 제한은 영구적인 남성의 폭정이다. 이러한 제한은 자연과 이성의 법률로써 개혁돼야 한다.

제5조 자연과 이성의 법은 사회에 해로운 모든 행위를 금지한다. 이러한 현명하고 신성한 법률에 의해 금지되지 않은 모든 것은 방해될 수 없으며, 또 누구에게도 법이 명령하지 않은 것을 하도록 강요할 수 없다.

제6조 이러한 법률은 일반의지의 표현이어야만 한다. 모든 여성과 남성 시민은 직접 또는 그 대표를 통해 법을 만드는 데 기여해야 한다. 법은 모든 사람에게 똑같아야 한다. 남성과 여성 시민은 법 앞에 평등하므로, 그들의 능력에 따라서 또한 그들의 덕성과 재능 이외에는 어떠한 차별도 없이 평등하게 모든 공적인 위계·지위·직무에 오를 수 있다.

제7조 여성도 예외가 아니다. 여성은 법이 정한 바에 따라서만 고소·체포·구금된다.

제8조 법은 엄격하고 명백하게 필요한 형벌만을 규정해야 하며, 누구도 범법행위 이전에 제정·공포되고 또 합법적으로 여성에게 적용된 법에 의하지 않고는 처벌될 수 없다.

제9조 일단 어떤 여성이든 유죄로 선고되면, 완전한 엄격함이 법에 의해 행사돼야 한다.

제10조 누구도 자신의 기본적 의견에 대해 침묵할 것을 강요받아서는 안 된다. 여성은 단두대에 오를 권리를 가졌다. 마찬가지로 여성은 법이 규정한 공공질서를 어지럽히지 않는 한 연단에 오를 권리를 가져야 한다.

제11조 사상과 의견의 자유로운 소통은 여성의 가장 고귀한 권리 중 하나이다. 이러한 자유가 아버지가 자신의 자녀를 인정하게 만들기 때문이다. 따라서 어떤 여성 시민이든 진실을 숨기려는 야만적인 편견에 강요받지 않고 '나는 당신 아이의 어머니'라고 자유롭게 말할 수 있다. 다만 법이 정한 경우에 그 자유의 남용에 대해서는 책임을 져야 한다.

제12조 여성과 여성 시민의 권리 보장은 중요한 이익을 포함한다. 이러한 보장은 그것을 위탁받은 자의 특수한 혜택을 위해서가 아니라 만인의 이익을 위해서 설치되어야 한다.

제13조 공공의 조직 유지와 행정 비용을 위한 여성과 남성의 기여는 평등하다. 여성은 모든 의무와 힘든 임무를 공유한다. 따라서 여성은 지위·고용·직무·명예·직업의 배분에서 똑같은 몫을 공유해야 한다.

제14조 여성과 남성 시민은 스스로 또는 그 대표를 통해 공공 기여의 필요성을 검증할 권리를 갖는다. 이것은 여성이 재산뿐만 아니라 공공 행정에서 그 액수·근거·징수·기간을 결정하는 데 동등

한 공유를 보장받아야만 적용될 수 있다.

제15조 전체 남성을 목적으로 한 세금에 참가하는 전체 여성은 어떤 공직자에게나 그들의 행정에 대한 책임을 물을 권리를 갖는다.

제16조 권리의 보장이 확보되어 있지 않고 권력의 분립이 정해지지 않은 모든 사회는 헌법을 갖고 있지 못하다. 시민을 구성하는 개인의 다수가 헌법 초안을 함께 만들지 않았다면 그 헌법은 무효이다.

제17조 재산은 함께 있거나 헤어졌거나 남성과 여성 둘 다에 속한다. 남성과 여성 각각에게 그것은 불가침의 신성한 권리이므로, 누구도 합법적으로 확인된 공공의 필요성이 명백히 요구하는 경우가 아니면 그리고 정당한 사전 보상의 조건이 이루어지지 않고서는 그것을 빼앗을 수 없다.

후문

여성이여, 깨어나라. 이성의 종소리가 전 우주에서 들려오고 있다. 당신의 권리를 발견하라. 강력한 자연의 제국은 더 이상 편견과 광신과 미신과 거짓말에 둘러싸여 있지 않다. 진리의 불꽃이 어리석음과 권리 침해의 모든 구름을 쫓아버렸다. 노예화된 남성은 자신의 사슬을 끊기 위해 여성의 사슬을 수단으로 하는 힘과 필요를 늘려왔다. 남성은 자유로워지자 그 동료에게 불공평했다. 오, 여성이여, 여성이여! 언제가 돼야 눈을 뜰 것인가? 혁명에서 여성은 무슨 이익을 얻었던가? 더욱 분명한 멸시와 더욱 두드러진 경멸을 얻었을 뿐이다.

(이하 생략)

모든
단결을
금지한다

〈르 샤플리에 법〉, 1791

"프랑스 헌법의 근본 토대 중 하나는 같은 업종
또는 직업에 종사하는 시민의 길드를 어떤 종류이건
폐지하는 데 있다. 이런 점에서 어떤 명목이나
형태로든지 그것의 재건은 금지된다."

1791년 봄, 파리의 목수와 제철공이 크게 운동을 일으켰다. 노동력 수요가 늘어나고 사회적으로 번영하던 당시 상황에서 노동자들은 임금 인상을 요구할 수 있다고 생각했다. 노동자들은 집회에서 고용주에게 임금 인상 협정을 제안했지만 거절당했다. 고용주에게 거부당한 노동자들은 파리 시 당국에 조정을 요청했지만 역시 거절당했다. 고용주들은 '경쟁을 통해 서로의 이익이 자연스럽게 정해질 것'이라는 논리를 내세우며 시 당국에 노동자 집회를 해산하고 집회에서의 결정을 무효로 하라고 요구했다.

고용주들은 노동자가 구체제의 동업조합을 부활시키려 한다고 주장하며 의회에 노동자의 결사를 금지하는 입법 제정을 청원했다. 르 샤플리에(Issac René Guy le Chapelier) 의원은 의회 보고에서 "각자의 개별 이익과 모두의 일반 이익 사이에 중간 단체*가 존재하면서 중간 이익을 선전하는

---

* 조합, 시민단체, 언론 등을 말한다.

것을 용납해선 안 된다. ……임금 결정은 개인 대 개인의 자유로운 합의로,
노동자는 자신을 고용하는 자와 맺은 합의를 유지해야 한다"고 주장했다.

자유, 평등 그리고 소유권을 옹호한 혁명 |

'단결 금지법'으로 잘 알려진 프랑스의
〈르 샤플리에 법〉은 제안자의 이름을 딴 것이다. 르 샤플리에는 노동자와
사용자 사이에 개별적인 계약에 의존하지 않고 집단적으로 더 높은 임금을
요구하는 것은 프랑스 혁명이 정한 새로운 원칙, 즉 개인의 자유에 반하는
것이라고 생각했다. 그도 그럴 것이 프랑스 혁명의 기치는 '자유, 평등, 우
애'로 알려져 있지만 이는 1875년 헌법에서 정식으로 자리 잡았으며, 혁명
초기에 내세운 것은 자유와 평등 그리고 소유권이었다.

여기에는 단결권은 위험하며 국가가 엄밀하게 통제하지 않으면 안 된다
는 생각이 깔려 있었다. 구체제에서의 동업조합 등 유력한 사회단체는 모두
봉건적이며 부정의 대상이 되었던 탓이다. 혁명은 동업조합 같은 단체의 이
익이나 권리가 새로운 가치로 등장한 개인의 자유와 권리를 방해한다고 여
겼다. 르 샤플리에의 생각은 당시의 이러한 개인주의적 자유주의를 대변하
고 있었다.

르 샤플리에는 노동자의 낮은 임금을 인상해야 한다고 인정하기는 했다.
또한 실업이나 질병으로 사정이 어려운 노동자를 구제하는 것이 국가의 의
무라고도 생각했다. 하지만 그것은 어디까지나 개인의 자유경쟁이 만인의
이익을 가져온다는 신념에 바탕을 둔 것이었다. 그는 그 바탕에서 국가의 의
무를 고려했을 뿐 개인의 생존을 보장하기 위해 경제적 자유를 제한하는 것
이 국가의 의무라고 생각하지는 않았다. 따라서 고용주와 노동자 당사자들,
즉 개인 대 개인의 관계에 맡겨야 적정한 임금이 결정된다고 생각했다. 그래
서 〈르 샤플리에 법〉은 외형적으로 임금을 올려 받기 위한 노동자의 단결이

나 임금을 내리기 위한 기업주의 단결을 똑같이 금지했다.

〈르 샤플리에 법〉은 모든 직업적 결사와 쟁의행위를 금지했다. 그러나 표적은 당연하게도 노동자였다. 뚜렷하게 단결할 필요가 없는 사용자와 단결이 절실했던 노동자 가운데 누가 적발 대상이 될지는 뻔했다. 실제로 〈르 샤플리에 법〉이 사용자 단결에 적용된 적은 19세기 내내 단 한 번도 없었다. 그리고 노동자에 대한 형벌은 사용자에게 정해진 형벌보다 가혹했고 가중 처벌되었다. 심지어 '노동자 수첩'이라는 구체제 수단까지 부활해서 기존 고용주가 노동자의 의무 이행 증명을 수첩에 적어주지 않으면 다른 직장으로 옮길 수도 없었다. 당시 노동 계약은 대부분 구두로 이루어졌기 때문에 다툼이 생기면, 법원은 고용주의 주장을 믿는다는 법 규정에 따라 고용주의 주장을 채택하는 것이 현실이기도 했다.

프랑스 혁명이 일어난 시기는 봉건적 생산관계와 자본주의적 생산관계가 뒤얽힌 과도기였다. 일반 민중은 구체제 세력과 신생 부르주아 계급 모두에게 이중으로 수탈당할 수밖에 없었기에 두 세력 모두와 싸워야 했다. 부르주아는 새로운 사회·정치 질서의 토대인 소유권을 방패 삼아 '빵'을 지키면

〈르 샤플리에 법〉이 만들어진지 백 년 후인 1891년의 운수 노동자 파업을 담은 그림.
강자와 약자 사이에 조건 없는 자유와 평등이란 강자만을 위한 허울 좋은 위선이 될 수 있다.

됐지만, 민중은 스스로 싸워 '빵'을 얻어야 했다.

이런 상황에서 혁명은 권리와 모순된 관계를 드러냈다. 혁명을 거치면서 어떤 권리(예를 들면, 유대인의 완전한 시민권 획득)는 확장된 반면 어떤 권리는 폭력적으로 억압당했다. 불행하게도 억압된 권리는 민중의 단결권이었다. 부르주아 계급 혁명은 민중의 힘에 의존해 이루어졌지만 이제 그 힘을 억압해야 하는 상황이 되었다. 그리고 그러한 억압은 단지 민중의 정치 참여를 억누르는 것에 그치지 않고 노동이나 임금의 권리를 특정 계급의 이해에 따라 단속하려는 시도로 나타났다.

'개인 대 개인'만이 게임의 법칙은 아니다

강자는 서부 영화의 영웅처럼 혼자 다녀도 겁날 게 없지만, 약자는 그렇지 않다. 프랑스 혁명기의 〈인권 선언〉이 천명한 형식적 자유와 평등에 기초한다면 모든 사람(모든 노동자)은 자유롭고 (자본가와의 관계에서도) 평등하다. 모든 사람은 거주 이전, 직업 선택의 자유를 가진다. 자유의사로 원하는 공장이나 사업장을 마음에 드는 조건으로 선택하고 일할 수 있다. 하지만 이것은 현실과 동떨어진 환상이었다. 노동 조건을 개선하려면 사회적 약자인 노동자들은 뭉쳐야 했고, 뭉쳐서 뭔가 행동해야 했다. 개개인으로는 취약하기 그지없는 거래 능력을 단결로 극복하려는 것은 당연한 일이니까.

노동자의 단결을 금지했던 〈르 샤플리에 법〉은 봉건제에서 자본주의로 넘어가던 매뉴팩처 시대를 대표하는 법이라고 할 수 있다. 그 시대를 지배했던 '개인이 자기 이익의 최상의 옹호자'라는 관념은 산업혁명 시대를 지나면서 점차 깨져가고 고용주와 노동자 사이에 존재하는 실질적인 힘의 불평등도 분명하게 드러났다. 더불어 새롭게 등장한 사회사상의 영향으로 노동자가 믿을 것은 자신들밖에는 없다는 사실을 깨달았다.

이에 대처하는 자본가와 국가의 대응 방식도 바뀌어갔다. 노동자의 단결을 법으로 금지하던 단계를 지나 형벌 대상에서 제외하는 소극적 단계 그리고 노동 기본권을 인정하는 적극적 단계로 나아갔다. 프랑스에서 노동자의 단결 및 단결 활동이 국가의 형벌로부터 벗어난 것은 1864년이었다. 그로부터 20년이 지난 1884년 마침내 노동조합이 법으로 인정되었다.

우리나라에는 오늘날에도 '르 샤플리에' 의원이 너무 많고, 노동자에 대한 압박과 처벌을 청원하는 자들 또한 넘쳐흐른다. 그리고 국회 밖에서는 노동자라는 사실조차 인정받지 못하는 노동자들, 단결권을 보장받지 못하는 노동자들이 노동 기본권을 위한 연대를 갈구하고 있다. 〈르 샤플리에 법〉이 만들어진 지 2백여 년, 그리고 사라진 지 백여 년이 흘렀음에도 말이다.

르 샤플리에 법

LE CHAPELIER LAW

1791년 6월 14일

제1조 프랑스 헌법의 근본 토대 중 하나는 같은 업종 또는 직업에 종사하는 시민의 길드를 어떤 종류 건 폐지하는 데 있다. 이런 점에서 어떤 명목이나 형태로든지 그것의 재건은 금지된다.

제2조 같은 업종 또는 직업의 시민, 기업가, 상점을 세운 사람, 숙련도를 불문하고 노동자와 직인은 회합해 의장, 서기, 이사를 임명하거나 결의안을 통과시키거나 자신의 공통된 이해라 주장할 것에 관한 규정을 만들 수 없다.

제3조 모든 행정 및 시 조직은 직업의 이름으로 된 어떠한 성명이나 청원을 접수하거나 그에 답변하는 것을 금지한다. 추가로, 그렇게 작성된 결의안이 무엇이든 무효라고 선언할 의무가 있으며 그에 따른 아무런 효력이나 집행력이 없음을 확실히 해야 한다.

제4조 자신의 산업 또는 노동의 가격을 정하기 위해 같은 직업, 기술, 업에 종사하는 시민끼리 협약을 협의하거나 체결하는 것은 자유의 원칙과 헌법에 반한다. 서약이 동반되었건 아니건 그렇게 체결된 협의와 협약은 위헌이며 자유와 〈인간과 시민의 권리 선언〉을 침해하는 것으로 선언되고 무효화된다. 행정 및 시 조직은 그런 협약이 위헌이며 무효라고 선포해야 한다. 그런 협약을 선동하고 기초하거나 주재한 당사자·지도자·선동가에게 경찰은 죄를 묻고 시 검사의 기소로 5백 리브르의 벌금형에 처하며, 일등 시민으로서 갖는 모든 권리의 향유가 1년간 유예되며, 기초 의회 입장이 금지된다.

제5조 언급한 협의 또는 협약을 선동하거나 그에 서명한 기업가·노동자·직인이 자발적으로 경찰 법원의 기록원에 출두해 그 협약을 철회하거나 부인하지 않는다면, 그 구성원들이 본인의 이름을 사용한다 할지라도 모든 행정 및 시 조직이 그들을 어떤 공무에 고용하거나 인정하거나 인정되도록 허용하는 것을 금지한다.

제6조 언급한 협의 또는 회의, 전달된 포스터나 회람된 편지가 기업가, 기술자, 노동자 또는 그곳에서 일하는 외국인 날품노동자에 대한 위협이나 낮은 임금을 수용하는 사람들에 대한 위협을 담고 있다면, 그런 행위나 글을 쓴 사람·선동가·서명자는 각각 1천 리브르의 벌금에 처하며 3개월 간 구금된다.

제7조 헌법에 보장된 노동과 산업의 자유를 누리고 있는 노동자에게 위협이나 폭력을 사용하는 자는 형사상 처벌을 받으며 공공 평화를 교란한 자로서 법의 최대 한도까지 처벌받는다.

제8조 어떤 종류의 사람에게나 속하며 상호 동의하의 모든 상황에 속하는 산업과 노동의 자유로운 행사에 역행하고, 경찰 행위와 그와 연관된 판단의 집행에 반할 뿐만 아니라 다양한 기업에 대한 공매와 파산선고에 반하는 기능공, 노동자, 직인, 날품노동자 또는 그들의 선동을 받은 자들의 모든 회합은 치안 방해로 간주되고, 그에 따른 법적 영장에 근거해 법의 수호자에 의해 해산되고, 언급한 회합과 관련된 작가·선동가·지도자, 비난과 폭력 행위를 저지른 모든 자들은 법이 정한 최대 한도까지 처벌받는다.

'선언'을 넘어선 진정한 평등을 외치다

〈사회 상태에 있는 인간 권리에 관한 엄숙한 선언〉, 1793, 바를레

> "사회계약은 약자를 강자로부터 보호하는 일에 특별히 전념해야 한다."

장 프랑수아 바를레(Jean François Varlet)는 프랑스 혁명 과정에서 '상퀼로트(sans-culotte) 운동'이 무르익던 1792년 이론적 지도자로 활약했다. 상퀼로트란 프랑스어로 '반바지를 입지 않은', 즉 상류층이 걸친 반바지(퀼로트)를 입지 않은 계층을 가리키는 말로 그 주축은 수공업자와 소상인 등 도시 민중이었다. 그들은 혁명의 와중에 스스로 인권 구상에 나서게 되는데, 이를 체계적으로 표현한 대표적인 문헌 〈사회 상태에 있는 인간 권리에 관한 엄숙한 선언〉(이하 〈엄숙 선언〉으로 약칭)을 기초한 사람이 바로 바를레다. 상퀼로트의 입장에서 민중의 헌법 구상과 인권 구상을 체계화한 〈엄숙 선언〉은 1793년 5월 발표되어 6월 7일 국민공회에서 낭독되었다.

바를레의 〈엄숙 선언〉은 프랑스 혁명의 2차 국면이라 할 민중 혁명이 고양되던 시기에 나왔다. 1차 국면에서 부르주아는 입헌군주제와 자본주의적 소유권을 확립한 헌법을 제정했다. 그러나 그 헌법은 민중이 봉기해 군주제를 없앴으므로 자동 폐기되었다. 그러자 공화국의 새로운 헌법을 제정하기 위한 새로운 의회인 국민공회가 소집됐다. 그 과정에서 봉기의 주인공인 민중 권력과 합법적인 의회 권력은 여러 모로 부딪칠 수밖에 없었다. '국왕의 폐위로 혁명이 끝났으니, 그동안 수고했다는 박수를 받으며 집으로 돌아가라'는 부르주아의 바람과 달리 민중은 멈추지 않았다. 그들은 봉기(1792년 8월 10일)로 국왕을 몰아냈을 뿐 아니라 다시 봉기(1793년 5월 31일~6월 2일)해 민중과 멀어진 의원들을 국민공회에서 몰아냈다.

공화국 헌법의 제정을 앞두고 상퀼로트의 사상을 집대성한 바를레의 〈엄숙 선언〉은 정치적 참여만이 아니라 경제·사회적 권리를 보장하라는 요구를 담고 있었다. 즉, 민중의 인권 구상과 헌법 구상은 참정권의 배제와 소유권의 절대적 보장이라는 부르주아가 쳐놓은 선을 넘어서는 것이었다.

인권 선언의 한계를 민중의 이름으로 넘어서다 |

정치적 참여에 대해 바를레의 〈엄숙 선언〉은 부르주아의 국민주권론에 대비되는 인민주권론을 주창한다. 부르주아가 만든 헌법이 '주권은 국민에 속한다'고 했을 때 적어도 주권이 군주의 것이 아니라는 점은 확인됐다. 그런데 '국민에 속한다'는 주권은 말로만 그럴싸했다. 국민은 주권의 보유자였지만 행사자는 아니었다. 주권을 가진 국민은 구체적인 한 사람 한 사람이 아니라 추상적인 덩어리로서의 국민이었다. 그러니 국민 개개인으로 주권을 나눌 수도 없고 주권 행사에 참가할 방법도 없으며, 구체적인 누군가에게 권력을 위임함으로써만 비로소 주권을 행사할 수 있었다.

따라서 선거가 가장 중요한 제도였다. 하지만 선거는 시민의 권리 행사가 아니었고 국민 주권의 일부인 의원 임명권 행사, 즉 공무 집행에 불과한 것이었다. 게다가 그 선거는 일정 수준 이상의 납세 능력이 있는 사람 중에서 상당한 재력가를 뽑는 제한선거였고 유권자는 일단 선출된 대표에게 간

〈상퀼로트를 입은 생제 슈나르(The Singer Chenard,
as a Sans-culotte)〉, 1792년 부아이(Louis Léopold Boilly) 그림.
혁명에서 내세운 자유와 평등을 온전히 누리기 위해서
상퀼로트는 또다시 그들을 위한 선언을 외쳐야 했다.

섭할 수 없었다. 의원은 자신을 선출한 선거구의 대표가 아니라 '전 국민의 대표'니까 선거인과 선거구에 구속되어서는 안 된다는 논리였다. 따라서 유권자는 자신이 선출한 대표에게 무슨 일을 하라고 명령할 수도, 일을 못한다고 소환할 수도 없었다. 의원은 다음 선거에서 평가받는 정치적 책임만 질 뿐이었다. 그러므로 '주권이 국민에게 있다'는 말은 선출된 대표의 정당성이 국민에게서 비롯되었다는 의미에 지나지 않았다.

이에 비해 상퀼로트가 주장한 참정권은 주권 행사를 권리로 여기고, 공무 취임 기회의 평등과 압제에 대한 봉기권을 보장하고 있었다. 여기서 유권자인 인민은 추상적 덩어리인 국민과 달랐다. 인민은 주권을 소유할 뿐만 아니라 직접 행사하는 존재였다. 유권자의 의사는 유권자 전체의 1/n씩 모여 표현된 것이기 때문에 대의제도는 최선이 아니라 차선일 뿐이었다. 선거도 제한선거가 아닌 보통선거로 하고, 면책 특권의 부작용을 방지하고 유권자가 정치에 긴밀하게 참여하기 위해 선출한 대표는 유권자의 의사 테두리에 묶여 있어야 했다(이를 명령적 위임이라 한다). 따라서 대표는 자신을 선출한 지역구 유권자의 의사 안에서만 대표권을 가지며, 지역 구민의 의사에 따라야 하고 그들에게 보고할 의무가 있었다. 만약에 유권자가 위임한 대로 하지 않으면 위임은 무효가 되며 위임자의 의사에 따라 파면됐다. 이를 소환(recall)이라 하는데, 그것의 점차적 확대도 명시되어 있었다. 또한 유권자는 모든 공무원에게 일상적인 통제권과 파면권을 가졌다.

바를레의 〈엄숙 선언〉이 강조하듯이, 인민의 참정권을 보장하는 중요한 장치는 정치적 의사 표현과 집회의 자유 보장이다. 그리고 그 최상위에 압제에 대한 봉기권이 있다.

> 압제에의 저항은 귀중한 봉기의 권리이다. ……국민의 공금이 낭비되고 국비의 소비가 사회의 빈곤을 극대화할 때 압제가 존재한다. 이 같은 상황에서는 일제 봉기야말로 독립을 보장하는 것, 권리 중 가장 정당한 것, 의무 중 가장 신성한 것이 된다(제22조).

바를레의 〈엄숙 선언〉이 가진 또 다른 특징은 "사회계약(여기선 헌법을 말한다)은 약자를 강자로부터 보호하는 일에 특별히 전념해야 한다"는 제28조에 들어 있다. 이 조항의 실현을 위해 재산상의 극심한 불평등을 정당한 수단으로 부술 수 있음을 인정하고, 생존권·노동권·휴식권을 '재산'으로 인정했다.

여러 면에서 부르주아의 인권 구상과 대비되는 민중의 인권 구상인 〈엄숙 선언〉은 시대를 앞선 것이었다. 〈엄숙 선언〉에서 싹을 보인 권리들은 선진국에서조차 20세기에 와서야 구체화되었다. 그러나 우리가 민중이라 부르는 당시의 상퀼로트는 부르주아처럼 명확한 계급의식이 있는 집단이 아니었다. 다양한 계층이 뒤섞여 있었고 자본주의가 본격화되지 않은 시기인지라 그들은 경제 문제의 심각성을 미처 보지 못했거나 순진하게 생각했다. 혁명기에도 그랬지만 이후로도 오랫동안 그들의 봉기와 희생의 열매는 부르주아에게 돌아가곤 했다.

지금의 시각에서는 상퀼로트의 생각을 공상적이고 비현실적이라고 비판할 수 있지만, 인권을 위해 끊임없이 봉기한 그들은 민중의 인권 구상이라는 위대한 유산을 남겼다. 그들의 후예는 부르주아의 그것과는 전혀 다른 인권 구상을 기억함으로써 인권과 민주주의의 허구를 벗겨 나갔다. 그리하여 먼 훗날이 아닌 아주 가까운 장래에 경제적 문제의 근본을 설파한 바뵈프의 구상이 등장하게 된다.

사회 상태에 있는 인간 권리에 관한 엄숙한 선언

DECLARATION OF THE RIGHTS OF MAN IN THE SOCIAL STATE

바를레, 1793년

전문

사회 상태에서 인권의 유지에 유일하게 적합한 유일불가분(唯一不可分)의 공화국으로 조직할 것을 결정한 프랑스 국내의 주권자인 인민은,

무엇보다도 무지·오류·미신이 여러 나라 인민이 예속당하는 제일 원인임을 고려하고,

항상 단일하고 불변하는 자연으로부터 퍼낸 여러 원리가 어느 날 사람들을 통치할 보편적인 법전을 형성할 것을 고려하고,

나아가 관습의 상이함과 차이, 법률의 불완전함이나 무능, 여러 나라의 혁명은 그 여러 제도가 의거하는 불변의 기초를 사회 상태의 인간이 미처 승인하지 않았음에 유래한다는 점을 고려한 결과,

이에 엄숙한 선언과 더불어 사회 상태에서의 인권, 즉 세계와 함께 오랫동안 존재하며, 신성하고도 양도할 수 없으며, 소멸함이 없는 권리를 명백히 할 것을 결의했다.

자유롭게 창조된 모든 인민이 폭군의 멍에에서 벗어날 때 구원의 손길을 내밀기 위해,

사회에 결합한 사람들이 늘 권리와 분리될 수 없는 의무를 상기하기 위해,

주권자인 여러 나라 인민에 의해 창조된 여러 기관의 행위를 이후 간결

하고도 다툼의 여지없는 원리를 따름으로써 한층 더욱 존중하기 위해,

그리고 더 이상 타인에게 억압받지 않고 본래적인 존엄에 따라 그 권리에 긍지를 가지고 자랑하고 교화된 모든 사람이 각 개인의 권리를 보호하는 온당하고도 정당하고도 항구적인 법률에 의해, 나아가 공공의 복리에 의해 그들 사이에 균형을 유지하기 위해,

완벽하게 그 주권을 행사하고 있는 프랑스 시민은 모든 주권자인 여러 나라 인민에게 만물의 창조주인 최고 존재 앞에서 그리고 그 비호 아래 있는 사회 상태에서 다음과 같은 인권을 선언하고 표명한다.

제1조 자유란 질서와 사회적 조화를 관장하는 윤리적 존재이다. 그것은 사람들 사이의 모든 덕과 재능, 번영의 근원이다. 자유만이 왕좌에서 통치해야 하며, 그것만이 성당 안에서 현명하고도 사려 깊은 사람들에게 그들이 정의와 온전함과 선행의 이념적 기초를 두고 있는 신을 표상해야 한다.

제2조 여러 나라 인민은 하나의 가족을 형성하고 있다. 폭군의 압제로부터 상업상의 교섭을 지킨다는 동일한 이유, 그리고 그들이 의무를 지고 있는 친밀한 원조의 상호성에서 일체가 되어 생활할 필요가 있기 때문이다.

제3조 여러 나라 인민 사이의 전쟁은 국왕, 전제군주, 야심가, 지배적인 음모가가 범하는 인류에 대한 범죄이다. 인류에 대한 이들 억압자는 인류의 법률적 보호 밖에 있으며 그들을 지상에서 소탕하는 자는 전 세계의 공로자이다.

제4조 전 세계의 인간은 자유롭고 평등한 권리를 갖고 태어나 존재하고 또한 계속 그래야 한다. 이 제일 원리가 무시되고 오해되는 곳에서는 어디든 전제와 무정부 상태가 지배한다.

제5조 모든 시민에 대한 국가의 신성한 책무인 덕육, 지육 그리고 공중도덕의 보급만이 시민의 권리 향유를 실현 가능한 것으로 만든다.

제6조 평등은 자유의 직접적인 귀결이다. 다음은 이 귀중한 권리에서 유래한다. 시민은 출생, 재산 또는 신분상 차별 없이 각자의 능력에 따라, 타인이 그들 각자에게 품게 되는 존경과 신뢰의 정도에 따라 모든 공직에 취임할 수 있다. 사회의 필요에 따라 요청되는 조세의 분담은, 납세 의무자의 능력에 따른 누진적일 때에만 평등하다. 적은 임금으로 생활하는 개인은 생활에 필요한 노동 생산물에 대해 세금을 물지 않는다. 지위에 관한 모든 차별적인 휘장은 직무를 집행할 때를 제외하고는 부착하지 못한다. 사회적 포상은 이루어진 봉사의 가치에 따라 등급이 설정되며, 항상 오로지 덕행과 개인적 공로로써 인정된다. 그리고 그것은 언제나 공동의 이익을 위해 이용된다.

제7조　사회 조직은 사회 상태에서의 인권 유지를 유일한 목적으로 한다. 여기서 인권이라 함은 주권의 행사, 사상의 자유, 행동의 자유, 개인의 자유·안전·보전, 재산의 향유 및 압제에 대한 저항을 의미한다.

제8조　주권의 행사는 모든 나라 인민에 귀속된다. 모든 권력은 본래적으로 여러 나라 인민에게만 존재한다. 그것은 단일·불가분·불가양이며, 소멸되지 않는다. 그것은 위임장으로써 위임될 수 있으나 결코 대표될 수는 없다. 모든 국가에 오직 하나의 권력이 존재한다. 그것은 주권자인 여러 나라 인민의 권력이다. 창설된 여러 기관은 여기서 유래된 것이며, 항상 그들에게 종속된다.

제9조　위임자의 정식 위임에 의하지 않고 공무를 집행하는 자는 인민의 주권을 침해하는 찬탈자이다.

제10조　여러 나라 인민의 주권 행사는 여덟 가지의 상호 동등한 부분으로 나뉜다. 그것은 사회 상태에서 사람이 가지는 다음의 권리들이다.

- 모든 공적 기관을 직접 선출할 권리

- 사회의 이익에 대해 토의할 권리

- 법률을 제안할 권리를 위임받은 자에게 개별적으로는 소망과 의향을, 전체적으로는 의사를 제시함으로써 스스로 법률 제정에 참가할 권리

- 위임자의 이익을 배신하는 의원을 소환·처벌할 권리

- 공적인 조세의 필요성을 확인할 권리, 즉 자유롭게 공적인 조세를 승인하고 그 용도를 지켜보고 세액·기준·징수·기간을 결정할 권리

- 모든 공무원, 행정관, 관리, 인민 공금의 관리자에게 그 사무의 보고를 요구할 권리

- 수임자에게 법률로써 효력을 부여하고 집행 가능케 하기 위해 제기했던 법률안을 검토하고 거부 또는 재가할 권리

- 임의로 사회계약을 재검토하고 개조하고 수정하고 변경할, 국가 속 전체로서의 시민이 갖는 권리

제11조　사상의 자유는 우선 모든 사람이 최고 존재에게 자유롭게 경의를 바칠 수 있어야 한다. 이 자유의 대원칙에는 그 어떤 예외도 없다. 고로 국가는 신앙의 표명이 사회계약으로 확립된 질서를 교란하는 것이 아닌 한 신앙에 관한 사항에 조금도 개입할 수 없으며 개입해서도 안 된다. 사상의 자유는 또한 사상의 자유로운 전달과 모든 의견에 대한 관용도 확인한다. 사고한다는 것, 그것은 인간의 가장 귀중한 권리이다. 따라서 사람은 그 능력을 어떤 경우에도 금지·제지·제한됨 없이 자유롭게 쓰고 말하고 출판할 수 있어야 한다.

제12조　행동의 자유란, 자유롭게 왕래하고 집합하고 창설된 기관의 통치나 활동을 비판하고 감독하고, 요컨대 사회와 동포에게 손해를 끼치지 않는 일은 무엇이든 할 수 있는, 모든 개인에게 속하는 자유를 말한다. 이리하여 사회에서의 개인적 권리 행사는 다른 공동의 구성원에게 같은 권리의 향유를 보장하지 않으면 안 된다는, 사회계약에 의해 확인된 한계를 가지고 있다.

제13조　개인의 자유란, 투표하고 선거하고 토론하고 각자에게 귀속되는 주권의 부분을 집회에서 행사하는, 모든 개인에게 속하는 다툴 수 없는 권리를 말한다. 사회계약은 시민이 이 권리의 행사에서

중지 또는 정지될 수도 있음을 미리 정해놓아야 한다. 또한 개인의 자유란 모든 사람이 노력과 시간을 자유롭게 계약할 수는 있으나 자신을 매매할 수 없다는 것을 의미한다. 인간의 인격은 양도하지 못한다.

제14조　개인의 안전은 다음과 같은 것을 요구한다.

- 사회계약으로 정한 경우가 아니면, 그리고 그것이 규정하는 형식에 따르지 않으면 그 누구도 체포되거나 소추되거나 구금되지 않는다.

- 자의적이거나 옳지 않은 명령으로 불안에 직면해 있는 모든 시민은 단호히 그 명령에 복종하지 않을 권리가 있다.

- 각 개인은 신체적 공격을 받은 경우 스스로를 지키기 위해 힘으로써 격퇴할 수 있다.

- 누구도 범죄가 있기 전에 공포되고 공정하게 적용된 법률에 의하지 않으면 법정에 소환되어 심판당하지 않는다.

- 피고인은 유죄 선고를 받기 전에는 무죄로 추정된다. 따라서 그를 체포하는 일이 필수적이라고 판단되더라도 신병 확보에 필요 이상의 엄한 강제를 사용하는 것은 모두 사회계약에 의해 엄중히 억지되어야 한다.

제15조　개인의 보전은 고의의 살인범을 사회에서 배제하고 모든 악인을 처벌할 것을 요구한다. 형벌은 범죄에 비례해야 한다.

제16조　재산의 향유란 점유할 권리를 의미한다. 재산은 자신의 보전에 관심을 가지고 있는 모든 시민의 보호하에 있다.

제17조　토지 점유권은 사회에서 한계를 가진다. 그 범위는 상업이나 농업이 어떤 경우에도 피해를 입지 않는 수준이어야 한다. 어떤 국가에서도 가난한 자가 다수를 점하고 있다. 그들의 자유, 안전, 신체의 보전은 모든 것에 우선하는 재물이기 때문에 그들의 가장 자연스러운 의사, 가장 불변하는 권리란 부를 획득하기 위한 야심을 억제하고 정의에 걸맞은 방법으로 부의 거대한 불평등을 타파함으로써 부유한 자들의 압제로부터 몸을 지키는 것을 의미한다.

제18조　사회 상태에서 사람은 다음 네 가지 종류의 재산을 승인한다.

- 모든 사람이 주장하고 요구할 권리를 가지는 첫 번째 가장 신성한 재산은, 충분히 보장된 생존을 위한 필요불가결한 수단이다.

- 그에 못지않게 본질적인 두 번째 재산은 노인이나 병약자, 노동을 할 수 없는 자에게 휴식이라는 형태로 주어진다. 그것은 극빈자에게 자선을 실행하고 건장한 빈자에게 노동을 제공하는 구제이다.

- 세 번째 재산은 상업이나 농업의 생산물, 공사의 지위 및 직무에 대한 급여이다.

- 네 번째 재산은 세습재산 및 상속재산 또는 증여로 이루어진다.

제19조　소유권은 불가침의 권리이므로 그것을 가진 자는 누구나 그 행사가 결코 사회의 파괴로 향하지 않는다는 조건에서 그 성질 여하에 관계없이 임의로 자기의 재산과 수입을 처분할 수 있다.

제20조 절도, 투기, 독점, 매점에 의해 공공 재산의 희생 위에 축적된 재산은 사회가 확실한 사실로써 공유 재산을 사적으로 소비한 증거를 확보한 경우 즉각 국유 재산이 된다.

제21조 긴급하고 확실하게 증명된 공공의 필요가 요구하고, 언제나 정당한 사전 보상이라는 조건이 없다면 누구도 자신의 재산을 박탈당하지 않는다.

제22조 압제에의 저항은 귀중한 봉기의 권리이다. 봉기권 행사에는 필요 이외의 법은 존재하지 않는다. 국왕, 전제군주, 독재자, 야심가, 지배적인 음모가, 폭군 등 어떤 형태로든 그에 의해 국민의 주권이 빼앗겨 침해당할 때 압제가 존재한다. 군대나 무력이 국가 안에서 우월할 때 압제가 존재한다. 창설된 여러 기관이 사회계약이 정한 한계를 일탈할 때 압제가 존재한다. 국민의 공금이 낭비되고 국비의 소비가 사회의 빈곤을 극대화할 때 압제가 존재한다. 이 같은 상황에서는 일제 봉기야말로 독립을 보장하는 것, 권리 중 가장 정당한 것, 의무 중 가장 신성한 것이 된다.

제23조 주권자인 국민이 사회 상태를 형성할 때 그 여러 부문에 내용을 명시한 위임장을 가진 의원을 파견한다. 집합된 대리인들은 위임자의 의도를 개진하고, 그들에게 법안을 작성해 제시한다. 다수가 이를 승인하면 그 기본적 협약이 사회계약이라고 부르는 하나의 체계가 된다.

제24조 법률은 일반 의사의 표명이다. 이 의사는 주권자 집회에 모인 시민이 부문마다 표명한 부분적인 소망을 수집하고 비교하고 검토하는 일에 의해서만 알 수 있다.

제25조 창설된 국가기관의 으뜸을 국민대표부라고 부르고, 그 다음을 법률집행위원회라고 부른다.

제26조 사회계약은 공직의 종신제를 정식으로 금지해야 한다.

제27조 사회계약은 공직의 겸임을 허용해서는 안 된다. 모든 창설된 기관과 기관 사이에 명확한 분리를 확립해야 한다.

제28조 사회계약은 약자를 강자로부터 보호하는 일에 특별히 전념해야 한다.

제29조 사회계약은 공무원의 야심 제약을 특별한 목적으로 해야 한다. 따라서 의무를 위반하는 자는 모두 그 사명의 크기에 비례해 형벌이 과해진다.

제30조 사회 상태에서 인권을 유지하려면 보편적 주권자인 여러 나라 인민의 독립을 필요로 한다. 그러함이 마땅하다.

소유권은
자연적 권리가
아니다

**〈재산권에 대해〉,
1793, 로베스피에르**

> "우리는 자유의 한계가 타인의 권리라는 것을 타당하게 정의했다.
> 왜 우리는 이 원칙을 하나의 사회 제도인 재산권에는 적용하지 않는가?
> 마치 자연의 영원한 법이 인간의 관습들보다 덜 신성하기나 한 것처럼!"

〈인간과 시민의 권리 선언〉은 새로운 체제의 국가 형성과 헌법 제정의 원리를 밝힌 1791년 헌법의 서문에 해당한다. 새로운 체제는 선언과 헌법에서 낡은 체제의 봉건적 규제를 폐지하는 각종 '자유'를 선포했다. 그런데 여기서 재산의 자유는 여러 자유 가운데 하나가 아니라 사실상 다른 모든 자유의 토대였다. 따라서 재산권은 국가와 헌법에 앞선 자연권이나 마찬가지였다. 사람의 자연권 보전을 도모하는 것이 정치적 결합의 유일한 목적이었으며, 사회에서의 유일한 제한은 권리의 평등을 정한 법률에 복종하는 것뿐이었다. 그 결과 평등한 것은 '사람'이 아니라 '권리'가 되어버렸다.

이런 상황에서 부의 축적을 제한하고 모든 사람에게 투표권을 보장하자는 소수의 제안은 묵살되었다. 그렇게 묻힌 목소리 중 하나가 로베스피에르(Maximilien Robespierre)의 제안이다. 입헌군주제를 규정한 1791년 헌법이 왕의 폐위로 자동 폐기되고 1793년 국민공회가 새로운 헌법을 논의하자 로베스피에르는 우선 새 헌법의 바탕이 되는 정신을 협의해 그것을 새로운 인권 선언으로 정리하자고 주장했다. 그리고 로베스피에르는 자신이 작성한 38개 항의 〈인권 선언〉 초안(아래 인용은 모두 로베스피에르 초안에서 따왔다)을 제안했다. 〈재산권에 대해〉는 〈인권 선언〉 초안 중 재산권 조항에 로베스피에르가 덧붙인 해설이다.

로베스피에르 하면 흔히 공포정치와 단두대를 떠올린다. 〈인권 선언〉과 그를 연결해 생각하는 일은 드물다. 하지만 이 글에서는 공포정치와 그에 대한 로베스피에르의 책임을 다루지 않을 것이다. 다만 혁명이 혁명 세력과 반혁명 세력 모두에게 치열한 투쟁의 연속이었다는 점을 염두에 두자.

외국과의 전쟁과 내전의 지속, 다층적인 내부 정치 투쟁, 헌법 마비, 경제 위기, 종교 갈등이 얽힌 가운데 혁명과 반혁명의 줄다리기가 계속됐다. 구체제의 망명 귀족들은 반란을 일으키고 혁명 정부를 상대로 내전을 벌였다. 프랑스 혁명은 전쟁을 왕이 만든 악으로 보고 모든 민족에게 평화를 선포했지만 혁명의 확산을 두려워한 외국의 군주들은 프랑스와의 전쟁에 기꺼이 나섰다. 국내 정치에서도 의회 내 우파는 호전적 분위기를 자극하면 대중의 지지를 끌어내기 쉽다는 점을 이용해 프랑스를 전쟁으로 몰아갔다. 프랑스군의 연이은 패배로 뒤숭숭한 분위기 속에서도 저마다 자기 정파만이 혁명을 구할 수 있다고 주장했다. 혁명의 열기가 가라앉고 반혁명의 음모가 진행되는 상황에서 상퀼로트는 의회 내 좌파와 연대해 우파를 축출했다.

이런 과정을 거쳐 좌파는 국민공회를 장악하고 반혁명 세력과의 전쟁을 선포했는데, 그것이 공포정치로 나타났다. 공포정치가 강화될수록 분열도 커갔다. 혁명 정부에 대해 급진파는 너무 관대하다고 비판하고 온건파는 극단주의와 독재로 치닫고 있다고 비판했다. 공포정치의 성공은 또한 파멸의 원인으로 작용했다. '혁명적'이라는 말은 '탈헌법'을 의미하고 반대 의사는 곧 반혁명을 의미하게 됐으며, 공안위원회의 관료주의와 권위주의는 민중의 참여를 점점 어렵게 만들었다.

공포정치의 한가운데 서 있던 로베스피에르는, 1789년 삼부회가 소집될 때 제3신분 대표 중 한 명으로 선출되었고 1792년 민중 혁명 이후 지도자로 급부상했다. 좌파로서 민중과 연대한 혁명을 주장한 그의 입장은 여러 모로 우파 부르주아 의원들과 대립했다. 그는 능동 시민과 수동 시민을 구별하지 말고 모두에게 선거권을 주는 보통선거제를 주장했고, 전쟁에 반대했으며, 선출 의원이 민중의 의지를 배신했다고 판단되면 유권자가 의원을 언제든지 직접 해임할 수 있어야 한다고 생각했다. 더 나아가 그는 혁명 세력이 소홀히 다룬 민중의 권리를 보호하기 위해 부르주아 의원들이 꺼려하는 재산권 문제를 건드렸다. 그가 보기에 부르주아는 소유권 옹호를 국민의 보편적 이익보다 중요시했다.

그러나 재산권을 '신성불가침한 자연권'이 아닌 '사회적 제도'로 간주하

체포당하는 로베스피에르를 그린 베르토(Pierre Gabriel Berthault)의 그림. 공포정치로 잘 알려진 로베스피에르는 소유가 신성불가침한 권리가 아니라고 주장했다. 때문에 부르주아의 분노와 비난을 샀다.

자는 수준의 제안에도 부르주아는 격노했다. 그들은 '재산이 위협받고 있는데 가만히 있을 수 있느냐'며 로베스피에르가 독재를 추구한다고 공격했다.

로베스피에르는 재산권을 빼고 사람의 생존과 자유만을 기본적 인권으로 간주했다. "권리가 공허한 것이 되지 않고 평등이 환상에 그치지 않으려면" 소유를 자연권에서 추방해 사회적 관계에서 소유권 남용을 금지해야 한다고 주장했다. "소유가 단순한 사회적 제도인 이상 그 모든 것은 인민의 의사를 자유롭고 엄숙하게 표명한 법률에 의해 그 한계를 정해야 한다"는 것이 로베스피에르의 생각이었다. "압제에 대한 저항을 법적 형식에 맞추는 것은 결국 폭정을 미화하는 것"이라며 법을 어기는 저항을 정당화한 것이나, "재산권이 우리 동료인 인간의 안전, 자유, 생존, 재산을 해칠 수 없다"는 주장은 부르주아들에게는 모두 못마땅한 소리였을 것이다.

그러나 정작 로베스피에르는 재산권 제한을 제안했을 뿐 이를 구현하기 위해 적극적으로 싸우지는 않았다. 재산권을 건드리면 부르주아가 반혁명으로 돌아설 것이라고 판단했기 때문에 적극적일 수 없었다. 그 결과 재산권 제한을 1793년 헌법에 담지 못했다. 또한 로베스피에르는 민중과의 연대를 주장했지만 민중을 자신과 같은 부르주아 좌파의 지도를 받아야 하는 존재로 생각했다. 민중을 혁명의 손발로, 부르주아를 혁명의 두뇌로 여겼던 것이다. 그의 제안이 재산권을 '신성불가침한 자연권'에서 '사회적 제도'로 끌어내렸다는 의미가 있지만 한계 또한 명백했다.

로베스피에르의 생각은 부르주아뿐만 아니라 민중의 인권 구상과도 격차가 컸다. 당시 입법자들이 염두에 둔 재산권의 실체는 토지 소유였다. 그들은 토지 소유권에 대해 특별히 언급하지 않고 재산 소유권 일반을 '자유'로 규정했다. 토지나 생산수단의 소유를 다른 소유와 구분하지 않고 동일하게 다룬다면 아무리 법률상 제한이 있다 해도 자본을 가진 자와 못 가진 자에게 서로 다르게 작용할 것은 분명했다. 그래서 '민중의 인권 구상'에서는 생산수단을 사유화하는 조건이라면 분배가 아무리 균등하게 이루어진다 해도 불평등이 생기는 건 필연적이라고 지적했다. 로베스피에르는 1789년의 〈인간과 시민의 권리 선언〉이 담고 있는 소유의 신성불가침을 신랄하게 공격했지만, 생산수단을 사적으로 소유한 이들과 노동자의 자유를 동일한 원칙으로 다뤘다는 점에서 민중의 인권 구상과는 입장을 달리했다. 그러한 이유로 "재산이라는 단어 때문에 누구든 놀라게 하지는 않겠다"고 한 발 물러섰는지도 모르겠다.

로베스피에르는 "지상의 주권자들은 자유의 진보를 방해하고 인간의 권리를 소멸시키려고 전쟁을 일으키는 자들에게 저항하며, 한 국가의 시민처럼 힘이 닿는 대로 서로 도와야 한다"며 해결 방법을 끊임없이 모색했다. 그리고 사회 성원의 단 한 사람이 억압된 경우라도 그것을 사회 전체에 대한 압제로 여기고 한 국가의 국민을 억압하는 자를 모든 국가 국민의 적으로 선포하는 힘 역시 역사에 면면이 이어오고 있다.

재산권에 대해

ON PROPERTY
RIGHTS

로베스피에르, 1793년

　먼저 재산권에 대한 여러분의 이론을 완성하는 데 필요한 몇 가지 조항들을 제안하겠고 이 '재산'이라는 단어 때문에 누구든 놀라게 하지는 않겠다. 가치를 재는 척도라곤 황금밖엔 없는 비열한 인간들아, 그 재산의 원천이 아무리 더럽다 할지라도 나는 당신들의 재산에 손대고 싶은 마음은 추호도 없다.

　……선의로써 재산권을 지배하는 원칙을 세우자. 인간의 편견과 악이 그렇게 간교하게 비밀로 감추려 한 것이 재산권 말고는 없기에 원칙을 세우는 것이 더욱 필수적이다.

　인육 상인에게 무엇이 재산인지 물어보라. 그는 아직 살아 있는 것으로 보이는 사람들을 넣어 보관하는, 선박이라고 부르는 긴 관을 가리키면서 여러분에게 말할 것이다. "이것이 나의 재산이다. 나는 일인당 얼마씩을 수고 이것들을 샀다." 토지와 선박을 소유하고 있거나 이것들을 더 이상 소유하지 못하면 곧 세상이 뒤집어진다고 믿는 귀족에게 물어보라. 그 역시 재산에 대해 비슷한 생각을 보여줄 것이다. 카페 왕조*의 성원들에게 물어보라. 그들은 모든 재산권 중에서 가장 신성한 것은, 의심의 여지없이 프랑스 영토에 살고 있는 2,500만의 사람들을 자기 마음대로 '합법적'으로 군주로서 억압

---

* 중세 봉건 시대(987~1328년)에 프랑스를 통치했던 왕가.

하고 타락시키고 쥐어짤 수 있는, 그들이 예로부터 대대로 누려온 권리라고 말할 것이다.

이들은 재산에 어떤 도덕적 책임이 있다고 생각해본 적이 전혀 없다. 우리의 〈인간과 시민의 권리 선언〉이 자유를 "인간의 가장 가치 있는 재산이며 자연으로부터 받은 가장 신성한 권리"라고 정의하면서 왜 그들과 같은 오류를 범하려 하는가? 우리는 자유의 한계가 타인의 권리라는 것을 타당하게 정의했다. 왜 우리는 이 원칙을 하나의 사회 제도인 재산권에는 적용하지 않는가? 마치 자연의 영원한 법이 인간의 관습들보다 덜 신성하기나 한 것처럼! 여러분은 재산의 행사를 위한 가장 큰 자유를 확고히 하려고 수많은 조항들을 만들면서 재산의 성격과 정당성을 결정하는 말은 단 한마디도 하지 않았다. 그 결과 여러분의 선언은 보통 사람들이 아니라 자본가, 부당 이익자, 투기꾼, 전제군주 등을 위해 만들어진 것으로 보인다. 나는 다음과 같은 진리를 진지하게 기록함으로써 이런 결점들을 수정할 것을 제안한다.

1. 재산이란 각 시민이 그에게 법으로 보장된 몫의 재산을 향유하고 마음대로 처분하는 권리이다.

2. 재산권은 다른 모든 권리와 마찬가지로 타인의 재산권을 존중할 의무에 의해 제한된다.

3. 재산권은 우리 동료인 인간의 안전이나 자유나 생존이나 재산을 해칠 수 없다.

4. 이 원칙을 침해하는 모든 재산 소유나 상업적 거래는 불법적이고 비도덕적이다.

여러분은 세금에 대한 반박할 수 없는 원칙으로서, 세금은 오직 인민 또는 인민 대표자의 의지가 표현된 것이라고 말한다. 하지만 여러분은 전체의 이익에 필수불가결한 한 조항을 누락했다. 즉, 누진세 원칙을 만들지 않았다. 공공 재정의 문제에서 자기 소득에 따라, 즉 자신이 사회 체제에서 취한 물질적 이익에 따라 국가 지출에 누진적으로 기여하는 의무를 시민에게 부과하는 것보다 더 사물의 본성과 궁극적인 평화에 굳건히 기초한 원칙이 어디 있는가?

나는 이 원칙을 다음과 같은 조항으로 표현할 것을 제안한다.

생존에 필수적인 것만큼의 소득조차 얻지 못한 시민은 국가 지출에 기여할 의무를 면제받는다.

그 외의 다른 시민은 자신의 부에 따라 누진적으로 국가 지출을 책임져야 한다.

위원회(국민의회 제헌위원회)는 모든 국가의 사람들을 결속하는 우애의 의무와 상호 원조의 권리를 확고히 하지 못하고 완전히 무시했다. 이것은 전제군주에 대항하는 국민의 영원한 동맹의 토대를 무시한 것이다. 여러분의 선언은 자연으로부터 소유하고 거주하도록 땅을 부여받은 민족의 대가족을 위해서가 아니라 지구의 고립된 한구석에 몰아넣어진 한 무리의 인간을 위해 만들어진 것 같다.

나는 다음의 조항들을 덧붙임으로써 이 큰 격차를 메울 것을 제안한다. 이 조항들은 여러분이 끊임없이 왕과 불화하게 만드는 단점이 있을지 모르지만, 모든 민족의 관심사일 수밖에 없다. 고백하건대, 이 단점은 결코 나를 두렵게 하지 않는다. 그들과 화해하기를 원치 않는 사람들 역시 그것을 두려워하지 않을 것이다. 다음 네 조항이다.

1. 모든 나라의 사람들은 형제이고, 여러 민족은 한 국가의 시민처럼 힘이 닿는 대로 서로 도와야 한다.

2. 한 국가의 국민을 억압하는 자는 모든 국가 국민의 적으로 선언된다.

3. 자유의 진보를 방해하고 인간의 권리를 소멸시키려고 한 민족에게 전쟁을 일으키는 자들은 예사로운 적이 아니라 살인자이자 반도, 약탈자로 기소되어야 한다.

4. 왕, 귀족, 폭군 등은 그 누구든지 지상의 주권자인 인류와 우주의 입법자인 자연에 대해 반란을 일으킨 노예들이다.

불평등한 분배는
예속과 불행의
원천이다

〈바뵈프의 원칙〉, 1796
그라쿠스 바뵈프

"사회의 목적은, 자연 상태에서라면 강하고 사악한 자들에게
종종 공격당하는 그러한 평등을 지키기 위함이요,
모두의 협력을 통해 전체의 복지를 증대하기 위함이다."

1797년 5월 20일 프랑스 방돔의 재판정에서 한 피고인이 최후 진술을
하고 있었다. 그는 긴 진술 끝에 입을 굳게 다물더니 잠시 후 바싹 말라붙은
입을 뗐다.

내 아이들아, 너희에게 고백할 가슴 아프고 후회스러운 일이 하나
있다. 모든 선의 근원인 자유를 유산으로 남겨주려고 그렇게 애를 썼
건만, 오직 미래의 속박밖에 보이지 않는구나. 나는 너희를 그 모든
악의 제물이 되게 하고 말았구나. 물려줄 것이 아무것도 없다니! 나
는 나의 시민적 덕목도 물려주지 않으련다. 폭정에 대한 사무치는 증
오도, 자유와 평등을 향한 애절한 헌신도, 인민을 향한 뼈저린 사랑
도 물려주지 않으련다. 그러면 너희는 너무나 위험한 삶을 살게 되겠
지. 너희는 폭정의 억압 속에서 살게 될 텐데 그런 것들을 가져서 무
얼 하겠느냐? 나는 너희를 노예로 남겨놓고 떠나는구나. 이 생각 하

나가 이 마지막 순간에 내 가슴을 찢어놓는다. 너희가 그 사슬을 더 잘 이겨낼 수 있도록 가르쳐주어야 하지만, 그것마저 이제 나는 할 수 없구나.

열한 살 난 아들 에밀에게 이 같은 탄식을 남기고 단두대로 끌려간 이는 바로 추상적이고 기만적인 〈프랑스 인권 선언〉 대신 새로운 인권 구상으로 혁명 속의 혁명을 꾀했던 '반역죄인' 그라쿠스 바뵈프(Gracchus Babeuf)였다. 후에 '바뵈프의 음모'라는 이름으로 역사에 남은 이 사건은 당시 지배자에게는 '음모'였을지 모르지만 인권의 역사에서는 크게 한 걸음을 내딛은 사건이었다.

1789년 〈인간과 시민의 권리 선언〉은 구체제에 대한 사망 증서로 그 의미가 크다. 형식적으로나마 '어떤 사람'이 아닌 '모든 사람'의 인권을 '보편적'으로 보장했기 때문이다. 그러나 선언은 "사람은 자유롭게 그리고 권리에서 평등하게 태어나며 또 그렇게 존속한다"로 시작하지만 "소유권은 불가침의 신성한 권리"라는 빗장으로 마무리된다. 이 같은 한계로 인류는 보편적 인권이라는 집으로는 들어섰지만 각각의 권리가 들어 있는 방은 굳게 잠겨 있어 그곳으로 들어갈 수 없었다.

프랑스 혁명이 후반기로 접어들면서 이런 한계가 뚜렷해지기 시작했다. 부르주아는 민중의 정치 참여가 경제 민주화의 요구로 이어질 수밖에 없다는 것을 알아채고, 민중의 의사 표현을 억압하고 자유방임 경제 정책을 지키는 데 온 힘을 기울였다. 극심한 물가고, 과도한 전쟁 비용으로 민중의 생활은 파탄 지경에 이르렀고 흉작까지 겹쳐 민심은 흉흉할 수밖에 없었다. 1795년에는 〈인간과 시민의 권리와 의무의 선언〉이란 괴상한 선언까지 만들어져 9개나 되는 의무 조항을 배치하고 권리란 입법자가 명하는 것이라는 원리까지 밝히고 있다.

　　　　　　　　　　　　　이런 상황을 예사롭지 않은 눈으로 지켜
보고 있었던 사람이 그라쿠스 바뵈프이다. 바뵈프는 1760년 세금 징수자의
아들로 태어났다. 그는 아버지의 일을 통해 토지 문서를 지겹도록 접하면서
그 안에서 탐욕과 수탈의 냄새를 맡았으리라 짐작된다. 1776년부터 토지측
량사로 일했으나 봉건적인 농업세에 혐오를 느껴 1788년 이후 직업적인 정
치 저널리스트로 활동했다. 1789년 혁명 당시 삼부회에서 피카르디 지방에
있는 루아의 카이에(cahier), 즉 봉건적 권리의 폐지를 요구하는 불만 사항
목록을 작성하는 일을 했다. 바뵈프는 당시 민중이 겪는 빈곤의 문제가 정치
적 권리와 맞닿은 문제라는 것을 인식하고 있었다. 재산을 갖지 못한 사람이
정치에 참여할 수 없는 한 평등한 경제·사회적 권리란 불가능하다는 것을
안 것이다. 흔히 자유주의 인권은 정치적 권리를 옹호하고 사회주의 인권은
경제적 권리를 옹호한다고 이분법적으로 생각하지만, 정치적 권리와 경제
적 권리를 위한 투쟁은 인권의 역사에서 밀접하게 연관되어 있다.

　　바뵈프는 치열한 혁명의 한복판인 파리에서 《피카르 통신(Le Correspondant Picard)》(1789), 《호민관(Le Tribun du Peuple)》(1792) 등의 잡지를 창간하고, 급진 민주주의적 자코뱅 체제 몰락에 뒤이은 우익의 '테르미도르 반동'(1794)의 혼란 속에서 토지와 수입의 균등한 분배를 주장하며 평등주의 원칙을 세웠다. 1796년

본명이 프랑수아 노엘 바뵈프(François Noël Babeuf)인 바뵈프는 자신을 기원전 2세기 개혁을 시도한 로마의 정치가 그라쿠스 형제에 빗대어 '그라쿠스'라는 별칭으로 부름으로써 자신이 선택한 정신적 선조가 누구인가를 나타냈다.

5월 그는 "재산과 노동의 불평등한 분배가 예속과 공공의 불행의 끝없는 원천"이라고 지적하면서 "프랑스 전 재산의 소유권은 유일하게 그 배분을 결정하고 변경할 수 있는 프랑스 인민에게 본래적으로 귀속된다"는 주장을 펴며 혁명을 기도했다. 이것이 바로 '평등파의 음모'라고 부르는 '바뵈프의 음모' 사건이다.

바뵈프는 1789년의 선언에 더해 민중의 생존권과 극빈자 구제 등 새로운 권리와 요구를 반영하고 압제에 대한 저항권과 반란권도 도입한 1793년 헌법을 상대적으로 높이 평가했다. 하지만 1793년 헌법에도 소득별 누진세의 적용, 재산권의 정당한 행사와 부당한 행사의 분명한 구분, 오직 정당한 재산권의 행사만 국가가 보호한다는 등의 주장은 반영되지 않았다. 여전히 참정권은 재산에 따라오는 권리일 뿐 소유권 불가침, 평등 원칙 배제라는 핵심적이고 본질적인 한계는 그대로였다.

바뵈프는 사회적 평등을 실현하기 위해 사유재산제를 부정하기에 이르는데, 이런 이상을 실현하기 위해 팡테옹(Panthéon)이라는 조직을 만들었다. 하지만 1796년 이 조직은 해체되었고 곧이어 1796년 5월 8일 바뵈프파, 자코뱅 당원, 군인 등이 반란을 준비하며 비밀단체인 '6인 내부위원회'를 결성했다. 하지만 이들의 계획을 누군가 밀고해 1796년 5월 10일 가담자들이 체포되었다. 수감된 지 1년 후인 1797년 5월 27일 그는 동지였던 오귀스탱 다르테(Augustin Darthé)와 함께 단두대에서 처형되었다.

바뵈프는 혁명의 한가운데서 혁명을 주창했다. 그러나 역사가 그의 사건을 여전히 '음모'로 기억하고 있듯이 그가 품었던 혁명의 꿈은 제대로 펼쳐지지도 못한 채 사그라졌다. 바뵈프는 재판장을 자신의 이념을 피력할 마지막 기회로 여긴 듯이 재판관을 향해 "철학자들이 보편적 복지 또는 공동의 복지라고 부른 것을 우리를 기소한 자들은 파괴와 약탈이라고 부른다"고 비웃으면서, "땅은 그 누구의 것도 아니며 그 열매는 모든 사람의 것"이라고 밝혔다.

바뵈프의 구상과 시도는 분명 미완성의 구상이요 실패한 시도이다. 하지만 '혁명 속의 혁명'이라 할 의의가 있으니, '사적 소유제 폐지'라는 사회주의 운동의 선례를 보인 것이다. 바뵈프 말고도 당대의 많은 사람들이 극심한 빈부 격차를 비판했다. 하지만 그들의 비판과 대안은 바뵈프와는 달랐다. 그들은 과도한 부와 극빈을 소리 높여 비난했지만 사유재산의 신성함 자체를 공격하지 않고 다만 사유재산 권리가 사회에 해가 될 정도로 남용되어서는 안 된다고 주장했다. 예를 들어, 독점, 담합, 부정직한 투기로 얻은 부를 인정해서는 안 된다거나 재산을 소유할 수 있는 양을 제한하자는 등의 제안이었다. 그리고 이를 위해 시민의 '덕성'에 호소하는 식이었다. 재산 상한제를 만들어 검약과 부지런함으로 모두가 알맞은 재산을 소유한 공화국을 꿈꿨다. 급진파나 민중 세력만 이런 주장을 한 건 아니다. 일부 부르주아도 민중에게 양보해야 할 필요성을 이야기했다. 하지만 그들은 재산권 제한 논의만 나오면 펄쩍 뛰었다. '양보'는 어디까지나 나눠주는 걸 좀 늘려보자는 의미였지, 생산과 재산 형성 그 자체의 문제를 따져보자는 것은 아니었다.

바뵈프는 근본적인 사유와 도전을 시도했다. 사유재산은 아무리 균등하게 분배되더라도 불가피하게 불평등을 불러온다고 생각했다. 따라서 사유재산제 자체를 폐지하는 것만이 사회악을 치유할 수 있다고 주장했다. 그뿐만 아니라 이것을 당대 자신이 살고 있는 사회의 즉각적인 목표로 설정하고 정치적 방법으로 실현하려 했다. 그의 행동은 '평등을 향한 인권 구상'으로 활시위를 떠났다.

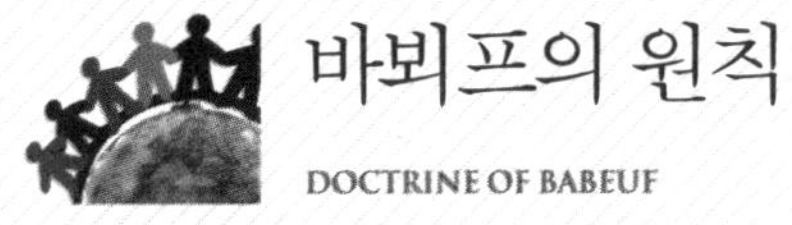

바뵈프의 원칙
DOCTRINE OF BABEUF

그라쿠스 바뵈프, 1796년

1. 자연은 모든 개인에게 재산을 향유할 동등한 권리를 부여했다.

2. 사회의 목적은 자연 상태에서라면 강하고 사악한 자들에게 종종 공격당하는 그러한 평등을 지키기 위함이요, 모두의 협력을 통해 전체의 복지를 증대하기 위함이다.

3. 자연은 모든 개인에게 일할 의무를 부여했다. 자기 몫의 노동을 회피하는 자는 누구나 범죄자이다.

4. 노동과 이익, 이 둘은 모두에게 공통되는 것이어야만 한다.

5. 어떤 사람은 노동에 지치고 모든 것이 모자란 반면 어떤 사람은 전혀 일하지 않고 사치스럽게 사는 곳에는 압제가 있다.

6. 자연 또는 노동의 산물을 자기 것으로 배타적으로 전유하는 자는 누구나 범죄자이다.

7. 진정한 사회라면 부자도 가난한 자도 없어야 한다.

8. 가난한 자를 위해 자신의 잉여를 포기하려 하지 않는 부자는 인민의 적이다.

9. 어느 누구도 자신에게 모든 권력을 집중함으로써 개인의 복지에 필수적인 교육을 타인으로부터 박탈할 수 없다. 교육은 모든 사람에게 공통된 것이어야 한다.

10. 프랑스 혁명의 목적은 불평등을 깨뜨리고 전체의 복지를 재건설하는

것이다.

11. 혁명은 완수되지 않았다. 부자가 모든 재산을 독점하고 배타적으로 지배하는 반면 가난한 자는 노예처럼 일하고 비탄에 잠기고 국가에서 전혀 중요하지 않기 때문이다.

12. 1793년 헌법은 프랑스인의 진정한 법이다. 인민이 그것을 진지하게 받아들였기 때문이며, 의회가 그것을 개정할 권리가 없기 때문이며, 1793년 헌법을 대체하려는 의회는 그 헌법의 효력을 요구한다는 이유로 인민을 총살했기 때문이며, 헌법을 사수함으로써 의무를 이행하려 했던 의원들을 추적해 살육했기 때문이며, 1793년에 획득했던 지지의 1/4도 받지 못했으나 인민에 대한 테러와 망명한 왕당파의 영향이 1795년 헌법의 위선과 억지 수용을 이끌어왔기 때문이며, 1793년 헌법이 모든 시민의 양도할 수 없는 권리로서 인정한 권리—법에 동의할 권리, 정치적 권리를 향유할 권리, 집회의 권리, 유용하다고 여기는 것을 요구할 권리, 교육을 받을 권리, 굶주림으로 죽지 않을 권리—를 1795년의 반혁명적인 법은 공개적이고도 전적으로 침해하고 있기 때문이다.

13. 모든 시민에게는 1793년의 헌법을 다시 세우고 인민의 의지와 복지를 사수할 의무가 있다.

14. 1795년 헌법에 나오는 모든 권력은 불법이며 반혁명적이다.

15. 1793년 헌법에 반대해 손을 든 자들은 야비하면서 중대한 반역죄인이다.

평등파의 선언*THE MANIFESTO OF EQUALS

실뱅 마레샬(Sylvain Maréchal),** 1796년 4월

프랑스 인민이여!

지난 15세기 동안 당신은 노예로 살아왔고, 따라서 비참하게 되었다. 지난 6년 동안 당신은 독립, 행복, 평등을 기다리면서 숨조차 쉴 수 없었다.

평등! 자연의 최초의 소망! 인간의 최초의 욕구, 모든 정당한 조직을 함께 묶어주는 제일의 결속!

프랑스 인민이여! 당신은 이 불행한 지구에서 살고 있는 다른 민족들처럼 은혜를 입지 못해왔다. 가난한 인간 종족은 언제나 곳곳에서 다소 교묘한 식인종에게 내던져져왔고, 야망을 위한 노리개요, 전제정치의 먹잇감으로 주어졌다.

도처에서 인간은 언제나 훌륭한 연설들에 현혹되어왔다. 어디에서고 어느 때고 인간은 말을 통해 진정한 것을 받아본 적이 없다. 태곳적부터 우리에게 위선적으로 되풀이해온 말은 '인간은 평등하다'이다. 그러나 태곳적부터 가장 타락하고 야만적인 불평등이 오만하게 인류를 압박해왔다. 인간 사회가 존재하는 한 인간의 가장 아름다운 권리는 이의 없이 인정되어왔지만, 지금껏 실현된 적은 오직 한 번밖에 없다. 즉, 평등은 세련되고 무익한 법적인 허구에 지나지 않는다. 오늘날 더 강해진 목소리로 평등을 요구할 때 우리는 이런 말을 듣는다. "입 다물어라, 이 가난뱅이들아! 사실상 평등은 망

---

* 〈평등파의 선언〉은 다소 막연하게 인식된 혁명 프로그램을 알리기 위해 1796년 4월에 선포됐다.

** '평등파의 음모' 사건에 가담했던 프랑스의 정치사상가.

상에 지나지 않는다. 조건부 평등에 만족해라. 너희 모두는 법 앞에 평등하다. 너희 천박한 폭도들아, 뭘 더 필요로 하느냐?"

입법자, 지배자, 부자, 이제 너희가 들어야 할 차례다. 우리는 모두 평등한가? 이 원칙은 명백하게 남아 있다. 어느 누구도 미쳤다고 여겨지길 원치 않는다면 분명한 낮을 밤이라고 심각하게 주장할 수는 없기 때문이다.

이제 우리는 태어난 대로 평등하게 살고 평등하게 죽어갈 것이라 주장한다. 우리는 진정한 평등 아니면 죽음을 원한다. 이것이 우리가 필요로 하는 것이다. 그리고 어떤 대가를 치르더라도 진정한 평등을 쟁취할 것이다.

평등과 우리 사이에 서서 우리와 충돌하는 자들에게 화 있으리라! 이렇게 굳게 선언한 바람을 거역하는 자들에게 화 있으리라!

프랑스 혁명은 또 다른 혁명, 더 위대하고 더 엄숙하고 모든 혁명의 마지막이 될 혁명을 알리는 전령에 지나지 않는다. 인민은 하나가 되어 자신에 맞선 왕들과 사제들의 몸뚱이 위로 행진해왔다. 인민은 새로운 전제자, 지금 자리를 차지하고 앉아 있는 정치적 위선자에게도 똑같이 할 것이다.

권리의 평등 외에 우리가 필요로 하는 것은 없다. 우리는 〈인간과 시민의 권리 선언〉에 담긴 평등을 필요로 할 뿐만 아니라 그 평등을 우리 한복판에서 우리의 지붕 아래서 당장 원한다. 우리는 평등을 위한 모든 것에 동의하며 평등만 가질 수 있다면 그 밖의 모든 것을 포기할 것이다. 진정한 평등이 우리에게 남아 있도록 하는 데 필요하다면 다른 모든 것은 없애도 좋다.

입법자와 정치인들, 신념을 가졌다는 것 이상의 재주라곤 없는 당신들, 겁 많고 부유한 지주들, "고작해야 이전에 한 번 이상 요청했던 토지재분배법을 다시 시도할 뿐"이라는 말로 우리의 신성한 일을 무력화하려는 당신들의 시도는 헛될 뿐이다.

비방자들아, 이제 입 다물어라. 네 혼란의 침묵 속에서 자연이 명령하고 정의에 기반한 우리의 열망에 귀 기울여라.

토지재분배법 또는 토지의 분할은 소수의 원칙 없는 군인들, 이성보다 본능에 따라 움직인 소수의 폭도들이 즉각적으로 요구한 것이다. 우리는 보다 고귀하고 정당한 것, 즉 공동선, 소유 공동체를 원한다. 더 이상 토지의 개인 소유는 없다. 토지는 그 누구에게도 속하지 않는다. 우리는 땅이 일구어내는 것을 함께 가지고 누릴 것을 요구하고 소망한다. 땅이 생산하는 것은 모두의 것이다.

우리는 절대 다수의 사람들이 한줌도 안 되는 자들의 즐거움을 위해 땀 흘리고 노역하는 상황을 더 이상 참을 수 없음을 선언한다. 오랫동안, 너무 오랫동안 일백만도 안 되는 개인이 그와 동등한 이천만 이상 동료들의 소유를 자기 마음대로 처분해왔다.

우리 후손이 결코 믿지 못할 이 엄청난 치욕을 마침내 끝장내자. 부자와 빈자, 지체 높은 자와 낮은 자, 주인과 하인, 지배자와 피지배자 간의 혐오스런 구분은 가라. 연령과 성별 외에 인간 존재 간에 어떤 차이도 없게 하라. 모든 사람의 능력은 똑같고 똑같은 필요를 가지고 있기 때문에 모든 사람을 위해 동일한 교육과 식량 공급이 있어야만 한다. 모든 사람이 공동으로 태양과 공기를 가진 것에 만족한다. 그렇다면 왜 모든 사람이 똑같은 양과 질의 식량으로 만족할 수 없겠는가?

그러나 이미 가장 자연스런 사물의 질서를 거스르는 적들이 우리를 비난하고 있다. 그들은 우리를 치안을 어지럽히는 자들, 약탈과 학살만을 원하는 자들이라고 말한다.

프랑스 인민이여, 우리는 그런 것들에 대꾸하려 시간을 낭비하지 않을 것이다. 먼저 프랑스 인민에게 말하고 싶다. 우리가 조직하고 있는 신성한 일은 시민의 불화와 만연된 고통을 끝내려는 것 말고는 다른 목적이 없다. 이보다 더 엄청난 계획이 착상되고 실행된 적은 결코 없었다. 여기저기에서 극소수의 현자나 천재들이 낮고 떨리는 목소리로 그것을 말해왔을 뿐이다.

어느 누구도 모든 진실을 말할 용기가 없었다.

위대한 조치를 취할 때가 왔다. 악은 포화 상태에 있다. 악이 지구를 뒤덮고 있다. 정치라는 미명하에 혼란이 너무 오랜 세월을 지배해왔다. 이제 모든 것이 질서를 찾고 제자리를 찾게 하자. 평등의 외침으로 정의와 행복의 지지자들을 조직하자. 평등한 사람의 공화국을 세울 때가 왔다. 이 위대한 나라는 모든 사람에게 열려 있다. 모든 것을 되돌릴 날이 왔다. 고통받는 가족들아, 자연이 모든 자녀를 위해 마련한 공동의 식탁에 와서 앉아라.

프랑스 인민이여, 가장 순수한 모든 영광이 당신을 위해 마련되어 있다! 그렇다. 이 감동스런 광경을 최초로 세상에 알릴 사람은 바로 당신이다.

낡은 습관, 오래된 두려움이 평등한 사람의 공화국 설립을 훼방 놓기 위해 다시 한 번 일어설 것이다. 모든 필요를 충족하는 유일한 방법인 진정한 평등의 조직은 피해와 희생 없이는 처음부터 모두를 만족시키지 못할 것이다. 이기적인 자, 야심가는 분노로 몸을 떨 것이다. 지금 부당하게 소유하고 있는 자는 불공평에 통곡할 것이다.

극소수의 즐거움, 혼자만의 즐거움, 개인의 안락함은 타인의 고통에 대한 무관심 앞에 처절하게 후회하게 될 것이다. 절대 권력의 애호가, 임의적 권력의 추종자는 자신의 오만한 머리를 진정한 평등 앞에 마지못해 숙일 것이다. 그들의 근시안적인 시야는 공동의 행복이 곧 도래할 것임을 힘들게 이해할 것이다. 하지만 겨우 일천여 명의 불평분자가 완전히 행복한 다수의 사람들에 맞서서 뭘 할 수 있겠는가? 바로 자신의 손에 있는 행복을 발견하는데 그렇게 오래 걸렸다는 사실에 누가 놀라지 않겠는가?

이 진정한 혁명의 다음 날 그들은 경이로워하며 말할 것이다. "이런! 공동의 복지를 성취하는 것이 이렇게 쉬웠단 말인가? 그것을 원하기만 했어도 되지 않는가? 왜 좀 더 일찍 원하지 않았던가? 그렇게 여러 차례 거듭해서 말해야만 했을까?" 그렇다. 동료보다 부유하고 강한 사람이 세상에 한 사람이라도 있다면 그리고 균형이 잡히지 않는다면, 이 세상에는 범죄와 불행이 범람할 것이다.

프랑스 인민이여, 당신이 훌륭한 헌법을 인정하는 데 어떤 망설임이 필요한가? 실질적인 평등 위에 전적으로 세워진 헌법이야말로 프랑스 인민에게 적합하고 모두의 소망을 만족시킬 수 있는 유일한 헌법이다. 1791년과 1795년 귀족 정치의 헌장은 사슬을 깨뜨리려는 당신을 더욱 옭아맸다. 1793년의 헌법은 진정한 평등을 향한 위대하고 실질적인 발걸음이었다. 진정한 평등에 그만큼 근접한 것은 없었다. 하지만 1793년의 헌법은 엄숙하게 헌정되었지만 그것의 위대한 원칙인 공공의 복지라는 목표에 도달하지는 못했다.

프랑스 인민이여, 완전한 행복에 눈과 가슴을 열어라. 우리와 함께 평등한 사람의 공화국을 인정하고 선포하라.

코뮌의 유언

〈파리 코뮌 선언〉, 1871

"우리는 무장한 파리가 용맹만큼이나 침착함을 지녔다는 점을,
열정만큼이나 힘을 가지고 질서를 옹호한다는 점을,
힘을 지닌 만큼이나 이성을 갖고 헌신한다는 점을,
단지 만인의 영광과 자유에 헌신하기 위해 무장했다는 점을
경고했다. 프랑스는 이제 이 피의 전투를 그치게 되리라!"

파리 코뮌(Paris Commune)은 프로이센과의 전쟁이 끝난 1871년 3월 18일
부터 5월 28일 최후의 총성이 멎을 때까지 70여 일 동안 프랑스 파리에 존재
했던 민중 권력의 시공간을 말한다. 그리고 세계 어디서나 민중 항쟁이 있는
곳이라면 기억되고 되살아나는 영원한 이름이기도 하다. 왜 파리 코뮌이 기억
되는 것일까? 단지 민중이 권력의 주도권을 '장악'했기 때문은 아닐 것이다.
그 권력의 행사가 혼돈과 억압이 아니라 질서와 자유를 만들어냈기 때문이다.

코뮌의 70여 일 동안 파리에서는 많은 일들이 벌어졌다. 우선 단두대를
불태웠다. 파리 코뮌 지지자를 총살하는 정부에 맞서 '눈에는 눈'이라는 정
책 성명을 발표하긴 했지만, 파리 노동자는 그 누구도 처형하지 않았다. 노
동자를 사적으로 착취한다는 이유로 전당포를 폐쇄했다. 프로이센 군대가
파리를 포위한 기간 동안 발생한 채무의 회수를 중지했다. 임대료를 체불한
세입자를 강제로 퇴거하지 못하도록 했다. 빵집 노동자의 야간작업을 금지
했고, 경찰이 지명한 사람이 독점권을 가지고 발부했던 노동자 등록 카드를

폐지했다. 소유주가 문을 닫은 작업장이나 공장을 노동자 협동조합에 넘겨주었다. 나폴레옹의 승전을 기념해 파리에 세워졌던 기념물을 맹목적 애국주의와 민족적 증오를 선동하는 상징이라 여겨 끌어내렸다. "코뮌의 깃발은 세계 공화국의 깃발"이라며 외국인을 코뮌의 공직에 선출하기도 했다.

세계 최초 노동자계급 중심의 민중운동 |

파리 코뮌은 전 세계에서 처음으로 노동자계급을 중심으로 한 민중 운동이 부르주아 운동을 제쳐놓고 스스로의 권력을 주장한 사건이었다. 그리고 그 권력은 이전의 권력 구조 위에 등장인물만 바꿔치기 한 것이 아닌 전혀 새로운 것이었다. 파리 코뮌은 '권력의 보편화'를 기치로 내세웠다. 권력의 주인공은 하루 11시간 이상 노동하면서도 극빈 상태에 가까운 빈곤으로 고통받는 생산자였다. 노동자는 공장이 아닌 거리에서 망치 대신 총을 들었다. 그들이 파리 시내를 점거하는 동안 정부는 무엇을 하고 있었을까?

1871년 봄은 프랑스가 프로이센과의 전쟁에서 패한 직후였다. 비스마르크가 통치하던 프로이센은 점차 영토를 넓혀가면서 독일제국을 완성해가고 있던 터라 프랑스와의 일전을 피할 수 없었다. 그런데 정작 프랑스는 싸움

파리 시가지에 바리케이드를 치고 항전 의지를 불태우고 있는 코뮌의 모습. 코뮌의 파리는 민중 스스로 인간으로서, 시민으로서 자유와 질서를 만들어낸 공간이었다.

상대가 되지 못했다. 프랑스는 나폴레옹 3세 '황제'가 지배하고 있었다. 1848년 대통령에 선출된 그는 쿠데타로 의회를 해산하고 1852년 황제로 즉위했다. 혁명 이후의 프랑스는 왕정과 공화정을 되풀이하는 혼란스러운 상태였다. 이런 프랑스가 비스마르크의 꾐에 넘어가 먼저 선전포고를 하고는 제대로 싸움 한번 해보지 못한 채 베르사유에서 굴욕적인 휴전을 선언했다.

황제는 영국으로 망명하고 임시 행정장관 역시 베르사유로 도피한 텅 빈 파리를 지킨 것은 시민이었다. 파리 시민은 휴전을 받아들이지 않았다. 계속 싸우겠다며 바리케이드를 치면서 코뮌이 시작됐다. 그러나 굴욕적인 휴전을 거부하고 항전을 주장하는 의용군에게 도리어 프랑스 정부가 총을 내려놓으라고 명령했다. 외국의 군대보다 무장한 노동자 계급을 더 두려워한 프랑스 정부는 결국 적국인 프로이센과 협상해 진압군을 조직하고 코뮌을 해체하기 시작했다. 3만여 명을 총살하고 살아남은 4만여 명 이상을 가두거나 추방했다. 파리 코뮌을 총칼로 진압하고 피로 물들이며 정리한 마크 마옹(Patrice de Mac Mahon)은 1873년 프랑스 제3공화정의 제2대 대통령이 되었다.

군사주의, 관료주의, 착취, 투기, 독점, 특권의 종말 |

파리 코뮌은 헌법이나 인권 선언 같은 이름의 문서를 내놓지 않았다. 권력자가 안팎으로 코뮌을 옥죄어오는 상황에서 체계적인 문서를 만들 형편이 아니었다. 하지만 근대 시민 혁명의 인권 선언과는 질적으로 다른 구상을 가지고 있었음은 행동 그 자체에서 확인할 수 있다. 공식적인 것은 아니더라도 코뮌이 채택한 문서 가운데 하나인 1871년 4월 19일 〈파리 코뮌 선언〉을 통해 그들의 생각을 알 수 있다.

〈파리 코뮌 선언〉은 "모든 프랑스인이 인간으로서, 시민으로서, 노동자로서 자신의 소질과 능력을 완전히 행사할 수 있게 보장"하고 있다. 코뮌은 구체적 인간인 노동자의 권리를 선언하며 생산수단의 사유화와 그것을 정당화하는 정치 논리를 부정하고 나섰다. 대신 '권력과 소유권을 보편화하는 데 적합한 제도의 수립'을 코뮌의 과제로 내세웠다. 프롤레타리아트에게는 예속을, 조국에는 불행과 파탄을 가져온 군사주의·관료주의·착취·투기·독점·특권의 종말을 주장했다. 또한 코뮌에서 말하는 사회권은 사회복지의 권리 등 사후 조치가 아니라 '교육·생산·교환·금융을 진작하고 보급하는 데 적합한 제도의 설립'처럼 체제가 근본적으로 보장해야 할 권리였다.

프랑스 혁명으로 얻은 자유가 재산 아래에 묶여 있었다면 코뮌은 자유의 이름으로 자유로부터 가장 소외되었던 사람들의 열망을 담고 있었다. '개인적 자유, 양심의 자유, 노동의 자유에 대한 절대적 보장', '사상의 자유로운 표현', '코뮌 업무에 대한 시민의 항구적인 개입을 위한 집회와 선전의 권리', '코뮌의 자치를 위한 행동의 자유'로 표현된 것들이다.

이를 위한 유일한 수단은 민중 자신에 의한 정치였다. 앞서 말한 표현·집회·선전의 자유는 민중이 직접 일상적으로 정치를 통제할 수 있는 수단이었다. 또한 "책임 있는 모든 수준의 행정관 및 사법관을 선거나 경쟁으로 선출하고 그들을 소환·통제할 수 있는 항구적인 권리"에서 드러나듯 공무원 임면권이 민중에게 있다고 주장했다. 공무원은 출세의 목표나 도구가 아니기에 임금의 상한선은 노동자 평균 임금 아래로 제한했다. 권력 기구의 핵심인 군대와 경찰에 대한 생각도 다를 수밖에 없었다. 코뮌은 상비군을 인권의 측면에서나 경제적으로나 위험하다고 여겨 폐지하는 대신 "자신의 지휘자를 선출하고 국민방위군과 도시방위대를 조직"하는 것을 민중의 권리로 내세웠다.

결과적으로 파리 코뮌은 비극으로 끝났다. 파리 코뮌의 과정은 아름다웠지만 내세웠던 구상과 실현하고자 했던 이상은 이루어지지 못했다. 거의 유일하다 할 수 있는 〈파리 코뮌 선언〉이 '코뮌의 유언(遺言)'이라는 또 다른 이름을 가지고 있는 이유이다. 그렇지만 유언이 단지 코뮌의 비극적 결말만을 뜻하는 것은 아닐 테다. 유언이란 고인의 마지막 말이기도 하지만 유족에게 두고두고 남기고 싶은 말이기도 하다. 코뮌의 유언 역시 더 자유롭고 평등한 세상을 바랐던 이들이, 여전히 그러한 세상을 바라고 실천하는 사람들에게 남긴 숙제로 받아들여져야 할 것이다.

파리 코뮌 선언

MANIFESTO OF
THE PARIS COMMUNE

1871년 4월 19일

프랑스 인민에게!

점령과 포격의 공포 속에서, 다시 파리를 위협하고 우리 형제와 여성, 아이 가릴 것 없이 프랑스 인민을 피 흘리게 하고, 포탄과 탄환에 으스러지는 고통스럽고 무시무시한 대립 속에서 여론은 나뉘어져서는 안 되며 국가적 양심도 혼란에 빠져서는 안 된다.

파리와 나라 전체는 수행되고 있는 혁명의 본질과 대의명분과 목적이 어떠한지를 알고 있어야 한다. 프랑스를 배신하고 파리를 외국의 손에 넘긴 후에 공화국과 자유의 파탄 속에 자신의 배신과 죄에 대한 이중의 증거를 숨기려고 맹목적이고 잔인할 정도로 완고하게 파리의 파멸을 추구하는 자들에게 죽은 자들, 고통받는 자들, 불행의 희생자인 우리에 대해 책임 지우는 것은 정당하다.

코뮌은 파리 인민의 열망과 소원을 명시하고 규정할 의무가 있다. 그리고 아직 진가가 인정되지 못하고 잘 알려지지 않았으며 베르사유를 둘러싼 정치가들에 의해 왜곡된 3월 18일 운동의 성격을 분명히 밝힐 의무가 있다. 이번에도 파리는 프랑스 전체를 위해 행동을 하며 고통을 겪고 있다. 파리는 전투와 희생을 통해 지적 · 도덕적 · 행정적 · 경제적 쇄신과 영광과 번영을 준비한다.

파리는 무엇을 요구하는가? 인민의 권리 그리고 사회의 정상적이고 자유로운 발전과 양립할 수 있는 유일한 형태인 공화국에 대한 인식과 공화국의 강화이다. 또한 프랑스 전역에 걸쳐 있는 각 코뮌에 완전한 권리를 보장하고 모든 프랑스인이 인간으로서, 시민으로서, 노동자로서 자신의 소질과 능력을 완전히 행사할 수 있게 보장하는 코뮌의 절대적인 자치이다. 코뮌의 자치는 단지 계약을 준수하는 다른 코뮌이 갖는 동등한 자치권에 의해서만 제한된다. 이들 코뮌의 결합은 프랑스인의 단일한 통일체를 보증해야 한다.

코뮌의 고유한 권한은 다음과 같다. 코뮌의 예산 및 수입과 지출의 표결, 세금의 결정과 분배, 공공 서비스의 방향, 사법과 내부 치안과 교육의 조직, 코뮌 소유 재산의 운영, 책임 있는 모든 수준의 행정관 및 사법관을 선거나 경쟁으로 선출하고 그들을 소환·통제할 수 있는 항구적인 권리, 개인의 자유와 양심의 자유에 대한 절대적 보장, 자신이 가진 사상의 자유로운 표현과 이해의 자유로운 옹호를 통한 코뮌 업무에 대한 시민의 항구적인 개입. 코뮌은 이러한 권리를 보장해야 하며, 코뮌의 유일한 책임은 집회와 선전의 권리를 자유롭고 정당하게 행사할 수 있도록 감시하고 보장하는 것이다. 또한 자신의 지휘자를 선출하고 도시의 질서 유지를 위해 국민방위군과 도시 방위대를 조직한다.

파리는 연합 코뮌들의 대표인 위대한 중앙 행정부에서 이와 같은 동일한 원칙들이 실현되고 실천된다는 조건하에서 지역의 보장을 명목으로 한 것 이상을 원하지 않는다.

하지만 코뮌의 자치를 위해 행동의 자유를 누리면서 파리는 다음을 코뮌의 권리로 규정한다. 파리 민중이 요구하는 행정적·정치적 개혁의 수행, 교육·생산·교환·금융을 진작시키고 보급하는 데 적합한 제도의 설립, 그리고 당대의 필요성과 이해 당사자의 소망을 충족시키면서 권력과 소유권을 보편화하는 데 적합한 제도의 수립 등이다.

우리의 적들이 파리의 자유의사나 패권을 다른 지역에 강제하려 한다고 파리를 비난할 때, 또는 파리가 여타 코뮌의 주권과 독립을 해치는 진정한 음해 기도가 될 수 있는 독재 권력을 요구한다고 비난할 때, 그들은 서로를 속이거나 조국을 기만하고 있는 것이다. 혁명으로 수립한 통일 프랑스—우리 선조들은 이에 환호했고 구 프랑스 방방곡곡에서 연방제를 서둘렀다—를 파괴하려 한다고 우리의 적들이 비난할 때, 그들은 서로를 속이거나 조국을 기만하고 있는 것이다.

통일성, 우리에게 오늘날까지 제국과 군주제와 의회 제도의 남용이 강제했던 그러한 통일성은 단지 어리석고 임의적인 또는 의무만 부과하는 중앙집권화에 불과했다. 파리가 원하는 정치적인 통일성은 만인의 복지와 자유와 안전이라는 공통의 목적을 도모하는 모든 지역적 창의성의 자발적인 결합이며, 모든 개인적 힘(에너지)의 자연발생적이고 자유로운 총합이다.

3월 18일, 민중의 발의로 시작된 코뮌 혁명은 실험적이고 긍정적이고 과학적인 정치의 새로운 시대를 열었다. 프롤레타리아트는 노예 상태로 예속될 수밖에 없었고 조국이 불행과 파탄에 잠길 수밖에 없었던 것은 옛날 정부와 성직자 중심으로 돌아가던 세계, 군사주의·관료주의·착취·투기·독점·특권의 필요성 때문이었다. 그러므로 거짓말과 비방으로 기만당해온 우리의 사랑스런 조국이여, 확신을 가져라. 파리와 베르사유 사이의 투쟁을 기만적인 타협으로 마감할 수 없다. 결말을 결코 의심하지 않는다. 국민방위군이 불굴의 투지로 싸워 반드시 승리할 것이다.

우리는 프랑스에 호소한다.

우리는 무장한 파리가 용맹만큼이나 침착함을 지녔다는 점을, 열정만큼이나 힘을 가지고 질서를 옹호한다는 점을, 힘을 지닌 만큼이나 이성을 갖고 헌신한다는 점을, 단지 만인의 영광과 자유에 헌신하기 위해 무장했다는 점을 경고했다. 프랑스는 이제 이 피의 전투를 그치게 되리라! 거역할 수 없는 자유의지를 존엄하게 표명함으로써 베르사유를 무장해제하는 것은 바로 프랑스의 몫이다.

우리는 승리의 혜택을 함께 누리기 위해 프랑스가 우리와의 연대를 선언하기를 호소한다. 그리고 단지 코뮌의 소신이 승리하거나 파리가 폐허가 됨으로써만 끝날 수 있는 이 전투 속에서 우리의 동맹자가 되기를 호소한다. 파리의 시민인 우리는 역사를 환하게 비춘 모든 혁명 중에서도 가장 광범위하고 가장 풍요로운 근대적 혁명을 완수하는 것을 사명으로 생각한다.

모든 인간은
평등하게
태어났다

미국 〈독립 선언서〉, 1776
베트남민주공화국 〈독립 선언문〉, 1945

"모든 사람은 평등하게 태어났으며, 조물주는 몇 가지 양도할 수 없는
권리를 부여했다. 그 권리 중에는 생명과 자유와 행복의 추구가 있다.
이 권리를 확보하기 위해 인간은 정부를 만들었으며,
이 정부의 정당한 권력은 인민의 동의에서 나온다."

지식인의 성명서, 대학생의 리포트, 재판부의 판결문, 국가인권위원회
의 인권 교재, 기자의 고발 기사에까지 단골로 출연하는 것이 '천부인권(天
賦人權)'이다. 인권의 정당성을 외칠 때 '조물주로부터 누구에게도 빼앗길
수 없는 권리를 부여받았다'는 것보다 더 큰소리칠 만한 것이 있을까?

천부인권의 대명사로 알려져 있는 것이 바로 미국 〈독립 선언서〉이다.
"모든 인간은 평등하게 태어났다." 〈독립 선언서〉가 담고 있는 이 문구는
분명 혁명적이었다. 1776년의 유럽은 아직 국왕과 귀족이라는 특권 계급에
복종하던 시절이었기 때문이다. 근대 인권 선언의 기원을 〈마그나 카르타〉
나 〈권리청원〉, 〈권리장전〉에서 찾기도 하지만 이것은 특권 신분의 이익을
국왕이 승인한 것에 지나지 않았다. 프랑스의 〈인간과 시민의 권리 선언〉,
미국의 〈독립 선언서〉에 와서야 '모든 사람'의 보편적 인권이 담긴 선언이
등장한다. 미국 〈독립 선언서〉는 권리의 원천을 국왕의 하사품이 아닌 자연
법이라고 말한다. 실정법의 정당성을 자연권이라는 추상적이고 보편적인

원리에서 찾고 이해하려 했다.

그러나 미국이 처음부터 천부인권을 내세워 독립을 주장했던 것은 아니다. 1776년 독립 선언 직전까지도 아메리카 대륙의 식민지인은 자신을 '아메리카인'이 아니라 '영국인'으로 생각했다. '아메리카 대륙의 영국인', 이것이 그들이 생각한 자기 정체성이었다. 독립 혁명의 지도자로 나섰던 인사들도 영국 왕정과의 분리를 원치 않는다고 공공연히 밝힌 적이 있었고, 〈독립 선언서〉에 서명한 인사들 대다수는 영국 치하에서 식민지 관리를 지냈다. 150년 식민지 역사를 거치는 동안 잘살아온 그들이었다.

인간의 권리는 국왕의 하사품이 아니다 |

하지만 사정이 달라졌다. 식민지가 제 발로 서길 원할수록 영국은 오히려 식민지에서 더 많은 것을 탐하게 되었기 때문이다. 영국 정부는 북아메리카를 놓고 프랑스와 7년이나 전쟁을 치른 끝에 프랑스가 물러나자 식민지 통제 강화에 관심을 돌렸다. 아울러 식민지 무역이 영국 경제에 점점 더 중요한 위치를 차지하면서 식민지에 온갖 명목의 세금을 물리기 시작했다. 당밀 교역에 부과하는 관세인 당밀세, 모든 종류의 인쇄물에 인지를 사서 붙이라는 인지세, 영국의 식민지 주둔 비용을 부과하는 숙영법, 영국에서 식민지로 수입되는 차·흑연·페인트·종이 등에 부과하는 수입세를 챙겼다. 식민지에서는 이를 '참을 수 없는 법(intolerable acts)'이라고 반발했다. 영국에 거주하면서 아메리카 대륙에 대규모 토지를 소유한 부재지주들도 분노의 대상이었다. 〈독립 선언서〉에 영국 국왕의 '악행과 착취'라고 열거한 식민지 정부의 해체, 재판관 통제, 점령군 파견, 세계 다른 지역과의 교역 차단, 동의 없는 세금 부과 등도 식민지인을 자극했다.

식민지들이 저항하기 시작하자 영국 정부는 총으로 답했다. 1770년 '보스턴 학살'로 불리는 유혈 사건이 발생했다. 인지세법에 대한 반발이 거센 가운데 영국군이 군중에게 총격을 가한 것이다. 반영(反英) 감정이 급격히 고조되었다. 1773년에는 유명한 '보스턴 차 사건'이 벌어졌다. 영국 정부의 '차 조례(Tea Act)'*에 반대한 세력이 인디언으로 변장한 뒤 보스턴 항에 정박해 있던 배를 습격해 동인도회사가 소유한 엄청난 값어치의 차를 바다에 내던졌다. 이 사건으로 독립 전쟁은 이미 시작되었다.

이듬해 식민지인들은 독립 정부의 전신이 된 '불법 기구' 대륙회의를 창설했다. 제1차 대륙회의는 1774년 10월 17일 〈권리 선언(Declaration of Rights and Grievances)〉을 채택했는데, 이것은 아직 독립을 위한 혁명 선언이 아니었다. 영국 왕권을 부정하지 않았으며, 미국이 식민지라는 것을 승인하고 그 한계 내에서의 개선과 자치를 요구했을 뿐이었다. '대표 없이 납세 없다'는 당시의 논리는 여전히 식민지 신민의 발상이었다. 하지만 식민지는 식민지였다. 본국 국왕의 권력에 예속된 식민지 상태에서 참된 인권은 있을 수 없었다.

1775년 4월 19일 렉싱턴과 콩코드에서 식민지 민병대와 영국 군대 간의 첫 교전이 벌어졌다. 압제와 착취에 군사 공격까지 덮쳤으니 식민지인의 분노는 당연했다. 이 일로 제2차 대륙회의는 전쟁을 결의하면서 반 년 전 〈권리 선언〉 대신 이제 〈독립 선언서〉를 작성하기로 했다. 1776년 1월 토머스 페인(Thomas Paine)은 《상식(Common Sense)》에서 "지금이야말로 갈라설 때"라고 외쳤고 이 책이 식민지인 사이에서 베스트셀러가 되면서 독립 분위기를 한껏 띄웠다.

〈독립 선언서〉의 첫 문장대로 "한 민족이 다른 한 민족과의 정치적 결합을 해체하고 독립·평등의 지위를 차지"하기로 작정했다면 그 이유를 선언

---

* 1773년 영국 의회가 재정난에 빠진 동인도회사에게 식민지 차 독점 판매권을 준 법률.

해야 한다. 더 이상 과거의 영국 신민으로서 자신의 권리를 영국 정부가 훼손했다는 수준의 주장에 머무를 수 없었다. 더 우월한 정당성이 필요했다. 게다가 식민지 내부의 민심도 고려해야 했다. 인구의 20~25퍼센트를 차지하는 흑인 노예, 저항하는 인디언, 극심한 빈부 격차에 분노하는 가난한 백인 노동자와 소작농의 존재는 내부 권력에게는 위협이었다. 부유한 사람들로 구성된 식민지 지배 계급은 식민지인을 결속하고 영국에 반기를 들도록 설득하기 위한 통 큰 언어가 필요했다. 그것이 바로 '인간의 권리'였다.

자유를 공언하면서 노예를 가질 수 있는가 |

미국의 〈독립 선언서〉는 영국식 '법의 지배'를 부정하고 '인간의 권리'를 선언했다. 인간이 평등한 것은 자명한 진리이고 생명·자유·행복을 추구하는 것은 하늘이 인간에게 내린 권리이며 그 권리에 걸맞은 '새로운 정부'를 만들 권리가 있음을 선언했다. 악행과 찬탈의 역사였던 영국 식민주의의 속박을 벗어나 자유롭고 독립적인 국가를 선언한 것이다. 이는 프랑스 혁명에 앞서는 시민 혁명의 요소를 지니고 있었고, 뒤이어 일어날 유럽 시민 혁명의 자극제가 되었다.

그러나 통 큰 언어인 '인간의 권리'는 내부에 치명적인 한계를 안고 있었다. '자유'와 '재산'을 동일시하는 근대의 인권 선언의 '일반적'인 한계를 고스란히 가지고 있었다. 초기에는 상인이나 대농장주 같은 상류층이 주도한 독립 투쟁에서 농민과 수공업자 등 민중의 역할이 커지자 민주주의에 대한 요구도 높아졌다. 이에 대한 대답은 '보편적인 참정권은 재산을 위태롭게 하고 빈민과 난봉꾼이 부유한 사람들을 통제하게 한다'는 것이었다. 재산 자격을 기준으로 참정권을 제한했고 공직 취임에는 더 높은 재산 자격이나 종교 자격을 요구했다. 즉, 신앙의 자유를 천명하면서도 정치권력에 접근하려면 종교 선서 등 종교적 절차를 요구했다.

그리고 무엇보다 미국에는 노예제도가 있었다. 독립 선언을 작성한 토머스 제퍼슨도 노예 소유주였다. 독립 전쟁 와중에도 내부적 비판이 있었다. 요지는 자유를 공언하면서 노예제를 유지할 수 있느냐, 인류의 자유를 옹호한다고 헛되이 자랑하고는 아프리카인의 신성한 자연권을 짓밟음으로써 스스로 공언한 것을 웃음거리로 만들수 있느냐 등이었다.

식민지의 대표 의사기구였던 대륙회의는 독립 전쟁 발발 후 아프리카와의 노예무역을 금지하기도 했다. 그러나 대농장주와 해운업자의 반발로 독립 선언에 노예제 반대의 내용은 들어갈 자리가 없었고 노예의 수입·매매는 계속되었다. 금지령은 무의미했다. 이후 미합중국 헌법에서 연방 하원 선거의 기초가 되는 주(州) 인구를 산정할 때 자유인 이외의 흑인 노예는 자유인의 3/5 가치만 인정한 일도 있었다. 노예는 흑인만의 문제가 아니었다. 노예제는 가난한 백인 소작인이나 노동자의 처지도 불리하게 만들었다. 헐값의 노예와 노동자로서 경쟁해야 할 자유민 역시 합당한 임금을 받지 못했고 자신의 주장을 내세우지도 못했기 때문이다. 여기에 선주민인 아메리카 인디언 학살, 북부 공업 도시에서의 여성과 아동 노동의 착취 등은 노예제도와 함께 〈독립 선언서〉와 현실의 괴리를 보여주었다.

이것이 미국의 '과거사'라면 현대에 와서는 독재정권 지원, 고문과 전쟁기술 전파, 식민지 독립 투쟁 억압 등 미국의 해명을 필요로 하는 일들은 너무나 많다. "모든 인간은 평등하게 태어났다"는 〈독립 선언서〉가 '백인이건 흑인이건', '부유하건 그렇지 않건', '미국인이건 이라크인이건'을 뜻하지 않는다는 사실을 설명해야 하는 역사적 부담을 함께 지고 있는 셈이다.

천부인권, 약자가 정의롭지 못한 권력에 맞서는 힘 |

하지만 억압받는 사람들은 그들에게 필요한 자명한 진리를 〈독립 선언서〉로부터 끊임없이 불러냈다. 미국의

미국과 베트남의 독립 선언 당시를 담은 그림과 사진.
미국도, 베트남도 더 이상 식민지가 아닌 독립국임을 선포할 때 똑같은 말을 외쳤다. "모든 사람은 평등하게 태어났다."

여성운동가들이 그랬고, 흑인 인권운동가 마틴 루터 킹 목사도 '나에게는 꿈이 있습니다'라는 연설에서 똑같은 구절을 외쳤다. 또한 식민지 해방을 염원하는 인민도 〈독립 선언서〉에 담긴 참뜻을 외쳤다. 호치민(胡志明)이 쓴 베트남 〈독립 선언문〉은 미국 〈독립 선언서〉의 문구를 그대로 빌려 식민주의를 비판했다.

천부인권이라면 왜 모든 시대 모든 사람에게 통하지 않았을까? 왜 시대에 따라 사람대접이 달랐을까? 인류의 전 역사에 나타나면 좋을 것이 왜 굳이 특정 시대에 모습을 드러냈을까? 그렇게 당연한 것인데 왜 인권을 누리기 위해 사람들은 모진 고통과 시련을 겪어내야 했을까? 지금도 인권에는 빈틈이 많아 보이는데 하늘에서 대안이 뚝 떨어질 것인가?

미국 〈독립 선언서〉에 나타난 천부인권의 내용이 오늘날 인간의 자유와 평등을 구현하기에 완전하다고 할 수 있을까? 오히려 〈인간과 시민의 권리 선언〉에서 가장 중요한 권리인 재산권은 대다수 사람의 인권 실현에 방해되거나 인권에 대한 허기를 부추기고 있지는 않은가? 천부인권에 담겨 있는 기독교라는 특정 종교, 자연법이라는 특정 사상에 기대지 않고서는 인권을 얘기할 수 없는 걸까?

천부인권이 정의롭지 못한 권력에 맞서는 힘을 제공해왔다 할지라도 이렇게 꼬리를 무는 질문들로 인해 '과연 천부인권인가'라고 따져 묻지 않을 수 없다. 천부인권이 마음을 든든하게 해줄지는 모르지만, 인권을 설명해주지는 못한다. 인권에 대해 알고 싶으면 인간이 어떤 조건에서 무슨 꿈을 품었고 그 꿈을 실현하려고 어떤 대담한 생각을 하고 실천으로 옮겼는지 파헤쳐야 한다. 그럴 때야만 인권을 부정하거나 무시하려는 세력에 맞서서 인권의 힘을 키워갈 수 있을 것이다.

미국 독립 선언서

THE DECLARATION
OF INDEPENDENCE

제2차 대륙회의, 1776년 7월 4일

인류의 역사에서 한 민족이 다른 한 민족과의 정치적 결합을 해체하고 세계의 여러 나라 사이에서 자연법과 자연의 신이 부여한 법에 따라 독립·평등의 지위를 차지하는 것이 필요하게 되었을 때, 인류의 신념에 대한 엄정한 고려에 따라 우리는 독립을 요청하는 여러 원인을 선언하지 않을 수 없다.

우리는 다음을 자명한 진리라고 생각한다. 즉, 모든 사람은 평등하게 태어났으며, 조물주는 몇 가지 양도할 수 없는 권리를 부여했다. 그 권리 중에는 생명과 자유와 행복의 추구가 있다. 이 권리를 확보하기 위해 인간은 정부를 만들었으며, 이 정부의 정당한 권력은 인민의 동의에서 나온다. 또 어떤 형태의 정부든 이런 목적을 파괴할 때에는 언제든 정부를 바꾸거나 폐지해 인민의 안전과 행복을 가장 효과적으로 가져올 수 있다는 원칙에 기초를 두고 그런 형태로 기구를 갖춘 새로운 정부를 조직하는 것은 인민의 권리이다. 진실로 인간의 심려는 오랜 역사를 가진 정부를 천박하고도 일시적인 원인으로 변경해서는 안 된다는 것, 인간에게는 악폐를 참을 수 있는 데까지는 참는 경향이 있다는 것을 가르쳐줄 것이다.

그러나 장기간에 걸친 학대와 착취가 변함없이 동일한 목적을 추구하고 인민을 절대 전제정치에 예속시키려는 계획이 분명할 때에는 정부를 타도하고 미래의 안전을 위해 새로운 보호자를 마련하는 것이 그들의 권리이며 또한 의무이다. 이와 같은 것이 지금까지 식민지가 견뎌온 고통이었고, 종래의 정부를 바꾸어야 할 필요성이 바로 지금 생긴 것이다. 현재 영국 국왕의 역사는 악행과 착취를 되풀이한 역사이며, 그 목적은 직접 이 땅에 절대 전제정치를 세우려는 데 있다. 이런 사실을 밝히기 위해 공정하게 사리를 판단하는 세계에 다음의 사실을 표명하는 바이다.

국왕은 공익을 위해 대단히 유익하고 필요한 법률을 허가하지 않았다.

국왕은 긴급하게 필요한 중요한 법률이라 할지라도 그가 동의하지 않으면 시행해서는 안 된다고 식민지 총독에게 명령했다. 이렇게 해서 시행되지 않은 법률을 인정할 수 없다고 했다.

국왕은 인민이 입법부에서 대표될 자신의 권리를 포기하지 않는다는 이유로 대규모 지역의 인민을 위한 시설에 대한 법률을 거부했다. 인민 대표권은 인민에게는 매우 중요하고 폭군에게만 오로지 두려운 것이다.

국왕은 우리를 괴롭혀 결국 그의 정책에 복종하도록 하기 위해 입법 기관의 양원을 공문서 보관소로부터 멀리 떨어진 유별나고 불편한 장소에서 동시에 소집했다.

국왕은 인민의 권리를 침해한 데 민의원이 단호하게 반발하면 반복해서 민의원을 해산했다.

국왕은 이렇게 민의원을 해산한 뒤 오랫동안 대의원 선출을 허가하지 않았다. 그러나 입법권을 완전히 폐지할 수는 없으므로 입법권은 결국 인민 일반에게 돌아와 다시 행사하게 되었지만, 그동안에 식민지는 내우외환의 온갖 위협에 직면했다.

국왕은 식민지의 인구를 억제하는 데도 힘을 썼다. 외국인 귀화법에 반대했고, 외국인의 이주를 장려하는 법률도 허가하지 않았으며, 토지를 새로 취득하는 데도 여러 가지 조건을 붙였다.

국왕은 사법권을 수립하는 법률을 허가하지 않음으로써 사법의 실행에도 반대했다.

국왕은 판사의 임기, 봉급의 액수와 지불에 관해 오로지 국왕 자신의 의사에만 따르도록 했다.

국왕은 많은 새로운 관직을 만들고, 우리 인민을 괴롭히고 인민의 재산을 축내기 위해 수많은 관리를 식민지로 보냈다.

국왕은 평화 시에도 우리 입법 기관의 동의 없이 상비군을 주둔시켰다.

국왕은 군대가 시민의 권력으로부터 독립해 우위를 점하도록 했다.

국왕은 다른 기관과 결탁해 우리의 헌정이 인정하지 않고 우리의 법률이 승인하지 않는 사법권에 우리를 예속시키려 했고, 거짓 입법 기관의 법률들을 허가했다. 즉, 대규모의 군대를 우리 사이에 주둔시키고, 군대가 우리 주민을 살해해도 기만적인 재판으로 처벌하지 않았고, 우리가 전 세계와 무역하는 것을 차단하고, 우리의 동의 없이 세금을 부과하고, 수많은 사건에서 배심 재판을 받을 혜택을 빼앗고, 있지도 않은 범죄를 재판하기 위해 우리를 본국으로 소환했고, 우리와 인접한 식민지에서 영국의 자유로운 법률 제도를 철폐했고, 전제 정부를 세우고 다시 그 영역을 넓혀 식민지에도 그것을 본보기로 삼아 동일한 절대적 통치를 도입하는 수단으로 삼았고, 우리의 특허장을 박탈했고, 우리의 귀중한 법률을 철폐했고, 우리의 정부 형태를 변경했고, 우리의 입법 기관의 기능을 정지시켰고, 어떤 경우든 우리를 대신해 법률을 제정할 수 있는 권한이 있음을 선언하는 등의 법률을 허가했다.

국왕은 우리를 그의 보호 밖에 둔다고 선언하고, 우리를 상대로 전쟁을 벌임으로써 식민지에 대한 통치를 포기했다.

국왕은 우리 바다에서 약탈을 자행하고, 우리 해안을 습격하고, 우리 도시를 불사르고, 우리 인민의 생명을 빼앗았다.

국왕은 가장 야만적인 시대에도 그 유례가 없고 문명국의 원수로는 도저히 어울리지 않는 잔학과 배신의 상황을 만들고, 더불어 이미 착수한 죽음과 황폐와 포학의 과업을 완수하기 위해 이 시간에도 외국 용병 대부대를 수송하고 있다.

국왕은 해상에서 포로가 된 우리 동포 시민에게 그들이 사는 곳을 향해 무기를 들거나, 우리의 벗과 형제자매의 사형을 집행하거나, 그렇지 않으면 그들의 손에 죽기를 강요했다.

국왕은 우리 사이에서 내란을 선동했고, 변경(邊境)의 주민은 연령·남녀·신분 여하를 막론하고 무차별로 살해하는 것을 전쟁의 규칙으로 하는 무자비한 인디언을 자기편 삼으려 했다.

이러한 탄압을 받을 때마다 그때그때 우리는 겸손한 언사로써 시정을 탄원했다. 그러나 여러 차례의 진정은 여러 차례의 박해를 가져왔다. 이와 같이 모든 행동에서 폭군이라고 정의할 수밖에 없는 국왕은 자유로운 인민의 통치자로서 적합하지 않다.

우리는 또한 영국의 형제자매에게도 주의를 환기하려 노력했다. 우리는 영국 의회가 우리를 억압하려고 부당한 사법권을 넓히려는 데 수시로 경고했다. 우리는 우리가 아메리카로 이주해 정착하게 된 제반 사정을 다시 한 번 상기시켰다. 우리는 그들의 타고난 정의감과 아량에 호소한 바 있었다. 그리고 그들의 피를 같이 나누었다는 것에 호소하며 결국 우리와의 연결과 결합을 단절케 할 이러한 탄압을 거부해줄 것을 탄원하기도 했다. 그러나 이들은 정의와 혈연의 소리에 귀 기울이지 않았다. 그러므로 우리는 우리가 영국으로부터 독립해야 할 이유를 고발할 필요성을 묵묵히 받아들이면서 세계의 다른 국민을 대하듯 영국인도 전시에는 적으로 평화 시에는 친구로 대하지 않을 수 없다고 주장하는 바이다.

이에 아메리카 연합 모든 주의 대표들은 전체 회의를 열어 우리의 공정한 의도를 세계의 최고 심판에 호소하는 바이며, 식민지의 선량한 인민의 이름과 권능으로써 엄숙히 발표하고 선언하는 바이다. 연합한 모든 식민지는 자유롭고 독립된 국가이며 또 권리에 의거한 자유롭고 독립된 국가여야 한다. 이 국가는 영국 왕권에 대한 모든 충성의 의무를 벗으며, 대영제국과의 모든 정치적 관계는 완전히 해소되고 또 해소되어야 한다. 따라서 이 국가는 자유롭고 독립된 국가로서 전쟁을 개시하고 평화를 체결하고 동맹 관계를 협정하고 통상 관계를 수립해 독립 국가가 당연히 해야 할 모든 행동과 사무를 할 수 있는 완전한 권리를 갖는다. 이에 우리는 생명과 재산과 신성한 명예를 걸고 신의 가호를 굳게 믿으면서 이 선언을 지지할 것을 서로 굳게 맹세한다.

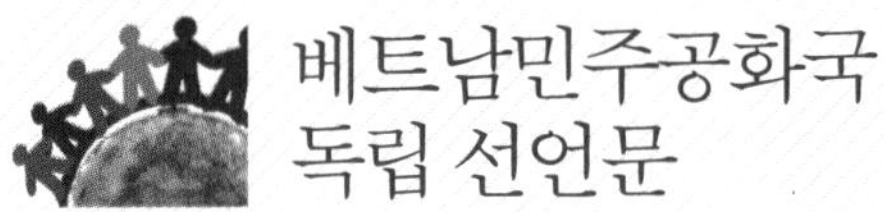

베트남민주공화국 독립 선언문

호치민, 1945년

모든 사람은 평등하게 태어났으며, 조물주는 빼앗길 수 없는 일정한 권리를 모든 사람에게 부여했다. 그러한 권리에는 생명, 자유, 행복 추구의 권리가 포함되어 있다.

……정치 분야에서 식민지 제국주의자들은 우리에게서 모든 민주적 자유를 빼앗아갔다. 그들은 비인도적인 법률을 우리에게 강요했다. 그들은 학교보다 더 많은 감옥을 세웠다. 그들은 우리 애국자들을 가차 없이 참형에 처하고 총살했다. 그들은 우리의 혁명을 피의 강에 익사시켰다. 그들은 여론의 목을 죄어 우리 인민에 대해 우민 정책을 실행해왔다. 그들은 우리 인종이 쇠퇴하도록 아편과 알코올 사용을 강제했다. 경제 분야에서 그들은 우리의 골수까지 착취했다. 그들은 우리 인민을 빈곤에 빠뜨리고 국토를 황폐화시켰다. ……외국의 강권적 지배자들이 멋대로 착취하고 강압하고 있는 한 인민의 인권 따위는 조금도 찾아볼 수 없었다.

(이하 생략)

노예 중의 노예,
흑인 여성의
권리

<나는 여성이 아닌가요?>, 1851
소저너 트루스

"신이 만든 최초의 여성이 혼자서 세상을
엉망으로 만들 만큼 강했다면, 여성이 함께 세상을
다시 올바른 방향으로 되돌려놓을 수 있어야 합니다."

대개의 역사 서술이 그렇지만 인권의 역사에서도 여성은 드물게 등장한다. 그리고 배역은 주로 '피해자'이다. 예를 들어, 미국 독립 전쟁과 인권 투쟁의 기록에서 여성은 보이지 않는다. 여성의 활약은 무시당했고 여성 스스로 글을 쓰거나 기록을 남길 기회가 없었다. 비교가 마땅치는 않지만 '흑인 노예'의 문제는 드러나 보이는 반면 여성 문제는 꼭꼭 숨겨져 있다. 그런 만큼 아주 드물게 여성의 이야기에 관한 기록을 볼 때는 그 밑의 커다란 넝쿨, 수많은 여성의 못 다한 말과 기록되지 못한 행동을 함께 꿰뚫어봐야 한다.

식민지 시대 미국 여성의 법적 지위는 어땠을까? 부인의 재산은 그녀가 노동해 벌어들인 임금까지 포함해 모두 남편의 소유였고, 그 소유권은 부인의 육체에까지 미쳐 매질할 수 있는 권리까지 가지고 있었다. 정부 설립 목적을 인민의 동의에서 구한 <독립 선언서>의 원칙도 여성에게는 예외였다. 독립 후에도 여성은 여전히 재산을 가질 수도, 이혼할 수도, 선거에 참여할 수도 없었다. 대학에 입학할 수도 없고 성직은 물론 의학과 법조계 직업을 갖는 것도 허용되지 않았다. 고용 기회가 불평등했을 뿐만 아니라 같은 일을 하더라도 남성의 1/4~1/2에 불과한 임금을 받아야 했다. 이처럼 여성의 권리가 부정당한 자리에 남성과 사회가 원하는 여성상이 둥지를 틀었다. 순결하며 애국심과 신앙심이 깊으며 아이를 잘 기르는 데 필요한 덕목을 갖춘 여성상이 숭배됐다.

하지만 여성은 강요된 여성상으로부터 탈출해 여성의 권리를 공론화했다. 1830년대 미국에서 맨 처음 노동쟁의가 일어난 곳은 여성이 일하는 직물공장이었고 여성은 노예제 폐지 운동에도 헌신했다. 미국 여성권리운동의 생일이라 할 1848년 7월 19일, 최초의 여성권리대회가 뉴욕 주의 세네커 폴스에서 열렸다. 여기서 발표된 〈감정의 선언(Declaration of Sentiments)〉은 〈독립 선언서〉에 빗대 쓴 탓인지 여론의 조롱과 야유를 받았다. 하지만 그만큼 여성의 권리 문제를 떠들썩하게 알리는 계기가 되었다. 이후 1850년부터, 매년 전국 여성권리대회가 열렸고, 1860년대 말에는 여성참정권연맹이 결성되면서 본격적인 참정권 쟁취 투쟁이 시작되었다.

불법 투표로 체포된 한 여성은 재판정에서 외쳤다. "난 범죄를 저지른 게 아니라 모든 사람에게 보장된 권리를 행사했을 뿐이다. 미국을 세운 것은 백인 남성 시민이 아니라 우리 전체 인민이다. 우리는 절반을 위해, 우리 후손의 절반을 위해서가 아니라 전체 인민, 남성뿐만 아니라 여성을 위해 미국을 만들었다. (여성의 권리를 부인하는 건) 증오스런 성의 과두제이지 공화국이 아니다."

하지만 여성 참정권에 관한 미국 수정헌법* 제19조가 제정된 건 1920년

---

* 미국 연방헌법은 1789년 전문과 본문 7조로서 발효됐으나, 제5조(헌법 개정에 관한 규정)에 의거해 1791년 수정 제1조에서 수정 제10조가 만들어진 이래로 시대의 변화에 따라 계속 수정 조항이 만들어지고 있다. 이를 일반적으로 수정헌법이라 한다. 가장 최근인 1992년에 추가된 것을 포함하여 27조의 수정 조항이 있다.

에 이르러서였다. 하나의 인권이 자리 잡는 건 참으로 어렵고 인내를 필요로 하는 일이다. 하지만 그 어려움과 인내를 거부하지 않는 사람들이 있기에 길은 이어진다. 여성인 데다 흑인이었던 한 인간의 투쟁을 만나보자.

진리를 전하고 다니는 사람, 소저너 트루스 |

1851년 여성권리대회는 오하이오 주 애크런 시에서 열렸다. 대회장 주변으로 남성들이 몰려들어 야유를 퍼부었다. 막상 대회는 열렸으나 험악한 분위기 때문에 누구도 감히 나서지 못하고 있었다. 그때 한 사람이 연단을 향해 걸어 나갔다. 그녀가 말하려고 앞으로 나서자 이번에는 여성들이 막아섰다. 하지만 그녀는 기어이 연단에 서서 발언을 시작했다. 연설은 충격 그 자체였다. 흥분한 군중의 비웃음과 야유는 존중과 경탄으로 바뀌었다.

그녀의 이름은 소저너 트루스(Sojourner Truth), 흑인 여성이었다. 노예제 철폐 운동의 역사, 여성의 동등한 권리를 위한 운동의 역사에 흑인 여성 소저너 트루스가 있다. 소저너는 1797년 뉴욕 주에서 노예로 태어났다. 그녀는 일평생 글을 읽고 쓸 줄 몰랐다. 그녀는 자라서 근처 농장에서 일하던 한 흑인 노예 남성을 사랑했지만 사랑의 자유도 그녀의 것은 아니었다. 그의 주인은 그들의 관계를 허락하지 않았다. 자신이 '소유'한 노예가 자신이 소유하지 않은 노예와 아이를 낳고 기르는 것을 원치 않았기 때문이었다. 그녀는 그가 보는 앞에서 채찍질 당했고 두 번 다시 그를 만날 수 없었다. 그녀는 결국 주인이 강요한 남성과 결혼해 다섯 명의 아이를 낳았지만 아이들은 모두 제각기 노예로 팔려 나갔다. 1827년 그녀는 뉴욕 주 법에 의해 자유를 얻었다. 그녀는 노예 시절의 이름인 이사벨라 바움프리(Isabella Baumfree)를 버리고 소저너 트루스, '진리를 전하고 다니는 사람'으로 이름을 바꿨다. 그리고 그녀가 생각하는 진리, 흑인의 자유와 여성의 자유를 위한 해방 운동을

진실을 전하는 사람이라는 뜻으로 이름을 바꾼 소저너 트루스.
흑인이자 노예이자 여성이었던 소저너 트루스는 노예 중의 노예였지만
그의 이름만큼이나 외침은 진실하고 숭고했다.

시작했다.

노예제 폐지 운동에서 여성의 역할은 컸다. 하지만 '노예제 폐지'라는 대의를 함께했음에도 그 안에서조차 여성 차별은 뿌리 깊었다. 노예제 폐지 운동에 함께했던 많은 남성은 여성이 권리를 요구하면 남성을 부당하게 공격한다며 반발했다. 하나의 예가 1840년 런던에서 열린 노예제 철폐를 위한 세계대회였다. 영국은 노예무역 폐지(1807년)와 노예제 폐지(1833년) 법안을 다른 나라보다 앞서 통과시켰다. 노예제반대협회는 영국 제국에서의 노예 해방을 경축하는 동시에 운동의 목표를 전 세계적인 노예제 철폐로 확대하자는 목적으로 세계대회를 열었다. 이 대회에 참석한 외국 대표단 중 다수는 미국 대표였고 그 속에는 여성 대표들이 있었다. 하지만 여성 대표들은 여성이라는 이유로 의석을 갖지 못했다.

뛰어난 연설가들은 여성의 동등한 권리를 지지하기보다 '어떤 분파의 권리도, 어떤 계급의 권리도, 어떤 성의 권리도 옹호하지 않겠다. 모든 사람에게 가장 보편적인 형태의 권리를 옹호하겠다'는 식으로 두루뭉술한 보편성을 옹호했다. 이런 말뿐인 보편성은 남성만의 권리를 확인하고 또 재확인할 뿐이었다. 게다가 앞서 보았듯 소저너의 연설을 가로막은 것은 다름 아닌 여성이었다. 여성의 권리를 확인하는 대회에 흑인이 연사로 나서는 것을 마

뜩치 않아 했다. 남성에게는 여성으로서, 여성에게는 흑인으로서 이중의 억압을 받는 존재가 바로 흑인 여성이었고 소저너 트루스가 그랬다.

소저너 트루스는 노예제 폐지 투쟁 과정에서 맞닥뜨린 성 차별에 대항해 여성의 독자적인 조직을 만들기로 결심하고 노예제와 성적 억압이라는 두 가지 차별에 맞섰다. 그녀는 스스로 뛰어난 순회연설가, 작가, 조직가가 되어갔다. 어떤 경우이든 변화는 한 가지 또는 한 집단의 권리에서만 이뤄지지 않는다. 하나의 변화를 위한 환기와 각성은 또 다른 이들의 권리를 깨닫도록 불을 지핀다. 바로 그 예가 미국에서의 노예제 철폐 투쟁과 여성 운동의 관계이다. 여성의 조직적인 대규모 투쟁은 노예 해방을 위한 투쟁 속에서 싹텄다. 노예 해방 운동에서 여성은 운동의 대의를 깨달았고 조직하는 법, 대중 집회를 갖는 법 등을 익혔다. 용기 있는 행동과 경험 속에서 대중에게 연설할 권리를 스스로 얻었고 그렇게 노예 해방과 여성 해방은 서로를 두텁고 풍부하게 만들어주었다.

하나의 변화는 또 다른 깨달음을 불러온다 |

변화는 한 가지 또는 한 집단의 권리에서만 이뤄지는 것이 아니라 하나의 변화를 위한 환기와 각성이 또 다른 이들의 권리에 불을 지핀다는 것을 알고 있는 것은 권리 주체만이 아니었다. 반대편에 선 지배자, 억압자 또한 잘 알고 있었다. 변화는 하나씩 오는 것이 아니라 한꺼번에 몰아닥친다는 것을 그들도 알고 있었다. 그래서 그들은 권리를 주장하는 사람들 사이에 여성과 여성, 흑인과 여성, 남성과 여성, 이주노동자와 미국인 하는 식으로 선을 그어나갔다. 그렇게 나뉘면서 사람들은 인종적 · 성적 억압과 착취의 근원이 무엇인지 공유하지 못한 채 개별 집단의 이익을 위해 싸웠다. 그것은 공동의 목표를 해롭게 하는 일이었다.

소저너가 해방운동을 벌이던 당시 미국 북부의 자본가들은 여성의 동등한 권리 요구가 (그리고 그것을 수용한다면) 아일랜드 이주노동자를 비롯한 다른 집단의 권리 투쟁을 부르리란 것을 알고 있었다. 그들은 여성을 억압하면서 '지금은 성급하게 여성의 권리를 요구할 때가 아니라 흑인의 시간(Negro's hour)'이라고 주장했다. 물론 그들이 진심으로 흑인의 권리를 인정한 것은 아니었다. 남부로 한몫 챙기러 간 북부 자본가들은 흑인을 배려해주는 척하면서 남부의 노예 소유주였던 자본가들을 견제하려는 속셈을 갖고 있었기에 '흑인의 시간'은 지속되지 않았다. 북부 자본가들이 목적을 성취하자 흑인의 권리는 다시 뒷걸음질하기 시작했다.

이주노동자의 권리 요구가 폭증하는 것이 두렵고 불만스러웠던 자본가들은 얼굴을 바꿔 이번에는 여성 참정권을 옹호하고 나섰다. '비백인 이주임금 노예'에게 참정권을 주느니 백인 여성에게 참정권을 주고 백인의 이익을 지켜야 한다고 주장했다. 이 같은 극단적인 민족주의와 인종주의에 의해 백인 여성의 참정권이 옹호되었다. 결국 소저너 트루스 같은 흑인 여성의 권리는 이러저러한 평계와 음모에 묻혀버렸다.

"나는 여성이 아닌가요"라는 소저너의 외침은 "나는 노동자가 아닌가요", "나는 시민이 아닌가요", "나는 인간이 아닌가요"라는 목소리로 메아리쳐 퍼졌다. 백여 년이 지난 지금, 같은 노동자면서도 정규직과 비정규직이 갈리고, 살고 있는 지역에 따라 누릴 수 있는 권리가 다르고, 시민권이 없다는 이유로 이주노동자를 비인간적으로 단속하고 추방하는 한국 사회에서도 그 메아리는 크게 울리고 있다. 자본가나 지주 같은 지배 계급만이 아니라 흑인 남성이나 백인 여성이 흑인 여성의 권리를 막고 나섰던 역사는 지금 대한민국에서 되풀이되고 있다.

나는 여성이
아닌가요?

AIN'T I A WOMAN?

소저너 트루스, 1851년

여러분, 이렇게 야단법석인 곳에는 틀림없이 뭔가 정상이 아닌 게 있습니다. 내 생각에는 남부의 검둥이와 북부의 여성 모두가 권리에 대해 얘기하고 있으니 그 사이에서 백인 남성이 곧 곤경에 빠질 것 같습니다. 그런데 여기서 이야기하고 있는 건 전부 뭐죠?

저기 저 남성은 말하는군요. 여성은 탈것으로 모셔드려야 하고, 도랑을 안아서 건네드려야 하고, 어디에서나 최고 좋은 자리를 내드려야 한다고 말입니다. 아무도 내게는 그렇게 해준 적이 없습니다. 나는 탈것으로 모셔진 적도, 진흙구덩이를 지나면서 도움을 받은 적도, 어떤 좋은 자리를 받아본 적도 없습니다. 그렇다면 나는 여성이 아닌가요? 날 보세요! 내 팔을 보라고요! 나는 땅을 갈고, 곡식을 심고, 수확을 해왔습니다. 그리고 어떤 남성도 날 앞서지 못했습니다. 그래서 나는 여성이 아닌가요? 나는 남성만큼 일할 수 있고, 먹을 게 있을 땐 남성만큼 먹을 수 있습니다. 남성만큼 채찍질을 견뎌내기도 했습니다. 그래서 나는 여성이 아닌가요? 난 열세 명의 아이를 낳았고, 그 아이 모두가 노예로 팔리는 걸 지켜봤습니다. 내가 어미의 슬픔으로 울부짖을 때 그리스도 말고는 아무도 내 말을 들어주지 않았습니다. 그래서 나는 여성이 아닌가요?

이런 일을 사람들이 머리와 관련해 얘기할 때 뭐라고 부르지요? (청중 속에서 누군가 중얼거린다. "지성!") 맞아요. 그거예요. 지성이 여성의 권리나 흑인의 권리와 무슨 관계가 있습니까? 나의 잔이 1파인트*도 담지 못하고 당신의 잔이 2파인트를 담고 있는데, 당신은 내 보잘것없는 절반 크기의 잔을 채우지 못하게 할 만큼 야비하지는 않겠지요?

저기 검은 옷을 입은 작은 남성이 말하네요. 여성은 남성만큼의 권리를 가질 수 없다고 말입니다. 왜냐하면 그리스도가 여성이 아니었기 때문이라고요! 당신의 그리스도는 어디서 왔나요? 어디서 왔느냐고요? 신과 여성으로부터 왔잖아요! 남성은 그리스도와 아무런 관계가 없었습니다.

신이 만든 최초의 여성이 혼자서 세상을 엉망으로 만들 만큼 강했다면, 여성이 함께 세상을 다시 올바른 방향으로 되돌려놓을 수 있어야 합니다. 그리고 지금 여성이 그렇게 할 것을 요구하고 있고, 그렇게 하도록 하는 게 더 좋을 겁니다.

내 말을 들어야만 합니다. 이제 늙은 이 사람 소저너는 더 이상 할 말이 없습니다.

---

* 1파인트는 1갤런의 1/8로, 영국에서는 0.57리터, 미국에서는 0.47리터에 해당한다.

'모든 인간'에서
소외된 사람들의
권리 선언

〈노예 해방 선언〉, 1863

"1863년 1월 1일을 기해 미합중국에
반란 상태인 주 또는 어떤 주의 지정된 지역에 있는
노예는 영원히 자유의 몸이 될 것이다."

미국 독립 혁명이 진행되던 시절 '자유가 아니면 죽음을 달라(Give me Liberty, or Give me Death!)'는 연설로 꽤 유명한 열정적인 연설가 패트릭 헨리 (Patrick Henry)가 버지니아 주에 살고 있었다. 그에게는 잭이라는 노예가 있었다. 잭은 주인의 설교를 들으며 경탄했다. 어느 날 잭은 주인에게 말했다.

"주인님, 저는 항상 자유에 대한 주인님의 설교를 보고 자유를 위한 기도를 듣습니다. 저는 주인님의 말씀을 듣는 게 좋습니다. 자유는 좋은 것이니까요. 주인님은 설교도 잘하시고 기도도 잘하십니다. 하지만 주인님 한 가지를 기억하셔야 합니다. 가련한 잭은 아직 자유롭지 못합니다."

대부분의 인류 사회는 노예제와 관련을 갖고 있다. 그러나 가장 끔찍한 형태의 노예제는 인권과 자유를 부르짖은 미국에서 자행된 노예제로 알려져 있다. 미국의 노예제가 역사상 다른 노예제와는 확연히 구별되는 점은 '인종주의'를 새롭게 도입했다는 데 있다. 미국에서 노예는 오로지 흑인이었다. 다카르, 바다그리 등 서아프리카 항구에서 아메리카 대륙으로 팔려간 흑인은 천만 명이 넘는 것으로 추정된다. 끔찍한 항해 도중 열 명 중 한 명 이상이 죽었고, 농장에서 사망한 수는 그보다 많았다. 농장주들은 노예가 죽도록 일하다 죽으면 새로 사는 것을 수지맞는 일로 여겼다. 노예 농장주에게는 이상적인 노예 훈련법 5단계란 것이 있었다. '엄격한 체벌, 열등성에 대한 자각, 주인이 가진 우월한 권력에 대한 믿음, 주인의 기준을 받아들이기, 자신의 무력함과 의존성을 뼛속 깊이 느끼기'가 그것이었다.

이런 끔찍한 일을 정당화하기 위해 만들어진 '인종주의'는 성서와 그리스·로마의 전통, 과학으로 위장한 우생학 등 시기별로 다양한 논거를 동원했다. 성서를 끌어들여 노아의 아들 중 하나인 함(Ham)에 대한 저주를 들먹이며 '이교도를 노예로 소유하는 것이 죄악이라 하지 않았다'고 주장했다. 그리스·로마 전통을 빌려 '그들의 민주·공화주의도 노예제도와 병행하지 않았느냐'고 강변했다. 산업이 발전하면서는 자본주의 체제에서 혹독한 조건에 놓인 자유노동자보다 주인이 보살펴주는 노예의 형편이 더 낫지 않느냐는 궤변도 있었다. 다윈의 진화론에 힘입은 생물학적 백인 우월주의는 다인종설을 신봉했다. 인간은 모두 동일한 아담의 자손이 아니며, 진화의 단계에서 가장 열등한 것이 흑인이라는 주장이었다. 유전학과 우생학이 학문 분야로 자리 잡으며 과학의 탈을 쓴 생물학적 인종주의가 더욱 힘을 얻었다. 어떤 정당화의 언설이든지 그 속내는 노예를 '인간'으로 보지 않음으로써 어떤 짓을 하든지 속 편해지자는 것이었다.

그나마 다른 지역이나 다른 사회의 노예는 주인과 협상도 할 수 있었고 자유인이 되기도 쉬웠으며, 가족과 재산을 누릴 수도 있었다. 미국의 노예가 겪은 고초는 동물 학대를 반대하는 이들이 항의해야 할 수준을 넘는 것이었다. 노예주가 노예에게 가하는 것은 차마 동물에게도 쉽게 하지 못할 짓이었기 때문이다. 모두 흑인이 인간이 아닌 존재라고 믿었기에 가능한 일이었다. 그러니 그것은 인권 침해의 축에도 끼지 못했다. 흑인과 관련된 법률의 주요한 특징은 노예를 재산으로 간주하는 것이었고 따라서 재산 소유자를 보호하기 위한 것이었다.

　노예는 그 어떤 권리도 갖지 못했다. 그러나 그 소유주는 살해를 포함해 노예에게 하고 싶은 모든 것을 할 권리가 있었다. 노예제가 법률상으로 철폐된 이후에도 인종주의는 살아남았다. 흑인을 "추하고 구린내 나고 이성 없는"(미국 제3대 대통령 토머스 제퍼슨) 존재로 여기는 '인종주의'로 말미암아 인종에 대한 편견은 노예제를 폐지한 지역에서도 강력하게 나타났다. 또한 인종주의는 이후 흑인만이 아니라 멕시코인과 아시아인을 착취하고 살해하는 데도 동원됐다.

농장에서 해방되어 또다시 전쟁터로 |

　　　　　　　링컨(Abraham Lincoln)의 〈노예 해방 선언〉은 그러한 노예를 인간으로 인정했다는 데 의의가 있다. "노예는 영원히 자유의 몸이 될 것"이며, "육·해군 당국을 포함해 미국 행정부는 그들의 자유를 인정하고 보존할 것이며, 그들이 진정한 자유를 얻고자 노력하는 데 어떤 제약도 가하지 않을 것"임을 선포했다. 여기까지가 우리가 알고 있는 〈노예 해방 선언〉의 모습이다. 그러나 〈노예 해방 선언〉 말미에 다음과 같은 구절이 들어 있다. "적합한 조건을 갖춘 자가 미합중국 군대에 입대하면 요새와 진지 및 기타 부서에 배치되고 모든 종류의 선박에도 배치될 것임을 알리는 바이다." 링컨의 〈노예 해방 선언〉은 도덕적 선택이 아니라 군사적 필요에 의한 것이었다.

　영국은 식민지 미국과 벌인 전쟁(1775~1783)에서 노예제가 미국의 주요한 약한 고리라는 것을 알고 영국군에 입대하는 모든 노예를 해방시켜줄 것이라고 선포했다. 남북전쟁(1861~1865)에서 링컨의 북군은 똑같은 방법을 이용했다. 링컨은 미연방을 지키고자 했고 미연방의 분열을 막기 위해 극복

노예제 존속과 폐지를 기준으로 구분하여 그린 미국 지도. 노예제가 정치적이었듯 노예 해방도 정치적이었다. 흑인 스스로 그들의 권리를 외치고 되찾을 때까지 노예 해방은 완전한 것이 아니었다.

해야 할 제도로서 노예제를 바라봤다. "내가 사건을 통제하지 못했다기보다 사건이 나를 통제해왔다는 것을 솔직히 인정한다"는 그의 말처럼 남북전쟁의 전세를 뒤집기 위해 링컨은 〈노예 해방 선언〉을 선포했다.

〈노예 해방 선언〉의 영향으로 많은 흑인이 연방군에 입대했고 전쟁의 승패를 가르는 전투에서 두각을 나타냈다. 그러나 자신들을 억압하던 이들이 여전히 권력을 가진 상황에서 맞이한 해방이 진정으로 흑인을 해방시킬 수 있었을까? 흑인은 자신을 배제한 "모든 사람은 자유롭고 평등하게 태어났다"는 이상을 위해 미국 독립전쟁과 남북전쟁에서 피를 흘렸다. 이름도 없이 '검둥이'라 불리면서.

외형적으로 노예제는 폐지되었지만 노예제를 둘러싼 싸움은 비로소 시작된 것이나 다름없었다. 노예제 폐지를 부르짖는 사람의 인쇄소는 불태워지고 테러를 당했다. 저명한 노예 폐지론자의 목에는 노예 소유자들이 내건 현상금이 붙었다. 노예제는 흑인뿐만 아니라 백인의 권리를 위협한다는 것이 분명해졌다. 백인 노예 해방론자는 자신의 언론 자유가 노예 해방과 관련되어 있음을 온몸으로 깨달았다. 또한 수많은 백인 노동자의 권리 침해는 흑인의 무권리를 배경으로 이루어졌다. 일부 사람의 인권이 침해될 때 다른 사람들의 인권도 상처받을 수밖에 없었다.

〈노예 해방 선언〉을 시작으로 이후 70여 년 동안 미국 헌법에는 노예 해방(수정헌법 제13조), 시민권 부여(수정헌법 제14조), 투표권 부여(수정헌법 제15조) 등이 더해졌다. 그러나 거의 같은 시기에 이러한 헌법의 효과를 무력화하려는 여러 가지 차별적인 입법 조치도 함께 이루어졌다. 결과적으로 남북전쟁 이전의 노예법이 〈흑인(단속)법(The Black Codes)〉으로 대체되었을 따름이었다. 말로는 노예 상태에서 벗어났다고 하지만 실제 그들의 생활은 〈노예 해방 선언〉 이전과 별로 달라진 것이 없었다. 노예라 부르든 시민이라 부르든 소외와 착취는 여전히 그들의 몫이었다.

남부 백인은 흑인에 대한 지배력을 되찾는 데 혈안이었다. 1865년 〈흑인(단속)법〉은 흑인의 거의 모든 생활을 통제했고 어렵게 얻은 자유를 무위로 돌렸다. 이 법은 결혼의 자유, 언론의 자유, 이동의 자유, 직업 선택의 자유, 재산 소유권 등 흑인의 모든 생활을 규제했다. 주마다 법은 달랐지만 대개 비슷한 종류의 제한을 가했는데 공통적으로 노동을 강제했다. 남부 백인은 흑인이 농업노동자나 하인으로 일하는 게 당연하다고 생각했기에 그들은 다른 직업을 가질 수 없었다. 흑인이 소속 없이 다닐 경우 부랑죄로 처벌받았으니 돌아다닐 자유조차 없었던 셈이다.

흑인은 마음대로 시내에 들어갈 수 없었고, 어떤 주에서는 흑인이 시내에 들어가기 위해 고용주의 허가를 받아야만 했다. 허가서에는 방문 목적과 기간을 넣었고, 허가서 없는 흑인은 밤 10시 이후에는 투옥되었다. 시내와 도시에서의 거주도 제한되었다. 백인 고용주가 피고용인인 흑인의 거주에 책임지기로 동의해야만 거주할 수 있었다. 이외에도 흑인의 모든 생활이 규제 대상이었다. 자급자족도 억제됐다. 〈흑인법〉은 흑인이 스스로 작물을 재배하는 것을 금지해서 미시시피의 흑인은 땅을 빌리는 데 제약을 받았고 흑인의 토지 소유권은 지역 당국의 승인을 받아야 했다.

〈노예 해방 선언〉을 미국 흑인 노예의 역사에서 보는 것도 의미 있는 일이다. 그러나 인권의 보편성이라는 말이 품고 있는 '양날의 칼'을 놓쳐서는 안 된다. 인권의 진정한 보편성은 사회·경제적 힘의 관계를 적극적이고 실질적으로 고려해야만 그 가치를 실현할 수 있는 지렛대 역할을 한다. 그러나 그 보편성이 말뿐인 요식행위에 머무른다면 정당성과 진정성이 의심받을 수밖에 없고, 더 나쁘게는 '특권층'을 위한 이데올로기로 전락한다.

노예 해방 선언

EMANCIPATION PROCLAMATION

에이브러햄 링컨, 1863년 1월 1일

1862년 9월 22일 미합중국 대통령은 다음의 선언을 발표했다.*

1863년 1월 1일을 기해 미합중국에 반란 상태인 모든 주 또는 어떤 주의 지정된 지역에 있는 노예는 영원히 자유의 몸이 될 것이다. 육·해군 당국을 포함해 미국 행정부는 그들의 자유를 인정하고 보존할 것이며, 그들이 진정한 자유를 얻고자 노력하는 데 어떤 제약도 가하지 않을 것이다.

미국 행정부는 1863년 1월 1일 여전히 미합중국에 반란 상태인 주들과 어떤 주의 일부 지역이 있다면 그들 지역을 지명해 이 선언을 선포할 것이다. 그리고 그날까지 주 또는 주민 유권자 과반수의 선거에서 선출한 의원들을 성실하게 미 의회에 파견하고 있다면 이를 무효로 할 만한 결정적인 증거가 없는 한 그 주와 주민은 미합중국에 반란 상태가 아닌 것으로 간주할 것이다.

따라서 나 미합중국 대통령 에이브러햄 링컨은 미합중국의 권위와 정부에 대한 실제적인 무장 반란 시에 미합중국 육·해군 총사령관으로서 내게 부여된 권한에 의거해 이 반란을 진압하기에 적합하고 필요한 조치로서, 1863년 1월 1일부터 그 이후 백 일 동안 미합중국에 대항해 반란 상태에 있

* 1862년 9월 22일 링컨은 〈노예 해방 예비 선언〉을 발표했다. 연방에서 탈퇴한 남부 여러 주가 1863년 1월 1일까지 연방에 복귀하지 않으면 노예 해방을 선언하겠다는 경고였다. 그러나 남부의 여러 주들이 이에 응하지 않았기 때문에 1863년 1월 1일 〈노예 해방 선언〉이 정식으로 선포됐다.

는 다음과 같은 주와 주의 일부 지역을 반란 주로 지명한다. 아칸소, 텍사스, 루이지애나, 미시시피, 앨라배마, 플로리다, 조지아, 사우스캐롤라이나, 노스캐롤라이나……

앞서 말한 권한의 힘으로 앞서 말한 목적을 위해 나는 반란 주로 지정된 주와 주의 일부 지역에서 노예로 있는 모든 사람은 이제부터 자유의 몸임을 선포한다. 그리고 육군 당국을 포함해 미 행정부는 그들의 자유를 인정하고 유지할 것이다.

나는 자유가 선언된 노예들에게 자기 방어를 위해 필요한 경우가 아니라면 모든 폭력을 삼갈 것을 명한다. 그리고 그들에게 허용된 모든 경우에 적합한 임금을 벌기 위해 충실히 노동할 것을 권유하는 바이다. 그리고 적합한 조건을 갖춘 자가 미합중국 군대에 입대하면 요새나 진지 및 기타 부서에 배치되고 모든 종류의 선박에도 배치될 것임을 알리는 바이다.

진실로 정의로운 행위로 생각되는, 군사상의 필요로 헌법에 의해 보증된 이 선언에 대해 나는 인류의 신중한 판단과 전능하신 하나님의 은총을 기원한다.

사회주의적
인권론

〈노동 피착취 인민의 권리 선언〉, 1918

"러시아는 노동자·병사·농민
소비에트 공화국임을 선포한다.
중앙과 지방의 모든 권력은 이들
소비에트에 속한다."

1918년에 제정된 〈노동 피착취 인민의 권리 선언〉은 러시아 혁명의 목
적과 사회주의적 권리 구상을 담고 있는 문서이다. 레닌(Vladimir Ilyich
Lenin)이 기초한 것으로 알려진 이 문서는 이후 '러시아 소비에트 연방 사회
주의 공화국 헌법'에 그대로 수록됐다. 사회주의 혁명의 영향으로 사회주의
적 권리가 인권에 반영되고 그에 따라 1919년 바이마르 헌법이나 국제노동
기구(ILO) 헌장 등에 경제·사회적 안전망을 도모하는 항목이 만들어졌다.

〈노동 피착취 인민의 권리 선언〉은 '권리 선언'이란 제목이 붙어 있지만
자본주의 국가에서 선포됐던 수많은 권리 선언의 양식과는 많이 다르다. 흔
히 권리 선언은 '모든 사람'에게는 '무슨 무슨 권리가 있다'는 양식으로 씌
어 있다. 그런데 〈노동 피착취 인민의 권리 선언〉에는 그러한 표현이 전혀
없다. 대신 '토지의 사적 소유 폐지', '생산·운송 수단의 국유화', '모든 은
행의 국유화', '보편적 노동 의무' 등이 언급되어 있다. 여기에 바로 사회주
의적 권리의 특징이 집약되어 있다고 할 수 있다.

생산수단의 사회화가 권리의 토대 |

인간은 살기 위해 생산해야 하고 그래서 노동을 한다. 그런데 노동은 맨손으로 하는 것이 아니라 자연을 상대로 한다. 자연 중에서도 '땅'은 근본적으로 필요한 생산수단이다. 그리고 땅을 상대로 인간이 노동할 때 크고 작은 노동수단이 필요하다. 땅과 이런 노동수단을 합쳐서 생산수단이라 한다. 그런데 자본주의 사회에서 대다수 사람들은 생산수단을 갖지 못하고 누군가의 밑에서 일하며 살아간다. 즉, 생산수단을 소유한 사람에게 고용되어 임금을 받으며 살아간다. 노동자 중에서 일부가 높은 임금을 받아 그럴듯한 집과 자동차와 호화 휴가를 즐길 수 있다 할지라도, 생산수단을 갖고 있지 않다는 의미에서 무산자(프롤레타리아트)이다.

사회주의적 권리라는 관점에서 볼 때 부르주아 인권은 봉건제 사회로부터 인간을 정치적으로 해방시켰다. 이것은 역사의 진보였다. 그러나 다른 한편 인간의 소외를 낳았다. 노동의 결과가 노동 주체에게 돌아가지 않고 나아가 오히려 노동 주체를 지배하게 됐다. 경제적 폭력과 강제에 인간이 그대로 노출됐다. 자본주의 사회에서 부르짖는 여러 인권은 생산수단의 사적 소유를 자유로운 소유권으로 인정하는 데서 출발하기 때문이다. 따라서 소유권 말고 다른 인권은 '선언'될 뿐 실제로 보장받을 수 없다는 비판이 생겨난다. 생산은 사회적으로 이뤄지는데 그에 필요한 생산수단이 소수에 집중되고 배타적으로 사용되는 세상에서 진정한 인권은 있을 수 없다는 것이 사회주의 인권론의 핵심이다.

예를 들어, 사회주의 인권론의 입장에서 보면 부르주아 인권론이 강조하는 '법적 평등' 같은 것은 생산수단의 사적 소유 아래 생겨난 미신이다. 사회적 불평등의 현실을 가리고 위장하는 허위의 평등이기 때문이다. 경제적 불평등 앞에서 평등의 원칙을 주장할 수 없으며, 고용주와 노동자 간 계약이 평등에 기초해 있다고는 말할 수 없다. 따라서 경제적 기초가 근본적으로 바뀔 때에만, 생산수단의 사적 소유가 사회적 소유로 바뀔 때에만 참된 권리를 말할 수 있다. 그럴 때 인권의 주체는 이기적 인간, 사적 소유의 주체인 인간이 아니라 사회적 인간, 공동체 주인으로서의 인간이 된다.

그렇다면 자본주의 사회의 '사적 소유'에 대응해 사회주의 사회의 '사회적 소유'가 있는 것일까? 그렇지는 않다. 생산수단을 사회가 소유하는 것은 사회의 기본 구조이기 때문에 '인'권으로 표현되지는 않는다. 이것은 권리가 아니라 권리를 보호하기 위한 국가의 '기초'이다. 이 기초에 근거해 시민·정치적 권리, 경제·사회·문화적 권리들이 '선언'이 아니라 '실제'로 작동할 수 있다는 논리이다.

〈노동 피착취 인민의 권리 선언〉에서 가장 강조하는 것은 바로 권리의 토대가 되는 '생산수단의 사회화'였다. '토지의 사적 소유 폐지' 선포는 지주의 토지를 무상으로 몰수하고 왕실이나 수도원과 교회 등의 모든 토지를 인민이 소유하도록 하는 것을 골자로 했다. 생산·운송 수단 국유화, 모든 은행의 국유화도 생산수단의 사회화 조치였다. 이에 따라 공장·철도 등에 노동자 통제를 도입했고, 국제 금융자본에 타격을 가하기 위해 차르 정부와 부르주아가 빌린 대외 차관을 말소하기도 했다. 국유화라 할 때 국가의 성격이 문제되는데, 이 국가는 노동자와 농민의 소비에트* 공화국이라 선포됐다.

권리와 의무의 중심은 노동이다 |

이런 기초 위에서 사회주의적 인권론의 권리에 대한 화법은 완전히 달라진다. 서유럽과 아메리카의 근대 시민 혁명에서 논의된 인권 개념과는 달리 인권은 더 이상 국가와 대립하는 개인이 가지는 권

---

* '소비에트'는 평의회·대표자회의를 의미하는 러시아어였지만, 러시아 혁명을 거치면서 혁명을 지도하는 프롤레타리아트 독재 정권의 권력 기관이라는 의미를 가지게 되었다.

리나 국가가 만들어지기 이전부터 가지는 천부의 권리가 아니다. 인간이라는 사실로 말미암아 당연히 가지는 권리도 아니다. 권리는 사회의 전체 구조, 사회 속에서 인간과 자연이 맺는 관계, 사람과 사람 간의 관계(생산관계)의 총체적 문제이다. 인권은 자연법으로 말할 수 있는 것이 아니라 역사적으로 규정된 한 사회의 전체적 구조에서만 존재한다.

권리는 사회 구성원이 공동으로 만들어가는 것이다. 생산수단의 사회화를 기초로 해서 노동의 주체가 동시에 소유의 주체이며, 이 주체는 집단과 공동체에 속한 존재이기 때문에 이들 시민 사이의 경제적 관계와 정치적 관계는 따로 분리되지 않는다. 공동 소유자로서 생산 과정에 참여하는 행위는 곧 정치권력을 행사하는 것이기 때문이다. 그래서 정치적으로는 평등한 시민이지만 경제적으로 전혀 그렇지 못한 자본주의 사회에서의 정치와 경제의 이원성은 사라지고, 정치적·사회적·경제적 권리의 통일성이 강조된다.

대표적인 예가 노동권이다. 사회주의 시각에서 볼 때 자본주의 사회에서는 노동권이 진정한 의미에서 실현될 수 없다. 노동자 권리의 제한과 만성적 실업이 불가피하다. 일부 헌법이 노동의 권리를 선언하고 있지만 이는 노동 조건 개선을 목표로 노동자가 싸워 얻은 결과이자 그에 대한 일부 양보일 수는 있지만 분명한 한계가 있다. 기껏해야 노동권은 시민이 고용을 요구하고 국가가 이를 제공하기 위해 노력해야 한다는 정도의 의미이다.

반면 사회주의 사회에서는 생산수단의 사적 소유를 철폐했기 때문에 노동의 권리는 진정한 내용을 가질 수 있다. 단지 고용을 요구하고 국가가 직업을 제공한다는 의미가 아니다. 노동은 생활의 주된 필연성으로서 적절한 노동 환경의 창조, 수행한 노동의 질과 양에 따른 임금, 고등 교육을 받을 기회, 노동자에게 더 우수한 노동을 가능하도록 하는 것, 노동자의 건강을 보호하고 휴식을 보장하는 데 필수적인 조치가 취해지는 것을 의미한다. 하나하나가 별개의 권리가 아니라 노동권은 사회·문화적 권리와 결합된다. 또

대중 집회를 하고 있는 소비에트의 모습을 담은 사진.
노동 해방과 계급 타파를 내세운 사회주의 국가는 이미 인권의
완성형이라 주장했기에 더 이상 인권이 들어설 자리가 없었다.

한 권리는 의무와 동등한 지위로 통일된다. 사회주의에서의 노동권은 사회적 소유권과 마찬가지로 사회의 기초이기 때문에 경제적 기초와 직접 연관된 의무기도 하다. 즉, 노동권은 사회주의 생산관계와 사회 재산을 보호할 의무기도 하다. "일하지 않으려는 자는 먹지도 말라", "모든 강건한 시민은 명예의 문제로서 자신의 능력에 따라 노동할 권리와 의무를 갖는다"는 원칙에서 드러나듯 노동은 '보편적 의무'이다. 여기에는 노동 기강을 준수할 의무와 더 우수한 노동을 위해 적절한 교양과 전문지식을 쌓아야 하는 시민의 의무가 포함된다.

사회주의 시각에서 자유란 자본의 구속으로부터 노동을 해방하는 것이고, 평등이란 계급을 철폐하는 것이기 때문에 사실상 인권 문제를 특별히 다룰 필요가 없었다. 그렇기 때문에 〈노동 피착취 인민의 권리 선언〉에서 쓰는 '권리'라는 의미는 기존 인권에서의 의미와는 근본적으로 다르다. 〈노동 피착취 인민의 권리 선언〉을 시작으로 전개된 사회주의 권리 사상이 기존 인권 사상과 계속해서 충돌하면서 변화를 불러온 것은 당연하다.

인권은 모순과 실패를 딛고 발전한다

경제·사회적 권리를 기존의 인권 체계가 수용하게 되는 데는 러시아 혁명과 사회주의 국가의 탄생이 크게 영향을 끼쳤다. 사회주의 국가에서 선언한 경제·사회적 권리는 제2차 세계대전 이후 세계적으로 널리 퍼져 나갔다. 제2차 세계대전이 끝날 무렵 여러 국제 조직의 활동과 전쟁에 대한 반성, 노동자 계급의 정치력과 영향력 증대, 사회주의 정당의 강령 등으로 자본주의 국가에서도 새로운 법률에 경제·사회적 권리를 포함하게 됐다. 아무리 소극적인 의미에서의 정책이라 할지라도 재산에 관한 개인의 자유를 직접 제한하는 조치들을 낳았다.

물론 사회주의적 권리에 대한 비판도 거셌다. 직접 생산자와 분리된 관리자 집단(관료), 시민을 억압하는 특수한 무장 집단(비밀경찰과 군대) 등이 특권 계층으로 엄연히 존재하지 않는가? 그런 현실로 인해 사회주의가 인권의 논리를 부정함에도 불구하고 인권을 요구하지 않는가? 생산수단의 사적 소유가 폐지되고 적대 계급이 존재하지 않으면 국가와 시민 사이, 사회와 개인 사이에 모든 모순이 사라지는가? 사회주의적 입장에서의 결론은 지나치게 성급하지 않은가? 결국 치명적인 인권 침해를 낳지 않았던가?

일례로 1988년 소련에서 개혁(페레스트로이카)이 시작될 무렵, 1922년 설립된 중앙검열사무소 글라블리트(Glavlit)의 특별 창고를 폐쇄했는데 그 안에는 금서(禁書)가 가득 차 있었다. 대략 러시아 책 2만 7천여 종, 외국 서적 2만 5천여 종, 외국 잡지 57만 2천여 종 등이었다. '자유는 인간 정신의 정수'라고 했던 마르크스의 말과 대조되는 일이 아닐 수 없었다. 물론 이를 비난하는 자본주의 국가도 자유롭지는 않다. 같은 시기 반미활동조사위원회, 국가보안법, 이민과 국적법 등으로 시민 평등의 원칙, 의견과 언론의 자유, 적법 절차에 대한 권리가 소위 '자유' 사회에서도 크게 침해됐다.

진정한 자유와 평등을 향한 꿈은 인권의 '선언'과 '실현' 사이에 놓인 거대한 틈 속에서 좌절과 단련을 거듭해왔다. 인권은 특정한 역사적 범주에 속하는 권리를 부정하며 성장해왔다. 사회주의적 권리 개념은 그러한 부정과 인권의 발전에 분명 기여했다. 〈노동 피착취 인민의 권리 선언〉에서 부정하고 있는 권리가 지금 우리의 인권과 어떤 관계에 있는지 살펴보는 것만으로도 그 의미는 적지 않다.

노동 피착취 인민의 권리 선언

1918년

제1조 1. 러시아는 노동자 · 병사 · 농민 소비에트 공화국임을 선포한다. 중앙과 지방의 모든 권력은 이 들 소비에트에 속한다.

2. 러시아 소비에트 공화국은 각 민족 소비에트 공화국의 연방으로서, 자유로운 인민의 자유로운 연합에 의거해 세워졌다.

제2조 제헌의회는 인간에 의한 인간의 모든 형태의 착취를 억제하고, 사회 속의 계급 차이를 완전히 철 폐하는 것을 공화국의 목적으로 정한다. 공화국은 착취자를 무자비하게 분쇄하고, 사회주의적 토대 위에 사회를 재조직하며, 전 세계에서 사회주의의 승리를 달성할 것을 목표로 한다. 나아가 공화국은 다음 사항을 결의한다.

1. 토지의 사회화를 달성하기 위해 토지의 사적 소유를 폐지한다. 전 국토는 인민의 재산이며, 토지의 평등한 사용 권리에 근거해 경작자에게 무상으로 증여된다. 국가적으로 중요한 모든 산림, 부존자원, 해수면, 가축, 기계설비, 시범농장, 농업 생산 활동 등은 국가의 재산임을 선 포한다.

2. 공장, 상점, 광산, 철도 및 기타 생산수단과 교통수단을 노동자 · 병사 · 농민 소비에트 공화국 으로 완전히 이양할 첫 단계로서, 그리고 착취자에 대한 노동 대중의 우월성을 보장하기 위 해 제헌의회는 노동자의 (생산) 통제에 관한 법률 및 인민경제최고위원회에 관한 법률을 인 준한다.

3. 제헌의회는 자본주의의 굴레에서 노동 대중을 해방시킬 조건으로서 모든 은행의 소유권을 노동자 · 농민 정부로 이양할 것을 인준한다.

4. 사회의 기생적 계급을 제거하고 국가의 경제활동을 조직하기 위해 노동의 보편적 의무를 도 입한다.

(이하 생략)

'인권의 이중성'에 대한 가장 신랄한 비판

〈유대인 문제에 대해〉, 1844
카를 마르크스

> "시민사회에서 만인은
> 타인에게서 자신의 자유 실현이 아니라
> 오히려 자유의 제약을 발견한다."

많은 사람들은 인권을 분석의 대상으로 삼기를 꺼린다. 그 어떤 반론도 없이 그저 존중하고 아껴야 할 것으로 생각하기 때문이다. 그러나 같은 인권이라는 단어를 쓰더라도 사람과 사회에 따라 아주 다른 뜻과 목적으로 쓰고 있고, 그 기능도 다를 때가 많다. 인권은 그저 좋은 것이니까 이론적으로 따지지 말고 그저 실천하자는 심정으로 매달리다가도, 현실에서 튕겨져 나오는 인권의 현실을 맞닥뜨리게 되면 고민하지 않을 수 없다.

인권은 좋은 것이요, 불가침의 것이요, 영원한 것이요, 불가양의 것이다. 인권을 옹호하는 문서의 바다에 언제나 떠 있는 이런 표현을 보면서 채워지지 않는 갈증을 느낀다면 한 번쯤 눈을 돌려볼 필요가 있다. 가장 신랄하다 할 수 있는 인권 비판론이 있다. 바로 〈유대인 문제에 대해〉, 지은이는 카를 마르크스(Karl Marx)이다.

본문에서는 자유를, 각주에서는 그 자유의 폐지를 |

마르크스는 근대적 인권론과 시민 사회론을 비판하는 입장에 서 있다. 구체적으로 〈유대인 문제에 대해〉는 〈인간과 시민의 권리 선언〉을 대표로 하는 프랑스 혁명의 인권 선언들과 인권 담론의 이중성을 비판한 것이다. 프랑스의 〈인간과 시민의 권리 선언〉에 대해 바뵈프는 "재산과 노동의 불평등한 분배가 예속과 공공의 불행의 끝없는 원천"이라고 지적했다. 그리고 "프랑스 전 재산의 소유권은 유일하게 그 배분을 결정하고 변경할 수 있는 프랑스 인민에게 본래적으로 귀속된다"고 주장했다. 마르크스는 바뵈프의 비판을 이어받아 〈유대인 문제에 대해〉에서 이렇게 말했다.

무엇보다 먼저 우리는 공민(시민)권과 구별되는 이른바 인권이란 시민사회 구성원의 권리, 다시 말해 인간과 공동체에서 분리된 이기적 인간의 권리 이외에 아무것도 아니라는 사실을 확인한다.

인권과 시민권은 왜 구별되는가? 마르크스는 시민사회와 정치사회(국가)를 구별해 말한다. 시민사회에 속한 인간은 생산 활동의 주체로서의 인간, 즉 '지상에서의' 자본주의 생산관계 속에서 살아가는 개인이다. 이 개인은 이기적이다. 타인을 자신의 도구로 간주하면서 사적 이익을 추구하는 '나 홀로' 개인이며, 인간의 결속이 아닌 분열에 기초한 개인이며, 비사회적이고 비정치적인 개인이기 때문이다. 비사회적인 '자연적' 인간의 권리는 자연권으로서의 인권이다. 자연권이기에 무조건적이다. '인'권이라 표현하지만 사실은 자본을 소유하고 사적 소유의 자유를 추구하는 부르주아의 권리에 지나지 않는다. 사적 소유의 권리를 자연권으로 인정함으로써 그것은 불가침의 권리가 된다.

자본주의 사회의 구조를 풍자한 그림.
누군가는 노동자이고, 누군가는 자본가인 자본
주의 사회에서 모든 인간의 권리가 가능할까?
마르크스는 본질적인 의문을 던진다.

반면에 정치사회에 속한 인간은 어떠한가? 국가는 공민의 영역이다. 즉, 정치적으로 해방된 국가에서 시민은 모두 평등하고 법 앞에서 같은 권리를 지니고 자유로운 환경이 보장된다. 여기서의 인간은 정치적으로 조직된 사회 구성원으로서의 인간이고, 정치권력을 공유하는 인간이고, 인류의 구성원으로서의 인간이다. '지상에서의' 자본주의 관계 속에서는 서로가 서로의 경쟁자이자 적대자이며 더 많은 이익을 차지하기 위해 분열하지만 '천상에서의' 삶에서는 공동체적 존재이다.

둘 사이의 관계에서 현실을 지배하는 것은 이기적인 시민사회이다. 시민의 권리와 구별된 사람의 권리는 '이기적 인간의 권리'에 지나지 않으며, '결국은 사적 소유라는 인권'으로 수렴된다. 나아가 "시민은 이기적인 인간의 하인이라고 선언되고…… 결국 공민인 인간이 아니라 부르주아(시민사회의 일원)인 인간이 본래적인 진정한 인간이라고 생각되었다." 그래서 '보편적'이라고 한 인간의 자유는 사실상 자본가의 자유이고, 기본적 인권은 재산으로부터 나오기 때문에 정치적 권리의 향유가 궁극적으로 물질적 조건에 의해 결정된다. 결국 시민의 권리가 부르주아 손에 내맡겨지고, 실제로는 사람의 권리까지도 그들이 제한할 수 있는 구조가 된다. 따라서 프랑스 혁명기의 〈인권 선언〉과 헌법에 표현된 인권은 '모든 사람'의 인권을 보편적으로 선언하고 있지만 진실은 일부 계급의 권리의 표현에 지나지 않는다.

이러한 인권에 대해 마르크스는 《루이 보나파르트의 브뤼메르 18일(The Eighteenth Brumaire of Louis Bonaparte)》(1848)에서 "본문에서는 자유를, 각 주에서는 그 자유의 폐지를 규정하고 있다"고 비판했다. 마르크스가 비판한 것은 인권 자체가 아니라 사실상 인권의 폐지를 가능케 하는 인권 담론과 그 모순들이다. 오늘날 마르크스처럼 인권과 시민사회를 파악하는 일은 드물다. 하지만 인권의 보편성과 모든 인간의 자유로움, 즉 해방의 실현은 지울 수 없는 꿈이기에 인권 분석과 비판은 어떤 식으로든 계속되어야 한다.

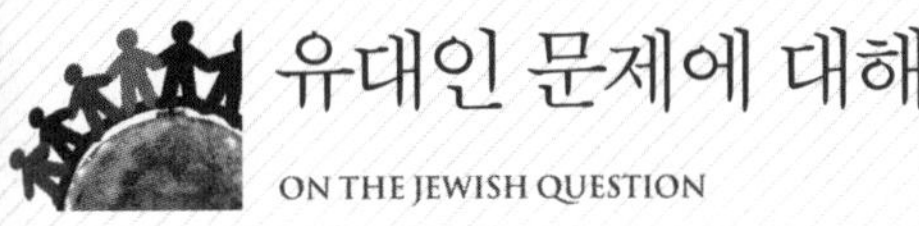

유대인 문제에 대해

ON THE JEWISH QUESTION

카를 마르크스, 1844년

완성된 정치적 국가는 그 본질상 인간의 물질적 삶과 대립해 있는 인간의 유적(類的) 삶이다. 이러한 이기적 삶의 모든 전제조건은 국가 영역 바깥에 있는 시민사회에서도 시민사회의 본성으로 계속 존재한다. 정치적 국가가 자신의 진정한 발전 형태에 도달한 곳에서는 인간이 사상과 의식 속에서뿐만 아니라 현실과 생활 속에서도 천상의 삶과 지상의 삶이라는 이중의 삶을 살아간다. 그 하나는 정치적 공동체 속에서의 삶으로, 여기에서는 인간이 자신을 공동의 존재라고 간주한다. 다른 하나는 시민사회 속에서의 삶으로, 여기에서는 인간이 사적 인간으로서 활동하며 타인을 수단으로 간주하고 자기 자신까지 한낱 수단으로 격하시켜 낯선 힘의 노리갯감으로 전락시킨다. ……

인권은 그 자체로 시민권과 구별된다. 시민과 구별되는 인간은 누구인가? 시민사회의 구성원 이외의 어느 누구도 아니다. ……

무엇보다 먼저 우리는 시민권과 구별되는 이른바 인권이란 시민사회 구성원의 권리, 다시 말해 다른 인간과 공동체에서 분리된 이기적 인간의 권리 이외에 아무것도 아니라는 사실을 확인한다. ……

자유에 관한 인간의 권리는 인간과 인간의 결속이 아니라 오히려 인간과 인간의 구별에 기초한다. 자유에 관한 인간의 권리는 이러한 구별의 권리이며, 제약된, 자기 자신에게 한정되어 있는 개인의 권리이다. 자유에 관한 인간의 권리를 실제에 적용하면 사유재산에 관한 인간의 권리가 된다.

사유재산이라는 인권의 근간은 무엇인가? (1793년 프랑스 헌법) 제16조에는 "재산권은 각자의 재화와 수입, 각자의 노동과 근면의 과실을 자기 의지대로 향유하고 처분할 수 있는 모든 시민의 권리이다"라고 씌어 있다. 사유재산에 관한 인간의 권리는 타인과의 관계를 모두 단절한 가운데 사회와도 무관하게 자신이 재산을 마음대로 향유하고 처분할 수 있는 권리, 즉 자기 이익의 권리이다.

이러한 개인적 자유와 그 자유의 적용이 시민사회의 기반을 형성한다. 시민사회에서 만인은 타인에게서 자신의 자유 실현이 아니라 오히려 자유의 제약을 발견한다. 그러나 시민사회는 무엇보다 먼저 각자의 재화와 수입, 노동과 근면의 과실을 자기 의지대로 향유하고 처분할 수 있는 인간의 권리를 선언한다. ……

그러므로 이른바 인간의 권리 중에서 그 어느 것도 이기적 인간, 시민사회의 구성원으로서의 인간, 즉 자기에 매몰되고 자신의 사적 이익과 사적 의지에 매몰되어 공동체에서 분리된 개인을 넘어서지 못한다. 인간의 권리 속에서는 인간이 유적 존재로 파악되기는커녕 오히려 유적 삶 그 자체인 사회가 개인의 외부에 있는 영역, 개인의 본원적 자립성에 대한 제약으로 나타난다. 자연적 필연성, 필요와 사적 이익, 각자의 재산 보존과 이기적 인격만이 개인을 하나로 묶는 유일한 끈이다. ……

현실적이고 개별적인 인간이 추상적 시민을 자신 속으로 환수하고, 개별적 인간으로서 자신의 경험적 삶, 개별적 노동, 개별적 관계 속에서 유적 존재가 되어 있을 때, 그리고 인간이 자기 '고유의 힘(forces propres)'을 사회적 힘으로 자각하고 조직하며 따라서 그 사회적 힘이 더 이상 정치적 힘의 형태로 자기 자신으로부터 분리되지 않을 때, 비로소 인간 해방이 완성된다.

2장_
인권은 자격을
묻지 않는다

결핍으로
부터의
자유

〈네 가지 자유에 관한 일반 교서〉, 1941
〈열한 번째 일반 교서〉, 1944
프랭클린 루스벨트

"궁핍한 인간은 자유로운 인간이 아니다."

자유를 흔히 억압과 간섭이 없는 상태로만 생각한다. 그러나 이것은 자유의 소극적인 규정이다. 자유를 넓게 보는 것, 자유의 적극적인 규정을 살펴보는 것이 필요하다. 몸과 정신이 구속당한 인간도 자유롭지 못하지만, 굶주리고 아파도 치료받을 수 없거나 배우고 싶어도 배울 기회가 없고 일하고 싶어도 일할 수 없는 인간도 자유롭지 못하긴 마찬가지이다. 이런 기본적인 것들이 결핍된 경제·사회적 부자유는 인간을 무력하게 만든다. 무력함은 정치적 부자유를 낳을 수 있다. 여러 가지 자유들은 서로 다른 자유인 것 같지만 떼려야 뗄 수 없는 관계에 있으며, 시로를 해치기도 하고 깅화하기도 한다. 공포로부터 자유로워야 결핍으로부터 자유로운 삶을 추구할 수 있다. 결핍으로부터 자유로워야 자유를 온전히 쓸 수 있다.

미국 제32대 대통령 프랭클린 루스벨트(Franklin Delano Roosevelt)는 1941년 1월 의회에서 〈네 가지 자유에 관한 일반 교서〉를 발표하면서 '결핍으로부터의 자유(Freedom from want)'를 미래의 비전 가운데 하나로 제시했다. 이어 '결핍으로부터의 해방'이라는 표현은 1941년 8월 루스벨트와 처칠의 공동 선언인 〈대서양 헌장(Atlantic Charter)〉(1941)에 담기게 되며, 루스벨트의 〈일반 교서〉에서 거듭 천명됐다. 특히 1944년 〈열한 번째 일반 교서〉에서 루스벨트는 "궁핍한 인간은 자유로운 인간이 아니다"라고 규정하고 노동의 권리, 적절한 식량과 주거의 권리, 의료 보호의 권리, 교육의 권리 등을 '제2의 권리장전'으로 받아들일 것을 촉구했다. 이런 견해가 뒤에 〈세계 인권 선언〉으로 이어진 〈국제 인권 장전(International Bill of Human Rights)〉*의 중요한 초고 중 하나인 아메리카법률연구소(ALI)의 제안에도 반영됐다.

인권의 갈 길, 사회적 권리 |

사회권 옹호자들은 정치적 함의와는 무관하게 '결핍으로부터의 자유'라는 표현을 즐겨 사용한다. 경제·사회적 권리, 즉 사회권이 국내외 인권 목록에 오르게 된 배경을 단순하게 설명하기 어렵다. 인간이 그 존엄성에 걸맞은 생활을 할 수 있어야 한다는 생각은 다양한 종교적·철학적 배경에 자리하며, 그를 쟁취하기 위한 길고 험난한 투쟁 속에 뿌리박고 있기 때문이다. 다만 이른바 '2세대 권리'라고 일컬어지는 사회권은 대공황과 사회주의 혁명, 세계대전의 소용돌이를 겪으면서 국제 인권의 의제로 등장했다는 것이 일반적인 견해이다.

대공황과 뒤이은 전쟁이 가져온 고통은 참담했다. 경제 위기와 대규모 실업 문제는 한편에서 파시즘의 기세를 북돋우기까지 했다. 이런 상황에서

---

* 1948년 〈세계 인권 선언〉을 채택한 유엔은 이를 보다 발전시켜 국제 인권 조약으로 만들려 했다. 20여 년의 논쟁을 거쳐 1966년 12월 〈경제적·사회적·문화적 권리에 관한 국제 규약〉과 〈시민·정치적 권리에 관한 국제 규약〉을 채택했다. 이 두 규약과 〈세계 인권 선언〉을 합해 '국제 인권 장전(Internatonal Bill of Human Rights)'이라 한다.

방직공장에서 일하는 소녀의 모습을
담은 루이스 하인(Lewis Wickes Hine)의
사진(1909). 굶주리고 헐벗은 이들에게
자유란 단지 억압과 간섭이 없는 상태가
아니라 경제적 안정과 독립을 보장받을
수 있는 권리이다.

국가의 시장 불간섭, 국가 역할 축소 같은 전통적 인권 개념에서 생겨난 국가의 역할론은 수정될 수밖에 없었다. 국가는 정치적 자유와 복지를 결합해 재정 지출을 늘리고 빈곤 문제를 해결해야 했다. 자본주의 국가는 사회주의 혁명과 그것을 강력한 대안으로 여기는 세계 곳곳의 여론도 의식해야 했다. 의사 표현의 자유, 신앙의 자유, 결핍으로부터의 자유, 공포로부터의 자유, 이 '네 가지 자유'는 이런 배경에서 등장했다.

루스벨트 대통령의 〈네 가지 자유에 관한 일반 교서〉는 어디까지나 '현실' 정치인, 그것도 세계에서 가장 강력한 국가의 정치인이 쓴 수사적 표현이라는 점을 염두에 두어야 한다. 미국이 제2차 세계대전에 참전하기 위한 국내 여론을 조성하고 대외정책 수정에 지지를 이끌어내는 방편으로 인권을 앞세웠다는 의견이 있다. 정치적 목표를 달성하기 위해 인권을 동원한 초기 사례에 해당한다고 할 수 있다. 자유에 대한 호소는 국가의 이익이 아니라 뭔가 더 심오한 것을 위하고 있다는 인상을 국민에게 주기 위한 목적이라고 보는 견해이다. 과거나 지금이나 대부분의 사람들은 '자유'에 대해 반대하기 쉽지 않다. '어떤' 자유를 위해 싸우느냐를 가리지 않고 '자유를 위한 성전(聖戰)'을 무조건 지지하는 행태가 낳은 폐해를 최근 이라크 전쟁에서 똑똑히 목격하고 있기도 하다.

또한 '결핍으로부터의 자유'를 내세우고는 있지만 어디까지나 자유방임형 경제에 복지정책을 버무린 것에 지나지 않는다는 비판도 있다. 사회 불안에 대응하는 복지의 주창이 시민의 기본적 자유를 침식할 수 있다는 우려가 담겨 있다. 루스벨트는 대공황 시기에 사회주의적인 시각이 드러나는 의사 표현을 철저히 탄압했다. 또한 〈네 가지 자유에 관한 일반 교서〉를 발표한 1941년 말, 일본이 진주만을 공격하자 11만 명에 달하는 무고한 일본계 미국 시민을 집단수용하기도 했다.

〈네 가지 자유에 관한 일반 교서〉가 미국과 세계의 이해관계와 긴장관계 속에서 탄생했다고 해서 그 의미가 완전히 훼손되는 것은 아니다. 다만 그 목표를 안정적으로 추구하려면 평화가 보장되어야 했다. 총력전으로 표현되는 국가 간의 거대하고 참담한 폭력 행위를 방지하려면, 세계 평화를 유지하고 인권을 존중하고 보장하는 데 기여할 수 있는 강력한 국제기구의 건설이 필요했다. 〈네 가지 자유에 관한 일반 교서〉는 그 같은 원칙에 바탕을 둔 국제기구의 건설을 주창하는 것으로 이어졌다.

〈네 가지 자유에 관한 일반 교서〉가 발표된 이후 반세기 이상의 시간이 흘렀다. 그러나 아직 결핍이나 공포, 그 어느 것 하나로부터도 자유롭다고 말할 수 없는 현실이다. 그렇기에 누구의 입으로 표현됐든 '결핍과 공포로부터의 자유'는 우리가 같이 꾸는 꿈이고 함께 일구는 현실이어야 함은 변하지 않는 사실이기도 하다.

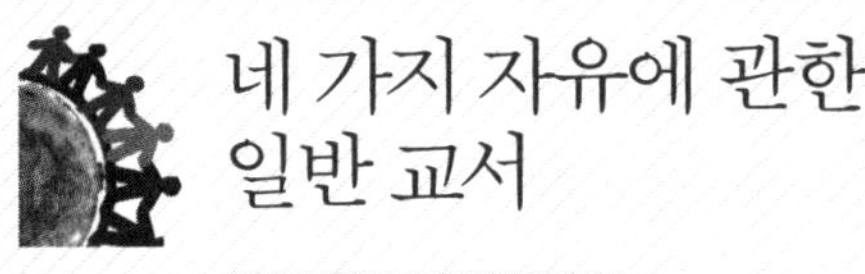

네 가지 자유에 관한
일반 교서

FOUR FREEDOMS SPEECH

프랭클린 루스벨트, 1941년 1월 6일

……우리가 안전하게 만들고자 애쓰고 있는 가까운 장래에, 네 가지 기본적인 인간 자유 위에 세워진 세계를 대망하고 있다.

첫째, 언론과 의사 표현의 자유이다.

둘째, 모든 사람이 자기 방식대로 신앙생활을 할 수 있는 자유이다.

셋째, 결핍으로부터의 자유이다. 알기 쉽게 말하면, 세계 각국이 그 주민에게 건강하고 평화로운 생활을 할 수 있도록 보장하는 경제적 조치를 의미한다.

넷째, 공포로부터의 자유이다. 알기 쉽게 말하면, 어떤 나라도 다른 나라에게 물리적 공격 행위를 할 수 없을 정도의 철두철미한 전 세계적 군비 축소를 의미한다.

(이하 생략)

열한 번째 일반 교서

프랭클린 루스벨트, 1944년 1월 11일

우리는 진정한 개인의 자유란 경제적 안정과 독립 없이 있을 수 없다는 사실을 분명하게 깨닫게 됐다. '궁핍한 인간은 자유로운 인간이 아니다.' 굶주리고 직업을 잃은 사람은 독재가 자랄 수 있는 바탕이 된다.

오늘날 이런 경제적 진실은 자명한 것으로 받아들여지게 됐다. 우리는 신분이나 인종, 또는 신념에 상관없이 모든 사람을 위한 안전과 번영의 새로운 기초로서 이른바 제2의 권리장전을 받아들이게 되었다.

이것은 산업·상점·농장·광산 등에서 유익하고 유리한 직업을 가질 권리, 적절한 식량과 의복과 여가를 제공할 수 있는 충분한 소득의 권리, 자신과 가족에게 존엄한 삶에 합당한 가격에 농작물을 가꾸고 팔 수 있는 농부의 권리, 국내외에서의 부당한 경쟁과 독점으로부터 자유로운 환경에서 거래할 수 있는 크고 작은 모든 사업가의 권리, 모든 가정이 알맞은 집을 가질 권리, 적절한 의료 혜택을 받을 권리와 건강을 얻고 누릴 기회, 노령·질병·사고·실업이라는 경제적 공포로부터 적절한 보호를 받을 권리, 좋은 교육에 대한 권리 등이다.

이 모든 권리는 안보를 의미한다. 이 전쟁에서 승리하고 나면 우리는 이들 권리를 이행하면서 인간의 행복과 복지라는 새로운 목표를 향해 나아갈 준비를 해야만 한다.

(이하 생략)

빈곤을
폭로하다

〈런던 부랑인의 절규〉, 1883
앤드류 먼스

"빈민이 사는 '집(home)'의 조건이라고 말하지 않겠다.
들짐승의 굴과 비교할 때 동물이 사는 굴이 더 안락하고 건강한 곳으로
여겨질 정도라면 어떻게 집이라고 부를 수 있겠는가?"

1883년 영국에서 출간된 한 팸플릿은 세상을 경악케 하고 빈곤을 '발견'하게 한 문서로 알려져 있다. 무엇을 보고 경악했을까? 19세기 산업이 발달하면서 새로운 직업들이 많이 생겨났다. 하지만 노동자가 손에 쥔 임금은 보잘것없었다. 15시간에서 17시간에 이르는 중노동을 하면서도 1실링의 최저임금을 받고 있었다. 그나마 일자리도 거의 계절노동과 임시노동이어서 지속적인 수입을 보장받지 못하고 고용주의 필요에 따라 잠시 고용될 뿐이었다. 노동 조건만 그런 것이 아니었다. 그들 가족이 사는 방은 약 0.7제곱미터(0.21평)에 불과했다. 더군다나 주변은 더러운 물과 쓰레기 더미로 범벅이었고 유독하고 고약한 냄새가 진동하는 등 위생 사정도 열악했다. 이런 환경에서 아이들이 건강하게 자라나길 바라는 것이 더 이상할 지경이었다. 질병, 폭력적 범죄, 살기 위한 성매매 등도 그들 앞에 놓인 덫이었다.

　　아무리 열악하다 해도 빈곤은 엄연한 현실이었을 텐데 왜 '발견'됐을까? 인권으로서 사회권을 인식하기 이전에 빈곤은 죄악이었다. 산업 혁명 속에서 경제 성장과 번영 덕분에 눈에 띄게 생계가 곤란한 이들은 줄어든 것으로 여겨졌다. 보다 숙련된 노동자의 살림살이가 나아졌으니 많은 중산층은 빈곤이 성공적으로 퇴치되었다고 여겼다. 이 번영의 시기에 가난한 자가 있다면 그것은 그 자신이 인간말짜, 게으르고 나쁜 습관을 고치지 못하고 도덕적으로 타락한 탓이라 여겼다.

　　가난한 자를 구제하는 일은 가치 있는 빈민과 인간말짜의 구분에서 시작됐다. 거지 근성을 가진 빈민의 성격적 결함과 행동을 고치는 것이 빈곤 문제에 접근하는 방식이었다. 그런 관점에서 빈곤은 보이지 않는 문제였고, 의식의 변화에 따라 '발견'된 것이다. 그곳이 원래 있었고, 그곳에 사람도 살고 있던 신대륙을 '발견'했다고 말하는 것처럼. 그러나 빈곤이 개인의 성격적 결함 탓이든 발견한 것이든 비참한 생활에서 벗어날 수 있다면 아무래도 좋았을 것이다. 그러나 빈민은 사라지지도 줄어들지도 않았다. 전례 없이 국

부가 늘어날수록 빈곤도 늘어났다.
〈런던 부랑인의 절규〉와 함께 쏟아져 나온
빈곤의 참상을 고발한 다양한 증언들은
빈곤이 더 이상 개인 탓만이 아니라 사회적
차원의 문제임을 드러냈다.

부가 늘어났지만 많은 이들의 삶에는 여전히 박탈과 불행이 웅크리고 있다는 사실이 속속 드러났다.

여러 사회활동가와 저널리스트는 빈민의 실상을 고발하며 빈곤 문제에 대해 논쟁을 펼쳤다.《올리버 트위스트》(1838)에서 런던 뒷골목을 무대로 사회악의 실상을 적나라하게 고발한 찰스 디킨스(Charles Dickens)는, 1857년 런던 동부 빈민가를 직접 방문하고 〈경계 너머의 런던 주민(Londoners Over the Border)〉을 써서 열악한 환경에서 생활하는 빈민의 삶을 다시 들춰냈다. 계속해서 옥타비아 힐(Octavia Hill)의 〈런던 빈민을 위한 집(Homes for the London Poor)〉(1883), 아놀드 화이트(Arnold White)의 〈거대 도시의 문제 (Problems of a Great City)〉(1887) 등 당대의 빈곤 문제를 분석하는 글들이 쏟아져 나왔다.

빈민의 실상을 전하는 글들은 아주 다른, 먼 이방의 이야기를 묘사하는 듯이 받아들여지기도 했다. 실상을 전혀 모르는 사람들이 인정하려 들지 않는 내용, 연애소설에 익숙한 독자들이 읽을 수 없는 참혹한 내용들이었다. 간혹 앤드류 먼스(Andrew Mearns)의 〈런던 부랑인의 절규(The Bitter Cry of Outcast London)〉(1883)와 같이 자극적인 제목의 글들도 있었다. 이런 글들이 상상을 넘는 처참함과 칠흑 같은 어두움을 담고 있었다 해도 그것은 소설이 아닌 엄연한 사실이었다. 이 글들은 빈곤이라는 최악의 사회문제를 드러내고 그것의 해결이 중대한 문제임을 일깨우는 데 기여했다.

개인의 기부와 자선만으로 해결할 수 없을 만큼 빈민의 수가 많다는 것, 빈곤의 원인이 성격적 결함 때문이 아니라는 것이 분명해졌다. 국부가 늘어나면 빈곤은 자연히 해결될 것이라는 믿음도 틀렸음이 확실해졌다. 빈곤 문제를 개인의 책임으로 몰았던 논리에서 벗어나 모든 사람에게는 사람으로서, 사람이기에 보장받아야 할 최소한의 권리가 있다는 의식이 생겨났다. 그것이 사회권이었다.

오늘날 우리 사회를 보자. 빈곤 문제를 발견하기 위해 '서울 부랑인의 절규' 같은 고발이 필요할까? 빈곤층 문제는 어제오늘의 일이 아니다. 산업화에서 밀려난 도시 빈민의 참상을 다룬 《난장이가 쏘아올린 작은 공》이 출판된 지도 30여 년이 흘렀다. 〈상계동 올림픽〉이라는 다큐멘터리가 땅에 굴을 파고 들어가 사는 빈민의 삶을 폭로한 것도 벌써 20년 전의 일이다. 달동네가 사라지고 판자촌이 사라졌다고 해서 우리 사회의 빈곤이 사라진 것은 아니다.

연구자들은 우리 사회의 빈곤층 규모를 8백만 명에서 1,200만 명으로 추산하고 있다. '공식적' 빈곤층만이 아니라 독거노인, 장애인, 여성 가장, 결식아동 등과 일자리를 얻지 못한 20~30대 젊은 빈곤층을 포함하는 수치이다. 이들 중 빈곤층을 위한 유일한 사회안전망인 국민기초생활보장제도 수급자는 백만 명이 조금 넘는다. 서울과 수도권의 비닐하우스에 사는 가구가 1만여 세대로 추정된다. 거리에서 죽어가는 노숙인이 매년 4백여 명에 이르고, 대도시에서만 하루 평균 세 명꼴로 생계 비관으로 목숨을 끊는다.

이들이 모두 일을 안 하거나 하기 싫어서 빈곤한 것은 아니다. 우리나라의 저임금 노동인구는 OECD 회원국 중 최고 수준이다. 전체 풀타임 노동자 중위 임금*의 2/3 이하를 저임금이라 하는데, 이 기준에 따르면 우리나라 전체 노동자의 1/3이 저임금 노동자이다. 게다가 평균 임금의 50퍼센트 이하를 받는 초저임금 노동자가 빠르게 늘어나 전체 노동자 열 명 중 한 명 이상이다. 당연히 비정규직이 저임금 노동의 80퍼센트 이상을 차지한다. 특히 여성일수록, 50세 이상 고령자일수록, 저학력일수록 저임금 노동자가 될 확률이 높다. 이들은 일을 하면서도 생활을 유지하기 어려운 노동빈곤층이다.

* 노동자가 받는 임금을 금액 순서대로 줄 세웠을 때 가장 중간에 자리하는 임금액.

비정규직 가운데 정규직으로 '탈출'할 확률은 열 명 중 한 명에 불과하고 대개는 오히려 실업 상태로 내몰릴 위험에 있다. 가난하면 빚을 지게 되고 누구도 돈을 빌려주지 않으니 신용불량자가 된다. 신용불량자를 포함한 금융 소외 인구는 7백만 명이 넘는다. 2008년 대한민국 빈곤의 현주소를 알려주는 이 숫자들은 빈곤이 다른 나라 이야기가 아님을 그대로 보여주고 있다.

그럼에도 우리는 여전히 빈곤의 원인을 개인의 모자람에서 찾으며, 가치 있는 빈민과 그렇지 않은 빈민을 구별하는 빅토리아 시대의 논리를 고집하고 있다. 발견되어야 할 것은 빈곤이 아니다. 발견되어야 할 것도 치유해야 할 것도 우리 사회의 양심이고 구조이다.

런던 부랑인의 절규:
비참한 빈민의 상황에 대한 조사

THE BITTER CRY OF OUTCAST LONDON:
AN INGUIRY INTO THE CONDITION OF THE ABJECT POOR

앤드류 먼스, 1883년

……최근까지 기독교회는 빈민 구제를 일부 외곽 조직의 활동으로 만족해왔거나 더 나쁘게는 개인의 문제로 돌리거나 조직도 없는 소수의 기독교인에게 맡겨왔다. 또한 피상적이고 부적절한 지역 방문과 다소 무차별적으로 물질적 자선을 베풀고 극빈자가 모이는 몇 개의 방을 여기저기에 개설하는 것에 만족해왔다. 물론 그런 일들로 소수가 구제받았다. 이 모든 것은 그 방식에서 선하디 선한 일을 해온 것이다. 그러나 그 모든 일들은 가난과 비참함, 더러움과 부도덕으로 아주 음울한 지역의 가장자리만 슬쩍 건드리는 것에 지나지 않는다.

……우리는 사실을 직시해야만 한다. 사실을 보고 죄악과 비참함의 끔찍한 홍수가 우리를 덮치고 있음을 확실히 깨달아야 한다. 그 수위는 지금도 나날이 높아가고 있다. 이 글은 극빈자의 실제 상태와 가장 효과적인 대책을 찾기 위한 오랫동안의 끈기 있고 진실한 조사의 결과이다.

……두 가지 사항을 반드시 염두에 두었으면 한다. 첫째, 여기서 서술된 정보는 선별한 사례가 아니다. 집집마다, 골목마다, 거리거리마다 보이는 상태를 단지 드러낸 것이다. 둘째, 절대로 과장하지 않았다. 명백한 사실을 꾸밈없이 서술한 것이다. ……

빈민이 사는 곳의 조건

빈민이 사는 '집(home)'의 조건이라고 말하지 않겠다. 들짐승의 굴과 비교할 때 동물이 사는 굴이 더 안락하고 건강한 곳으로 여겨질 정도라면 어떻게 집이라고 부를 수 있겠는가?

이 글을 읽는 사람들 중에는 치명적인 인간의 빈민굴이 무엇이며, 노예선의 가운데 통로에 있는 듯한 공포에 휩싸인 채 수만 명의 빈민이 어디에서 한데 우글거리고 있는지를 아는 이가 거의 없을 것이다. 그들에게 가려면, 사방에서 쏟아져 당신 발밑을 흐르는 더러운 물과 쓰레기 더미에서 피어오르는 유독하고 고약한 냄새로 찌든 골목에 들어가야 한다. 그 골목들 대부분에는 햇볕이 전혀 들지 않고, 신선한 공기가 전혀 들어오지 않으며, 한 방울의 깨끗한 물도 없다.

썩은 계단을 올라야 한다. 발걸음을 옮길 때마다 삐걱거리고, 일부는 이미 무너져 내려 방심하면 팔다리나 생명을 잃을 수도 있는 구멍이 있다. 해충이 기어오르는 어둡고 더러운 복도를 더듬어 가야만 한다. 그러고 나면, 당신이 참을 수 없는 악취에도 물러나오지 않는다면, 당신에게 한 것처럼 그리스도가 대속한 인종에 속하는 수천 명의 존재가 무리지어 있는 곳에 들어갈 수 있다. 철길 아래에서, 짐수레나 큰 통 속에서, 또는 야외에서 찾을 수 있는 어떤 잠자리에서건 잠을 자고 있는 가련한 피조물을 동정한 적이 있는가? 이곳에 잠자리를 구한 이들의 운명과 비교할 때 그들이 더 부러울 정도라는 걸 알게 될 것이다. 0.7제곱미터, 이 많은 방들의 평균 크기이다. 벽과 천장은 오랜 세월 방치된 때가 뭉쳐 검은색이다. 머리 위 깨진 판자 틈 사이로 새어나온 오물은 벽을 타고 내려오거나 여기저기에 떨어진다. 창문이라 부를 수 있는 것은 바람과 비를 막기 위해 절반이 넝마나 판자로 막혀 있다. 나머지 부분도 아주 더럽고 흐릿해서 빛이 거의 들어올 수 없고 밖이 내다보이지 않는다. 열려 있거나 깨진 창틈으로 신선한 공기가 그래도 좀 들어올 것이라 기대하고 다락으로 올라가면 낮은 집들의 지붕과 선반을 보게 될 것이고, 방 안으로 들어오는 메스꺼운 공기는 죽은 고양이나 새들의 시체 더미나 그보다 더 혐오스러운 것들을 통과해야만 한다는 것을 알게 된다.

······이런 썩고 악취 나는 건물의 각 방에서 한 가족 때로는 두 가족이 살고 있다. 한 위생감독관은 어느 지하실에서 부부와 그들의 세 자녀, 그리고 네 마리의 돼지를 발견했다. 한 선교사는 또 다른 방에서 천연두를 앓고 있는 남자와 여덟 번째 해산을 하고 막 몸을 추스르고 있는 그의 아내와 반은 벌거벗은 채 먼지로 뒤덮여 뛰어다니는 아이들을 만났다. 어떤 지하 부엌에는 일곱 명의 사람이 살고 있는데, 한켠에는 죽은 어린아이가 누워 있다. 또 다른 방에는 가난한 과부와 세 명의 아이, 그리고 죽은 지 13일이 된 아이가 있다. 그녀의 남편은 마부였는데 얼마 전에 자살했다. ······초저녁에 아이들을 거리로 내모는 어머니가 있다. 자정이 훨씬 지난 시간까지 부도덕한 목적으로 방을 세놨기 때문이다. 이 가련한 어린아이들은 다른 잘 곳을 찾지 못하면 그 시간이 돼서야 슬금슬금 기어 들어온다. 침대라는 것도 더러운 넝마와 대팻밥이나 짚단 더미에 지나지 않는다. 하지만 이 불쌍한 아이들이 쉴 수 있는 곳은 더러운 판자 위 뿐이다. 이 방에 세 들어 사는 과부는 침대만을 차지하고 바닥은 결혼한 부부에게 임대했다. ······

빈곤

······우리가 말하는 빈곤은 정직하게 살려는 사람들의 빈곤이다. ······트위드 바지를 만드는 한 여인에게 하루에 얼마를 버느냐고 물었더니 1실링이라 한다. 그런데 이 가련한 영혼에게 하루는 뭘 의미하는가? 17시간이다! 그녀는 아침 5시부터 밤 10시까지 일한다. 식사할 짬도 없다. 일하면서 빵껍데기를 먹고 약간의 차를 마신다. ······이들은 가족 소득의 절반을 이런 끔찍한 동네의 임대료로 지불하고, 일용할 음식과 옷과 연료를 위해 남겨지

는 돈은 4다임에서 6다임에 지나지 않는다. 빈민의 고통스런 얼굴은 노예제와 악명 높은 억압의 땅에 비할 바 없을 지경이다. 그러나 이게 전부가 아니다. 이런 빈곤과 타락의 심연에까지 교육법이 미치고 있다. 그 목적이 아무리 유익한 것이라 할지라도 교육법으로 인해 우리가 묘사한 이 계급은 잔인한 짐을 걸머져야 한다. 이들에게 서너 명의 아이 각각에 대한 일주일에 2펜스나 1페니의 수업료는 그만큼 먹을 것이 줄어든다는 뜻이다.

이런 빈곤과 지저분함 속에서 사람이 지속적으로 가슴 찢어지는 고통의 광경을 대면해야 하는 일은 불가피하다. ……

해야 할 일

……우리는 국가의 개입 없이는 어떤 효과적인 것도 대규모로 성취할 수 없다는 사실을 지적하지 않을 수 없다. 그리고 이것은 사실이다. 이 저주받은 사람들은 어딘가에서 살아야만 한다. 그들은 일거리가 있는 중심가 근처에서 살아야만 한다. 그들은 기차나 전차로 교외로 나갈 여유가 없다. 야위고 굶주린 몸으로 1실링 또는 그 이하를 벌기 위해 12시간 이상 노동하는 것도 모자라 어떻게 편도 5~6킬로미터를 걸으라고 한단 말인가? 어떤 면에서 노동자 주거법(The Artisan's and Labourers' Dwellings Improvement Act, 1875)은 빈민의 상황을 더 악화시켰다고 할 수 있다. 쾌적한 주거 시설을 건설한답시고 넓은 구역에서 빈민을 몰아냈지만, 이들 주거 시설의 임대료는 극빈자의 수입을 훨씬 넘는 것이었다. 빈민은 숨 막힐 듯한 곳에 더욱 밀집해 살도록 내몰렸다. 빈민은 비록 그것이 살아 있는 무덤 같다 할지라도 어딘가에는 살 곳을 마련해야만 하기 때문에 부자가 거주하기에 부적합하다고 판정된 부동산을 사들인 악덕 업자는 그것을 금광이라고 속이고 고통 속에 있는 빈민에게서 임대료를 챙기고 있다.

국가는 이런 사악한 매매를 빨리 없애야만 한다. 극빈자에게 시민의 권

리를 보장해야 한다. 열병의 소굴보다는 나은 곳에 살 권리, 가장 지저분한

야수보다는 나은 존재로서 살 권리를 보장해야 한다.

권리를 가지기 위한 권리, 교육권

〈교육의 차별 금지 협약〉, 1960
유네스코

"교육은 인간성의 원숙한 발달과 인권 및 기본적 자유에 대한
존중의 강화를 지향해야 한다. 교육은 모든 국가나 인종적 또는
종교적 집단 사이의 이해, 관용 및 친선을 증진시켜야 하며,
평화 유지를 위한 유엔의 활동을 지원해야 한다."

"전쟁은 인간의 마음속에서 비롯되는 것이므로 평화 수호의 방벽도 인간의 마음속에서부터 구축되어야 한다." 유네스코(UNESCO. 유엔 교육과학문화기구)의 창립 정신이다. 그리고 이 정신에 따라 교육을 통한 인류 연대, 인권과 평화의 실현을 목표로 만든 문서가 〈교육의 차별 금지 협약〉이다. 1960년 12월 14일 유네스코 총회에서 채택되었고, 1962년 5월 22일에 발효되었다. 2009년 7월 현재 협약 참여국 수는 96개국이다. 남북한은 모두 참여하지 않았다.

그런데 교육을 이야기하려면 먼저 차별을 짚고 넘어가야 한다. 현대의 인권 기준은 두 차례에 걸친 세계대전의 폭탄비와 피바다 속에서 인류가 얻은 뼈아픈 결과였다. 하지만 입으로 차별 철폐를 외친다고 해서, 정말로 '센' 법률을 제정한다고 해서 차별이 해소되지 않는다는 사실을 우리는 잘 알고 있다. 재산이나 학력 같은 차이에 상관없이 모든 국민은 평등한 주권자

라는 말을 귀가 닳도록 들어왔다. 그러나 차별은 줄어들거나 사라지지 않고 그냥 내팽개쳐 있는 것이 현실이다.

이기심과 자유경쟁이 판치는 시장에서 사적 차별은 제멋대로 '갈 지(之)'자를 그린다. 국가의 법률이나 국제 기준에 따른 차별은 반차별 조항에 의해 철폐된다. 그러나 이와 반비례해서 각종 증오와 반감, 즉 사적 차별이 늘어가는 것도 현실이다. 인종 차별을 법으로 금지했다고 사업장에서의 인종적 반감이나 차별이 사라지지 않듯이 말이다. 오히려 각종 법률이나 규제 속에 반차별 조항이나 원칙이 등장한다는 사실 자체가 현실에서의 차별이 얼마나 심각한지를 보여주는 '반면교사'라고 할 수 있다. 이렇게 헌법의 평등 조항은 현실에서의 불평등에 무력하기 짝이 없기 때문에 인권의 주인들은 더욱더 적극적인 국가의 노력을 요구하는 것이다.

배워야 한다, 배울 수 있어야 한다 |

〈교육의 차별 금지 협약〉은 바로 이런 맥락에서 만들어졌다. 제2차 세계대전 이전의 교육이 지식을 다음 세대로 전달하고 가르친다는 의미에 머물렀다면, 전후에는 보다 적극적으로 '역량 강화'를 뜻하게 되었다. 교육권이란 정해진 내용을 수동적으로 주입받는 것이 아니라, 스스로의 권한을 강화하고 창조해나가는 과정이다.

〈교육의 차별 금지 협약〉에서 말하는 교육이란 "모든 유형과 단계의 교육을 가리키며, 교육에 대한 접근, 교육의 수준과 질, 그리고 주어진 교육 여건"(제1조)을 통틀어 의미한다. 교육은 "인간성의 원숙한 발달과 인권 및 기본적 자유에 대한 존중의 강화를 지향"하는 것이어야 하며, "모든 국가나 인종적 또는 종교적 집단 사이의 이해, 관용 및 친선을 증진"(제5조)하는 수단이기도 한다. 알 수 있어야, 그리고 글을 읽고 쓸 수 있어야 교육의 권리에 다가설 수 있고 다른 권리에 접근할 수 있다.

〈교육의 차별 금지 협약〉은 교육의 불평등을 없애기 위해 다음의 세 가지를 대원칙으로 제시하고 있다. 첫째, 모든 사람이 차별 없이 모든 교육 기관과 프로그램에 접근할 수 있어야 하며, 둘째, 안전한 물리적 조건하에서 이뤄져야 하며, 셋째, 모든 사람이 (경제적 및 기타 이유를 불문하고) 감당할 수 있는 것이어야 한다.

의무교육의 전제 조건은 '무상'이다. 무상교육이 아니면 의무일 수 없다. 무상이 아니라면 교육에 평등한 접근권이 있다고 말할 수 없다. 국제 인권 기준도 무상이라는 전제에서 교육을 '의무'로 규정하고 있다. 여기서 의무란 국가가 무상교육을 보장해 돈 걱정 없이 자녀를 학교에 보낼 수 있는 조건이 충족된 상태여야만 부모가 자녀에 대한 의무를 방임할 수 없다는 의미이다. '최소한' 초등교육만큼은 무상이어야 한다는 원칙은 다른 단계 교육으로의 확장을 함축한다.

세계 10위권의 경제력을 갖춘 우리나라에서 초·중등 무상교육을 실시하는 것은 결코 자랑일 수 없다. 소득 수준은 사교육비 지출과 비례하고 학업성적과 비례한다는 지적은 어제오늘의 일이 아니다. 사회·경제적 불평등을 고치기 위한 교육이 불평등 유전의 원천이 되고 있는 것은 심각한 인권 침해이다. 교육의 불평등을 염려하는 교육단체나 언론은 우리나라에서 대학교육까지 무상교육을 실현하는 일이 결코 불가능하지 않다고 얘기해왔다. GDP 대비 6퍼센트의 교육 재정만 확보해도 초등학교에서 고등학교까지 교육비를 중당하고도 수조 원이 남으며, 이를 내학에 두사하면 무상교육의 '꿈은 이루어진다'고 주장했다.

그런데 우리나라에서 중학교까지 실시하고 있는 무상교육도 진정한 의미에서 무상 공교육이라 볼 수 없다. 법적으로는 무상일지 모르지만 실제로는 많은 돈을 개인이 부담한다. 공교육 과정에서 당사자가 사적으로 지불해야만 하는 교육비가 너무 많기 때문이다. 대학만이 아니라 무상교육 단계에서부터 그렇다. 게다가 우리나라의 사교육비 지출은 천문학적 수준이라는 것을 누구나 안다. 유엔 교육특별보고관은 이것을 '공교육의 민영화(privatization of public education)'라고 비판했다. 거죽은 공교육일지 모르지만 속은 사교육비로 채워져 있기에 이를 공교육이라 부를 수는 없다는 말이다. 사교육비를 지출하지 않는 학부모와 학생이 '마음 놓고' 학교에 다닐 수 있느냐는 질문을 받았을 때 "예"라고 답하지 못한다면 그 교육은 권리가 아니라 돈 주고 사는 상품이다.

교육권, 인권의 열쇠 |

유엔 교육특별보고관은 교육권 보장을 위한 국가의 의무로서 네 가지 요소를 지적했다.

첫째, 가용성(availability)이다. 모든 학령기 아동이 이용할 수 있어야 한다는 뜻이다. 그런데 모든 아동이 공립학교에만 다니는 것은 아니므로, 공립학교를 포함한 모든 교육 기관은 아동의 교육권 보장을 위해 최소한의 일치된 성격(국내외적으로 금지된 차별이 없어야 하며, 초등 무상교육 원칙이 보장돼야 한다)이 있어야 한다. 정부는 모든 교육 기관이 최소 기준을 지키도록 하고 차별과 배제 없는 통합교육을 보장해야 할 의무가 있다. 더불어 교육 기관의 설립, 감독, 재정 지원은 국제 인권법에 부응해야 하며, 모든 교육 기관에서 교사는 단결권을 포함해 국제적으로 보장된 권리를 누려야 한다.

둘째, 접근성(accessibility)이다. 교육은 모든 사람에게 평등하게 개방되어야 한다는 뜻이다. 이와 밀접한 문제가 교육비이다. 직·간접적인 교육비용, 통학비용 등의 장벽이 제거되어야 한다. 의무교육에서는 반드시 비차별적이고 감당할 만한 수준의 교육 접근성이 보장되어야 한다. 교육을 결코 상품으로 취급해서는 안 되며 시장이 실패하면 국가가 개입한다는 식으로 접근해서도 안 된다.

미얀마의 한 교실에서 유니세프가 제공한 교재로 공부하고 있는
어린 학생. 배워야 권리도 책임도 알게 된다. 그렇기에 교육의
권리는 다른 모든 권리를 위한 토대가 된다.

셋째, 수용성(acceptability)이다. 교육은 참여자들이 받아들일 만하다고
확인된 최소한의 기준을 보장해야 한다는 뜻이다. 최소한의 기준에는 교육
의 질, 안전, 건강한 환경이 포함된다. 학교 규율과 교수방법은 인권을 존중
하는 것이어야 한다. 예를 들어, 교육 참여자의 평등권, 프라이버시, 인격의
발전 등을 침해하는 처벌과 규제는 금지한다. 억압적인 환경에서 자란 아동
은 억압에 제대로 맞설 수 없으며, 억압 이외의 대안적인 시스템을 전혀 모
르기 때문에 스스로 억압의 상태에 놓이게 된다. 교육 과정을 통해 민주주의
와 인권을 습득하고 실현할 수 있게 해야 한다.

넷째, 적응성(adaptability)이다. 아동의 최선 이익을 위해 교육 내용과 과
정을 적절하게 변화할 수 있다는 뜻이다. 이 요소는 특히 일하는 아동을 위
한 교육에 주목한다. 물론 아동 노동과 착취를 금지해야 한다. 그래서 기초
교육을 마치는 나이와 고용, 결혼, 징병, 형사책임을 묻는 나이를 일치시킬
필요가 있다. 또한 일하는 아동에게 교육을 제공한다는 적극적인 노력이 있
어야 한다. 제3세계의 많은 아동은 일해야만 생존할 수 있다. 학령기 아동은
무조건 일하지 않고 학교에 있어야 한다는 식의 접근으로는 아동의 교육도

노동도 보호할 수 없다. 일하고 배우는 '주경야독' 식의 접근법이 필요하다. 아동의 노동 시간을 6시간 정도로 제한해 적어도 2시간 이상을 교육받을 수 있게 하고, 그 비용을 고용주에게 지불하도록 하는 국가도 있다. 빈곤한 가정에서 아동을 학교에 보내는 동안에는 최소한의 소득을 보장해주는 시도도 있다. 즉, 교육에서의 적응성이란 학교 밖의 교육도 적극 고려해야 한다는 의미이다. 자유를 잃은 아동(구금시설 등에 있는 아동), 난민 아동, 일하는 아동 등 교육기관에 접근할 수 없는 아동을 위한 교육을 적극적으로 고려해야 한다.

공식적인 교과 과정이 아동의 실제 삶과는 상관없이 (사실상 많은 아동이 갈 수 없는) 다음 단계의 상급 학교로 진학하기 위한 내용으로만 채워져 있는 것도 문제이다. 직업 교육을 진학 교육보다 낮게 여기는 인식에 변화가 필요하다. 교육 내용의 적응성은 교육을 통한 인권 보장을 염두에 둔다. 다른 세계와 문화·역사·성역할 등에 대해 공정한 정보를 제공하고, 불평등·편견·차별의식과 싸울 수 있는 교육이 요구된다.

교육권은 흔히 인권 중의 인권이라고 일컬어진다. 유엔 교육특별보고관은 "교육은 다른 모든 인권을 풀어내는 열쇠"라고 표현했다. 교육권을 '자명'한 인권이라고 말하지만, 실천에서 그 열쇠가 제대로 맞지 않을 때가 많다. 전 세계적으로 교사를 백 명이라고 하면 군인이 적어도 150명가량 된다. 거래하고 소비하는 상품으로서의 교육이 교육권을 위협하고 있는 것은 널리 알려진 사실이다. 인권을 풀어내는 열쇠를 이런 식으로 소진해버려서는 안 된다. 다시 한 번 강조하지만, 교육의 권리가 중요한 이유는 그 자체가 인권이기도 하지만 그것이 없다면 다른 권리를 위해 나서거나 옹호하기 힘든 권리의 모태라는 의미가 있기 때문이다.

교육의 차별 금지 협약

CONVENTION
AGAINST DISCRIMINATION
IN EDUCATION

유네스코, 1960년

유엔 교육과학문화기구 총회는 1960년 11월 14일부터 12월 15일까지 파리에서 열린 제11차 회기에서,

〈세계 인권 선언〉이 비차별 원칙을 주장하고 또한 모든 인간은 교육을 받을 권리를 가진다고 선언하였음을 상기하고,

교육상의 차별이 그 선언에 천명된 권리의 침해임을 고려하고,

헌장의 규정에 따라 유네스코는 인권에 대한 범세계적인 존중과 균등한 교육 기회의 조장을 도모하기 위해 국가 간의 협력을 조직할 목적을 갖고 있음을 고려하며,

이에 유네스코는 각국 교육제도의 다양성을 존중하는 가운데 교육의 모든 차별을 금지함은 물론 교육에서 모든 사람의 기회와 처우의 균등을 촉진할 의무가 있음을 인정하고,

교육적 차별의 여러 측면에 관한 제안이 회기 의제 17.1.4항으로 상정되었고,

제10차 회기에서 이 문제는 회원국에 대한 권고뿐만 아니라 국제협약의 주제가 되어야 한다고 결정하여,

1960년 12월 14일 이 협약을 채택한다.

제1조 1. 이 협약의 목적상 '차별'이라 함은 인종, 피부색, 성, 언어, 종교, 정치적 또는 기타의 의견, 민

족적 또는 사회적 출신, 경제적 조건 또는 출생에 기인하여 교육의 처우 균등을 무효화하거나 손상하려는 목적이나 효과를 가진 모든 구별·배제·제한·특혜를 포함하며, 특히 다음을 포함한다.

> a) 어떤 사람 또는 집단에 대해 일정 유형이나 단계의 교육에 관한 접근을 배제하는 것.

> b) 어떤 사람 또는 집단을 저급한 수준의 교육에만 한정하는 것.

> c) 이 협약 제2조의 규정에 반해 사람 또는 사람 집단에 대해 별도의 교육제도를 수립하거나 유지하는 것.

> d) 어떤 사람 또는 집단에 대해 인간의 존엄과 양립할 수 없는 조건을 부과하는 것.

2. 이 협약의 목적상 '교육'이라 함은 모든 유형과 단계의 교육을 가리키며, 교육에 대한 접근, 교육의 수준과 질, 그리고 주어진 교육 여건을 포함한다.

제2조 다음과 같은 상황은 그 국가 내에서 허용된다면 협약 제1조에 따른 차별에 해당한다고 간주되지 않는다.

> a) 학생의 성별에 따라 분리된 교육 제도 또는 기관을 설치하거나 유지하는 것. 단, 동등한 교육 기회를 제공하고, 동일한 기준의 자격을 갖춘 교사진을 제공하며, 같은 수준의 교육 시설과 장비, 그리고 같거나 동등한 교육 과정을 이수할 기회를 제공해야 한다.

> b) 종교 또는 언어상 이유에 따라 학생의 부모나 법적 후견인의 희망과 합치하는 교육을 제공하는 분리된 교육 제도 또는 기관을 설치하거나 유지하는 것. 단, 그러한 제도에 참여하거나 그러한 기관에 출석하는 것은 선택에 의해야 하며, 제공되는 교육이 특히 동일한 단계의 교육을 위해 담당 기관이 작성하거나 승인한 기준에 부합해야 한다.

> c) 사립 교육 기관을 설치하거나 유지하는 것. 단, 그 기관의 목적이 특정 집단의 배제를 확실히 하기 위한 것이 아니라 공공기관이 제공하는 것에 추가되는 교육 시설을 제공하는 것이어야 하며, 그 기관이 위와 같은 목적에 따라 운영되고, 제공되는 교육이 특히 동일한 단계의 교육을 위해 담당 기관이 작성하거나 승인한 기준에 부합해야 한다.

제3조 이 협약에서 의미하는 차별을 불식하거나 방지하기 위해 당사국은 다음을 약속한다.

> a) 교육상 차별과 관련된 모든 법률 조항 및 행정 지침을 폐지하고, 관련된 모든 행정 관행을 중단한다.

> b) 필요한 경우 입법을 통해 학생이 교육 기관에 입학할 때 차별이 없을 것을 보장한다.

> c) 학비, 장학금, 기타 형태의 학생에 대한 지원, 외국 유학을 위해 필요한 허가나 편의 제공에서 능력이나 필요에 의한 경우를 제외하고는 공공기관에 의한 국민 간의 어떤 다른 처우도 허용하지 않는다.

> d) 공공 당국이 교육 기관을 지원할 때 학생이 특정 집단에 속한다는 이유만으로 제한이나 특혜를 허용하지 않는다.

　　　　　　　e) 자국 내 외국인 거주자에게 자국민에게 제공되는 것과 동일한 교육 기회를 제공한다.

제4조　협약 당사국은 상황과 국가 관행에 적합한 방법으로 교육 문제에서 동등한 기회와 처우를 증진시킬 수 있는 국가 정책을 수립·발전·적용할 것을 약속하며, 특히 다음을 약속한다.

　　　　　　　a) 초등교육을 무상·의무교육으로 한다. 다양한 형태의 중등교육이 모두에게 일반적으로 이용 가능하고 접근 가능하도록 한다. 고등교육은 개인 능력에 따라 모두에게 동등하게 접근 가능하도록 한다. 법률에 규정된 학교 출석 의무를 모두가 준수하도록 보장한다.

　　　　　　　b) 같은 단계의 모든 공교육 기관에서의 교육 수준이 동등하도록 보장하며, 제공되는 교육의 질과 관련된 여건들 또한 동등하도록 보장한다.

　　　　　　　c) 초등교육을 받지 않은 사람들과 초등교육 과정을 마치지 못한 사람들의 교육, 그리고 개인 능력에 따른 그들의 계속교육을 적절한 방법에 의하여 장려하고 강화한다.

　　　　　　　d) 교직에 대한 훈련을 차별 없이 제공한다.

제5조　1. 이 협약 당사국은 다음에 동의한다.

　　　　　　　a) 교육은 인간성의 원숙한 발달과 인권 및 기본적 자유에 대한 존중의 강화를 지향해야 한다. 교육은 모든 국가나 인종적 또는 종교적 집단 사이의 이해, 관용 및 친선을 증진시켜야 하며, 평화 유지를 위한 유엔의 활동을 지원해야 한다.

　　　　　　　b) 부모 또는 법적 후견인의 다음과 같은 자유를 존중하는 것이 필수적이다. 첫째, 공공 당국이 운영하지 않는 기관을 자녀의 교육 기관으로 선택할 자유. 단 이는 담당 기관이 작성하거나 승인한 기본적 교육 기준에 부합되어야 한다. 둘째, 그 국가 내에서 법률의 적용을 위해 따르는 절차에 합치되는 방식으로 자신의 신념에 따라 아동의 종교 및 도덕 교육을 확보할 자유. 어떤 사람이나 사람 집단도 자신의 신념과 일치하지 않는 종교 교육을 받도록 강요받지 않는다.

　　　　　　　c) 소수 민족의 구성원에게 학교의 운영과 함께 각국의 교육 정책에 따라 자신들의 언어를 사용하거나 가르치는 것을 포함해 스스로의 교육 활동을 수행할 권리를 인정하는 것이 필수적이다. 단, 다음을 조건으로 한다.

　　　　　　　　(i) 이 권리는 소수 민족 구성원이 공동체 전체의 문화와 언어를 이해하고 그 활동에 참여하는 것을 방해하거나, 국가 주권을 침해하는 방식으로 행사되어서는 안 된다.

　　　　　　　　(ii) 교육의 기준이 담당 기관이 작성하거나 승인한 일반적 기준보다 낮아서는 안 된다.

　　　　　　　　(iii) 그러한 학교에 참가하는 것은 선택에 의해야 한다.

　　　　　　2. 협약 당사국들은 이 조 제1항에 선언된 원칙의 적용을 보장하기 위해 필요한 모든 조치를 취할 것을 약속한다.

　　　　　　(이하 생략)

〈세계 인권 선언〉 중 교육 관련 조항

제2조 모든 사람은 인종, 피부색, 성, 언어, 종교, 정치 또는 그 밖의 견해, 민족적 또는 사회적 출신, 재산, 출생, 기타의 지위 등에 따른 그 어떤 차별 없이, 이 선언에 제시된 모든 권리와 자유를 누릴 자격이 있다. 나아가 개인이 속한 나라나 영역이 독립국이든 신탁통치 지역이든, 비자치 지역이든 또는 다른 주권상 제한을 받고 있는 지역이든, 그 나라나 자치령의 정치적·사법적·국제적 지위를 근거로 개인을 차별해서는 안 된다.

제26조 1. 모든 사람은 교육받을 권리를 가진다. 교육은 최소한 초등 및 기초 단계에서는 무상이어야 한다. 초등교육은 의무적이어야 한다. 기술교육과 직업교육은 일반적으로 이용할 수 있어야 하며, 고등교육도 능력에 따라 모든 사람에게 평등하게 개방되어야 한다.

2. 교육은 인격의 완전한 발전과 인권 및 기본적 자유에 대한 존중의 강화를 목표로 해야 한다. 교육은 모든 국가와 인종적 또는 종교적 집단 사이에서의 이해, 관용 및 친선을 증진하고 평화를 유지하기 위한 유엔의 활동을 촉진해야 한다.

3. 부모는 자녀에게 제공되는 교육의 종류를 선택할 우선권을 가진다.

왕의 종교를
정치적으로
실현하지 않겠다

〈관용법〉, 1689

"더불어 상술한 맹세를 하고 선언하고 서명한
모든 사람과 사람들(비국교도)은 어떠한 형벌, 벌금 또는 몰수를
면할 수 있고 ……영국국교회를 따르지 않음을 이유로 해서
어떠한 교회 재판소에서도 기소되지 않을 것이다."

인권 개념이 서구에서 기원했다는 것은 역사적 사실이다. 그리고 서구 사회에서 종교적 자유를 얻기 위한 노력이 모든 정신적 자유의 선구적 역할을 짊어진 것도 사실이다. 서구 봉건 사회에서 종교란 절대적, 아니 절대 그 자체였음을 역사 시간에 누누이 배워왔다. 종교는 오늘날 국가가 수행하는 기능을 거의 담당했고, 인간의 모든 활동을 요람에서 무덤까지 관장했다. 봉건 사회는 종교가 영원 절대의 진리 체계를 설교할 뿐 아니라 그것을 바탕으로 교회 권력이 강대한 질서로서 지배하는 사회였다고 해도 좋을 것이다. 그러니 여기에 도전한다는 것은 지옥의 불구덩이를 각오하지 않으면 안 될 일이었다. 하지만 그러한 도전 없이는 어떠한 내면의 자유도 양심의 자유도 얘기할 수 없었다.

'종교적 관용'이란 교회나 국가가 어떤 의견이나 신앙, 종교적 행위를 승인하는 것을 말한다. 그런데 여기에는 함정이 있다. 승인한다는 것은 승인하지 않을 수도 있다는 뜻을 포함한다. 게다가 관용하는 사람 따로 있고 관

용 받는 사람 따로 있었다. 관용되었다 할지라도 특정 종파의 사람은 공직이나 특정 직업을 가질 수 없었다. 즉, 종교적 관용은 종교적 자유와는 분명 다른 것이었다. 관용할 수 있는 권력은 관용하지 않을 수도 있기 때문에 그것은 인권이라 할 수 없었다.

영혼의 문제는 국가 소관이 아니다 |

그 대표적 예가 영국 〈관용법(Toleration Act)〉이다. 〈관용법〉은 1688년 명예혁명 이후 제정된 여러 법률 가운데 하나였다. 명예혁명은 종교 갈등에서 시작됐다. 국왕 제임스 2세는 가톨릭 신자였고 의회는 영국국교회(성공회)를 신봉하는 의원들이 차지하고 있었다. 가톨릭은 왕권신수설을 지지했지만 영국국교회는 이를 부정하고 나섰으니 부딪치지 않을 수 없었다. 의회를 장악하려는 국왕, 그런 국왕을 몰아내려는 의회는 갈등을 되풀이했다. 결국 의회는 제임스 2세를 몰아내고 윌리엄 3세와 메리 2세를 세웠다. 의회는 자신의 권리(요구)를 담은 〈권리장전〉에 국왕의 서명까지 받아내면서 혁명을 마무리했다. 가톨릭이 영국국교회에 그 자리를 넘겨주는 장면이기도 하지만, 새로운 사회 세력이 국왕마저 갈아치우는 장면이기도 했다.

이 와중에 제정된 법이 〈관용법〉이다. 영국국교회를 따르지 않는 신교도에게 신앙의 자유를 보장한다는 법률이다. 국왕이 신봉하는 교의를 정치적으로 실현하려는 의도를 버렸다는 점에서 이전 시대와는 획을 긋고 있다고 볼 수 있다.

하지만 이는 '누리는' 자유가 아니라 '베푸는' 관용이었다. 법에 따라붙는 긴 이름—'영국국교회의 반대자인 신교도 백성에게 일정한 법률의 형벌을 면제하기 위한 법(An Act for Exempting their Majesties Protestant Subjects Dissenting from the Church of England from the Penalties of Certain Laws)'—

에서도 이 법안의 성격을 엿볼 수 있다. 국교회가 중심에 있고, 신교도에게 베풀어준다는 의미였다. 그나마도 기울어가는 가톨릭은 관용의 대상에서 제외되었다. 신교도에 대한 관용이란 것도 형벌을 줄여준 것이 고작이었을 뿐 선서를 강요하는 등 많은 속박은 자유와 거리가 멀었다. 즉, 〈관용법〉은 '국가는 비국교도를 개종하려고 하지 않겠으니 대신 알아서 조용히 처신하라'는 메시지에 불과했다.

종교적 관용은 박해가 성공할 가능성이 없고 불안과 혼란만을 조장할 것이라는 판단 아래 권력이 감수하는 타협에 지나지 않았다. 종교개혁과 종교적 관용을 거쳐 종교적 자유로 고양되기까지는 여러 가지 사고방식과 원칙이 뿌리부터 바뀌어야 했다.

종교적 자유를 향한 투쟁에 시동을 건 것은 종교의식과 영리 활동 사이의 문제였다. 중세를 벗어나 새롭게 싹트기 시작한 자본주의 경제 활동은 낡은 종교관을 돌파해야 했다. 내세를 위한 준비로서 현세를 바라보는 도덕률, 현세에서의 부의 획득이나 추구를 가로막는 신성한 제재와 인습은 장애물로 여겨졌다. 천국의 이익이 아닌 지상의 이익을 확보하려는 자들은 체제로서의 종교적 지배에 저항했다. 불가침의 절대적 교리를 논의의 도마에 올림으로써 합리주의적 사고를 자극했고, 개인의 생활에 대한 전통적인 지배권을 느슨하게 만들었다. 그 중간 결과는 교회를 대신해 세속의 지배자가 인민이 신봉해야 할 종교를 결정하고 이단의 교리는 국가 권력으로 탄압하는 것이었다. 이것은 단지 하나의 권위가 다른 권위와 뒤바뀐 것뿐이었다.

그러다 점차로 국가에 대한 새로운 사고방식과 원칙을 요구하게 되었다. 이단을 근절하는 일이 국가의 의무라고 여겨지던 국민 교회의 시대를 지나 국교를 분리함으로써 개인의 종교적 자유를 성취하려는 사고가 힘을 얻기 시작했다. '사람의 영혼 구제 문제는 국가의 권한이 아니다. 국가의 임무는 사람들의 사회적 이익을 확보하고 유지하는 데 있다. 정신생활의 중추인 종교는 국가 권력이 관여할 수 없는 내면적 자유이다. 정부는 형벌이라는 외면적인 힘으로써 사람들의 내면적 확신을 없애거나 생기게 하는 일을 할 수 없다'는 논리였다.

극우 보수 종교가 국가 권력에 기대거나 나아가 국가 권력을 창출하고 조종하는 일을 지금도 볼 수 있다. 그런 종교가 앞장서서 세계를 향해 종교의 자유를 서슴없이 설교하는 것도 자주 본다. 이런 광경을 보면서 참된 종교의 자유는 대립의 지양이지 방임이 아니라는 것을 다시 한 번 생각하게 된다. 종교의 자유는 그것을 깨닫고 전개하는 과정에서는 〈관용법〉의 경우처럼 분명히 부분적이고 한정되고 모순된 것이었지만 종교의 자유에서 비롯한 인간 내면의 자유, 정신의 자유를 향한 요구는 변혁을 위한 행동에 필수적이었다는 사실을 다시금 되새기게 된다.

관용법: 영국국교회의 반대자인 신교도 백성에게 일정한 법률의 형벌을 면제하기 위한 법

THE TOLERATION ACT: AN ACT FOR EXEMPTING
THEIR MAJESTIES PROTESTANT SUBJECTS DISSENTING FROM THE CHURCH
OF ENGLAND FROM THE PENALTIES OF CERTAIN LAWS

1689년

어떤 사람은 종교 행사에 성실히 참여하는 것에서 양심의 평안함을 얻으므로 폐하의 신교도 백성을 이해와 호의로 통합하는 것이 효과적인 수단일 수 있다.

……가장 훌륭하신 국왕과 여왕 폐하에 의해, 성직자인 상원의원과 성직을 갖지 않은 상원의원의 충고와 동의로써, 그리고 현 의회의 하원의원들에 의해…… 가톨릭교도의 의원직 취임을 방지하는 법이 제정됐다.

……더불어 상술한 맹세를 하고 선언하고 서명한 모든 사람과 사람들(비국교도)은 어떠한 형벌, 벌금, 또는 몰수를 면할 수 있고…… 영국국교회를 따르지 않음을 이유로 해서 어떤 교회 재판소에도 기소되지 않을 것이다.

만약 영국국교회에 반대하는 자들의 회합이 자물쇠나 빗장이나 걸쇠로 잠긴 장소에서 종교 의식을 위해 열린다면, 그 회합이 열리고 있는 중 어느 때든지, 회합에 참여하려 한 자와 참여하고 있는 모든 자들은 상술한 맹세와 선언을 하고 서명했다 할지라도, 그 회합으로 인해 이 법으로부터 어떤 혜택도 받지 못하며 이 법에서 열거한 상기 법률들이 정한 형벌과 벌금에 처해질 것이다.

이 법에 담긴 그 어느 것도 상기한 사람들(비국교도)에게 십일조 납부 또는 기타 교구의 의무, 또는 교회나 성직자에 대한 그 어떤 의무를 면제하는 것으로는 해석되지 않을 것이며, 그 같은 이유로 교회 재판소나 그 밖의 다른 곳에서의 기소를 면제하는 것으로 해석되지 않을 것이다.

……기도 방식 통일령, 성례전 및 기타 의식의 집행, 영국국교회의 주교·사제·부제를 택하고 서품하고 성별하는 형식, 종교 행사를 위한 회합을 집전하는 법은 이 법률에 의해 허가되고 용납된다.

……그러한 사람(맹세하고 선언하고 서명한 비국교도)은 어느 때든지 자물쇠·빗장·걸쇠를 풀지 않고서는 어느 곳에서나 설교해서는 안 된다.

……모든 치안판사는 장차 어느 때든지 종교 행사를 위한 회합에 가려는 자에게 상기한 선언을 하고 서명할 것을 요구할 수 있고, 또한 상술한 맹세 또는 이하에서 언급된 충성 선언을 요구할 수 있다. 맹세를 주저하고 거부하는 자가 있으면 치안판사는 그 자를 보석 없이 투옥해야 한다. ……그러한 자가 일반 재판소나 사계 법원*에서의 2차 제출에서도 상기한 선언과 서명을 거절한다면, 그 자의 거부는 그때 그 자리에서 기록되며, 그때부터 가톨릭의 영국국교회 기피 죄인에 해당하는 모든 의도와 목적을 가진 것으로 간주되며, 그에 따라 상기한 모든 법률에 따른 모든 형벌과 벌금을 치러야 할 것이다.

……영국국교회의 반대자들이 해야 할 선서는……"나는 어떤 외국의 왕족이나 사람, 고위 성직자, 국가, 군주도 이 왕국 내에서는 권력도, 관할권도, 우월성도, 고귀함도, 교회에 관한 권위나 성직의 권위도 가질 수 없음을 선언합니다."

그리고 다음과 같은 말로써 기독교적 신앙의 공언에 서명해야 한다. "나는, 아버지 하나님…… 예수…… 성령에 대한 신앙을 공언합니다. 그리고…… 신구약 성경이 성령 감화에 의해 주어졌음을 인정합니다."

---

* 영국에서 주(州) 단위로 일 년에 네 번 개정하는 법원.

……신성한 사업을 위해 만들어지고 제공된 모든 법률은 여전히 유효하며, 그 법률에 의해 용인되거나 허가된 종교 의식의 회합에 가는 자들을 제외하고는 상기 법률을 위반하는 모든 자들에게 집행될 것이다.

……이 법률이나 이 안에 담긴 어떤 구절도 설교나 글로써 신성한 삼위일체 교의를 부인하는 가톨릭교도 또는 영국국교회 기피자, 그 무엇이건 누구이건 간에 그런 자에게 어떤 편안함이나 혜택, 이익을 주려는 것이 아니며 그렇게 해석돼서는 안 된다.

……종교적 회합의 장소가 공인될 때까지는 종교 의식을 위한 어떤 회합도 이 법률에 의해 허가 또는 용인되지 않는다. ……(그 회합 장소를) 등록해야 한다.

(이하 생략)

내 몸에 대한
나의 권리

〈헤이비어스 코퍼스 법〉, 1679

"지금까지 국왕의 많은 신민이 법률적으로
보석이 가능한 경우에도 장기간 구치소에
구금되어 왔으며 앞으로도 그럴 가능성이 있다.
이 사실은 신민에게 막중한 부담과 고통이 되고 있다."

대학을 다니던 시절, 학교 앞 복사 집에 인쇄물을 맡긴 적이 있었다. 나와 몇몇 친구들이 만든 '미국 바로 알기'라는 자료집이었다. 시중에 나온 책들과 우리의 토론을 기반으로 만든 몇십 쪽에 불과한 소책자였다. 자료집을 찾으러 간 날 복사 집 앞에 형사들이 기다리고 있었고 그들은 우리를 경찰차도 아닌 자신들이 타고 온 택시에 태웠다. 우리는 그대로 택시에 실려 경찰서 보안과로 끌려갔다. 3박 4일의 취조는 그렇게 시작됐다. 나중에 알고 보니 우리를 끌고 온 단서는 복사 집 쓰레기통에서 나왔다. 보안과 직원이 학교 앞 복사 집 파지함(쓰레기통)을 정기적으로 뒤지면서 문제의 소지가 될 문건을 찾아낸다는 것을 그제야 알았다.

경찰서에 도착해서 끌고 온 이유가 뭐냐고 당연히 따져 물었다. 그러나 그들은 아무 대답도 해주지 않았다. 하얀 방음벽으로 둘러싸인 취조실에 앉아 조사를 받기 전(한밤중이 되기 전)까지 단 한마디도 대답해주지 않았다. 며칠 동안의 조사가 끝난 후 불구속 기소로 풀려나올 때까지 우리는 어떤 혐의로 조사받았는지 정확히 알지 못했다. '문제의 소지'가 있다는 것이 나흘을 경찰서에서 보내게 된 이유의 전부였다.

구금, 즉 '갇힌다'는 것 자체가 자유로운 인간에 대한 매우 중대한 인권 침해이다. 신체의 자유는 근대 국가의 인권 중에서도 가장 기본적인 인권에 속하는 자유이다. 아무런, 적절한 설명 없이 사람을 잡아 가둔다면 그것 자체가 심각한 인권 침해이고, 다른 모든 자유를 침해하는 것이다.

오늘날 우리가 알고 있는 상식은 법을 어기지 않으면 인신이 자유롭다는 것이다. 몸의 자유, 인신의 자유에 관한 기념비적인 입법은 (경찰서에서 나흘을 보낸 때로부터 무려 3백여 년 전인) 1679년 영국의 〈헤이비어스 코퍼스 법(인신보호법)〉, 정식으로 말하자면 〈신민의 자유를 보다 잘 보장하고 해외에서의 구금을 방지하기 위한 법률〉이다. 헤이비어스 코퍼스(habeas corpus)는 '몸(신병)을 제출해야 한다'는 뜻으로, 타인의 신병을 구속하고 있는 자에게 구금당한 사람을 재판소나 재판관 앞에 구금의 이유와 함께 데려오라는 명령 또는 그러한 명령을 담은 영장을 가리킨다. 재판소나 재판관은 구금 사유를 듣고 구금당한 사람의 석방 여부를 결정한다.

기본적 인권으로서의 신체의 자유 |

헤이비어스 코퍼스의 기원에 대한 의견은 다양하다. 그러나 헤이비어스 코퍼스가 처음부터 인신의 자유를 목적으로 한 것이 아니었음은 분명하다. 그것은 피고를 강제로 출두하게 하는 기능이 있었으며 '국왕의 특별한 명령'으로 구금이 가능하도록 한 매우 전횡적이고 전근대적인 제도였다. 그러다가 17세기 영국에서 국왕과 의회의 대립을 거쳐 국왕의 전횡적인 체포·구금을 부정하는 근대적 의미의 헤이비어스 코퍼스로 성장했다.

왕권신수설을 신봉했던 영국 왕 찰스 1세는 전쟁 수행에 필요한 비용을 조달하기 위해 공채를 강매했다. 이를 거부한 몇몇 기사들을 찰스 1세가 잡아들였다. 옥에 갇힌 기사들의 변호인은 '국왕의 특별한 명령으로' 구금한다는 것이 어떤 종류의 명령인지 분명하지 않다고 따졌다. 조세권을 빼앗는 조치를 곧 왕관을 빼앗는 행위로 여긴 국왕과 조세 부담을 사업 발전의 장애물로 여긴 신흥 중산계급이 충돌한 것이다. 이에 의회는 국왕의 전횡적인 통치를 폐지할 것, 전횡적인 통치를 충고했던 자를 처벌할 것, 전횡적인 통치의 재확립을 불가능하게 할 것 등을 요구하고 이를 입법화하고자 노력했다. 그 과정에서 단순한 '국왕의 특별한 명령으로'가 아닌 진정한 구금의 이유를 제시해야 할 의무, 답변의 심리 기간을 3일 내로 한정하는 것 등을 골자로 한 〈헤이비어스 코퍼스 법〉이 만들어졌다.

그러나 크롬웰 정부 이후 왕정의 부활(1660)과 함께 반동적인 분위기가 되살아났다. '다만 그렇게 할 필요가 있기 때문'이라면 인신을 구금할 수 있었고, 영장을 발부할 수 있는 재판소나 발부 시기, 영장 종류 등이 분명치 않아 심각한 절차상 문제가 발생했다. 이처럼 통일된 의견이 없고 불안정한 상태에서 인신의 자유를 얻기 위해 비열한 수단이라 할 '매수'가 빈번하게 이루어졌다. 즉, 부당한 구금에서 벗어나기 위해 '부당한' 돈이 오갔다. 그러니 비열한 수단이라고는 하지만 인신의 자유를 위해 지불할 돈이 없는 사람에게 인신의 자유란 허명(虛名)에 불과했다.

인권 헌장이나 선언에 명시했다고 인신의 자유가 완성되는 것은 아니다. 그것은 권리 이행을 위한 밑그림에 불과하다. 인신의 자유는 본질적으로 '법적 정당성'이 없는 그 어떤 방법으로도 구금, 체포나 그 밖의 육체적 강제에 복종하지 않는 사람의 권리이다. 이것은 '자유의 견고한 요새'로서 인신의 자유를 바라보는 소극적인 인식이다. 그러나 보다 적극적으로 인신의 자유를 둘러싼 역사적 관점에서 살펴보면, 국가 권력과 그 지배를 받는 사람 사이의 대항 관계에서 인신의 자유가 지평을 넓혀왔음을 알 수 있을 것이다.

헤이비어스 코퍼스 법: 신민의 자유를 보다 잘 보장하고 해외에서의 구금을 방지하기 위한 법률

HABEAS CORPUS ACT: AN ACT FOR THE BETTER SECURING THE LIBERTY OF THE SUBJECT,
FOR PREVENTION OF IMPRISONMENTS BEYOND THE SEAS

1679년

제1조　범죄나 범죄로 여겨지는 사건으로 국왕의 신민을 수감한 주 지방관, 형리 또는 기타 관리가 그들의 의무와 주지하는 국법을 거스르며 제2, 제3 인신보호 영장이나 때로는 그 이상 횟수의 영장에 승복하지 않고 여러 수단을 사용해 인신보호 영장에 대한 답변을 몹시 지연시키고 있다. 이로 인해 지금까지 국왕의 많은 신민이 법률적으로 보석이 가능한 경우에도 장기간 구치소에 구금되어 왔으며 앞으로도 그럴 가능성이 있다. 이 사실은 신민에게 막중한 부담과 고통이 되고 있다.

제2조　이런 일을 방지하고 또한 그와 같은 범죄나 범죄로 여겨지는 사건으로 구속된 모든 자들을 보다 신속하게 구제하기 위해 의회에 소집된 승속(僧俗)의 상원의원과 하원의원의 조언 및 승인에 따라 지존한 국왕 폐하에 의하고 국회의 권위에 의해 다음과 같이 정한다. 주 지방관, 형리, 가신 및 기타 관리에 의해 수감된 자를 위한 인신보호 영장이 어느 누구에 의해서건 이들 관리에게 제시되고 송달되어 그 교도소나 구치소에 있는 이들 관리나 구치자의 하수인 또는 대리인에게 위탁된 경우에는 반역죄와 중죄로 인한 수감이라는 이유가 수감장에 특정적으로 명시되어 있지 않는 한 관리, 그의 하수인 또는 대리인은 영장 송달 후 3일 이내에 이 영장에 대해 답변을 해야 하며 구속된 당사자의 신병을 영장이 명하는 바에 따라 대법관이나 잉글랜드 왕실 궁내대신, 또는 이 영상을 발급한 새판관 잎에 송치하거나 또는 이 영장이 지정한 사람 앞에 송치해 구인 구급한 진정한 이유를 명시해야 한다. ……

제3조　주 지방관, 형리 및 기타 관리가 이런 인신보호 영장의 취지를 모르는 척할 수 없도록 하기 위해 앞서 말한 권위에 따라 다음과 같이 전한다. 인신보호 영장에 '찰스 2세의 치세 제31년의 법률에 의해서'라고 기입하고 이를 발급한 자가 서명해야 한다. 중죄나 중죄의 혐의로 구금되고 그것이 영장에 명시되어 있는 경우 이외에는, 휴정 기간 중에 구속되어 있는 재(합법적인 수속에 따라 유죄 판결을 받았거나 형의 집행을 받고 있는 자는 제외)나 그 대행인이 대법관, 잉글랜드 왕실 궁내대신, 법원 재판관 또는 변호사의 지위를 가진 재무재판소의 재판관에게 호소하는 것은 적법하다.

　(이하 생략)

성적(性的) 지향은
차별의 이유가
될 수 없다

〈요그야카르타 원칙〉, 2006

> "국제 인권법은 성적 지향이나 성 정체성과 무관하게
> 모든 사람이 모든 인권을 완전히 향유할 권한이 있다는 점을 확인하며,
> 기존 인권들의 적용은 다양한 성적 지향과 성 정체성을 가진 사람들의
> 특수한 상황과 경험을 고려해야만 하며……"

국제 인권 단체에 연수를 갔을 때였다. 읽을 줄만 알고 말할 줄 모르는 영어 실력이었기에 나는 그 단체 자원활동가에게 영어 개인 교습을 부탁했다. 그는 5개 언어를 구사할 뿐 아니라 친절하고 맑은 미소의 청년이었다. 교습 첫날 그는 나에게 말했다. "난 게이에요. 그래도 나랑 공부할 맘이 있어요?" 난 상관없다고 했다. 이유는 간단했다. 난 게이에 대해 심각하게 생각해본 적이 없었다. 우리나라에서 동성애자라는 사람을 한 번도 만난 적이 없었기에 편견을 가질 기회조차 없었다. 그냥 '모르고 무시하고 한 번도 생각해보지 않은 존재'가 동성애자였다. 그와의 영어 수업은 즐거웠고, 우정은 깊어졌다. 귀국하기 전 헤어질 때 우리는 버스 정류장에서 긴 포옹을 했다. 지구 반대편에 있는 친구를 다시 만날 기회가 있을까 아쉬웠다.

귀국하고 얼마 후 우리 사회는 최초의 공개적인 '커밍아웃', 동성애자가 자신의 성적 지향을 밝힌 일로 떠들썩했다. 동성애자를 비롯해 성 소수자의 인권 운동도 시작되었다. 세간의 관심이 커갔지만, 불행한 일도 많이 생겼

다. 동성애 인권 단체에서 일하던 활동가가 차별과 편견을 견디다 못해 자살하기도 하고, 다른 사람이 본인 동의 없이 성 정체성을 폭로하는 이른바 '아웃팅'을 당한 성 소수자가 모욕당하고 직업을 잃는 일 등이 이어졌다.

> 수많은 성적 소수자들을 낭떠러지로 내모는 것이 얼마나 잔인하고 반성경적이고 반인류적인지…… 죽은 뒤엔 거리낌 없이 당당하게 말할 수 있겠죠. '윤○○은 동성애자다'라고요. 더 이상 숨길 필요도 없고 그로 인해 고통받지도 않아요(2003년 고 윤모 씨 유서 중에서).

정체성이란 '나'라는 존재의 본질을 구성하며 내가 어떤 사람인지 깨닫게 해준다. "내 속엔 내가 너무도 많아"라고 노래할 정도로 '나'는 수많은 정체성으로 이루어져 있다. 성 정체성이란 그런 사람의 본질 가운데 하나이다. 사람이 다양한 만큼 성 정체성도 다양하다. 신체적 성과 정신적 성이 일치하는 사람도 있고 그렇지 않은 사람도 있다. 사랑하는 상대가 이성일 수도 동성일 수도 둘 다일 수도 있다. 남성과 여성의 이분법 위에서 이성애를 사랑의 표준으로 삼아 그와는 다른 성 정체성과 성적 지향성을 가진 사람을 '성적 소수자'라고 부른다. 동성애자, 양성애자, 트랜스젠더, 이성복장선호자 등이다.

'나'라는 존재를 구성하는 정체성이 무시당한다면 인간으로서 온전히 인정받는다고 할 수 없다. 사람과 사람이 친밀한 관계를 형성하고 싶은 것은 당연한데, 애정을 구성하는 본질을 부정당할 때 사람은 혼란과 두려움을 느낄 수밖에 없다. 자기 긍정은 인간 존중의 출발점이기 때문이다. 그러나 성적 소수자는 자기 자신을 '이게 나'라고 드러내는 것 자체가 위험한 현실에 살고 있다.

서구 기독교 문명에서 탄생한 근대 인권 개념은 모든 인간의 평등을 핵심으로 한다. 흔히 알려진 사회계약사상과 달리 신학적 인권 개념은 절대자인 조물주로부터 인권 개념을 끌어낸다. 절대자 앞에서 모든 인간은 그 피조물이다. 피조물인 인간은 조물주 눈에는 다 똑같은 존재이니 평등할 수밖에 없다. 인간은 조물주의 형상에 따라 창조되었기에 그 형상을 지키고 본받기 위해 모든 인간은 존엄성을 유지해야 한다. 따라서 인권 침해는 조물주의 권능을 침해하는 것이다. 그래서 인권은 절대 불가침이고 양도 불가능한 것이다. 기독교 세계관에 동의하지 않는 사람이라 해도 '천부인권'이라는 말을 즐겨 쓰는 까닭이 여기에 있다.

논의조차 어려운 성적 소수자의 인권

인권이 지구화되고 문화와 국경을 초월하는 개념으로 여겨지는 오늘날에는 다양한 인권론과 인권 비판론이 존재하는데 인간의 존엄성을 존중하는 것이 인권의 핵심이라는 데는 이의가 없다. 그러나 현실에서 많은 사람들이 존엄은커녕 온갖 모욕과 배제와 괴롭힘을 당한다. 이에 대한 가장 초보적인 조치는 그런 행위들을 금지하는 법을 만드는 것이다. 법을 만든다고 해도 뒤편에서 얼마든지 차별적인 행위를 할 수 있고, 마음속 깊이 뿌리박힌 편견과 혐오를 일소하기는 어렵기 때문에 법 제정은 그야말로 초보 중의 초보적인 조치에 해당한다. 법 말고도 해야 할 일들이 너무나 많다.

그런데 법에서조차 성적 소수자를 제외한 것은 인권 현실을 날것 그대로 보여주기에 충분하다. 한국에서 2007년 말 차별금지법 제정을 둘러싸고 논란이 벌어졌다. 차별을 막고자 만드는 법인데 법 자체가 차별적인 공격을 받았다. '성적 지향, 학력 및 병력, 출신국가, 언어, 범죄 전력, 가족 형태 및 가족 상황'이 차별금지 근거 규정에서 무더기로 잘려나간 것이다. 그중에서도 '성적 지향'은 일부 종교계 등으로부터 격렬한 반대를 받았다.

어떤 이들은 차별금지법에서 배제된 사람들을 위로하며 "○○ 등을 이유로 개인이나 집단을 분리·구별·제한·배제하거나 불리하게 대우하는 행위"라는 문구가 있으니까 희망을 가지라 말했다. '○○ 등'이 있으니까, 법에서 빠진 사람들도 고려할 여지가 있다는 말이었다. 하지만 근거 목록에 들어가느냐 들어가지 못하느냐에 따른 사회적 인식과 사법적 대응에는 엄청난 차이가 있다. '○○'에 해당하는 사람이 자신의 상황과 처지를 드러내고 사회적으로 인정받는 것 자체도 아주 어렵다. 하물며 '등'이라는 한 글자로 뭉뚱그려져 노골적으로 배제당하는 상황은 존엄성을 가진 인간에 대한 모욕이다.

우리나라에서 차별금지법 논란이 벌어지고 있는 동안 국제 사회에서는 성 소수자의 인권을 위한 원칙이 발표됐다. 2006년 인도네시아 요그야카르타에서 전 세계의 내로라하는 국제 인권법 전문가들이 모여 만들었기에 〈요그야카르타 원칙〉이라는 이름이 붙었다. 초대 유엔 인권고등판무관을 지낸 전 아일랜드 대통령 메리 로빈슨을 비롯해 유엔 인권조약기구 위원, 유엔 독립전문가, 판사, 민간단체 등이 참여했다. 이들은 2007년 3월 26일 스위스 제네바에서 〈요그야카르타 원칙〉을 발표하면서 유엔 인권이사회와 유엔 인권고등판무관 등에게 이 원칙을 보증하고 유엔 인권 활동의 모든 영역에 흡수할 것을 촉구했다.

전 세계에서 목격하고 보고한 성적 소수자들에 대한 심각한 인권 침해에서 이 원칙을 만들 필요성이 제기되었다. 지금도 세계 곳곳에서 성적 지향과 성 정체성을 이유로 증오 범죄, 성폭력과 강간, 프라이버시 침해, 아웃팅 협박, 고용과 교육 기회 박탈 등이 벌어지고 있다. 이에 현재 존재하는 국제 인권법의 내용을 종합해 성적 지향과 성 정체성 문제에 적용하려는 목적으로 만든 〈요그야카르타 원칙〉은 각 원칙마다 국가에 대한 상세한 권고사항을 첨부했다. 35쪽에 달하는 분량이기 때문에 전문의 내용만 요약해 소개한다.

요그야카르타 원칙*

THE YOGYAKARTA PRINCIPLES: THE APPLICATION OF
INTERNATIONAL HUMAN RIGHTS LAW IN RELATION TO SEXUAL
ORIENTATION AND GENDER INDENTITY

2006년

전문

모든 인간은 자유롭게 태어나 존엄성과 권리에서 평등하며,

모든 사람은 인종, 피부색, 성, 언어, 종교, 정치적 또는 기타의 의견, 민족적·사회적 출신, 재산·출생 또는 기타 지위 등 어떤 종류의 차별 없이 인권을 누릴 권리가 있다는 점을 상기하며,

세계의 모든 지역에서 성적 지향 또는 성 정체성 때문에 폭력·괴롭힘·차별·배제·낙인·편견이 사람들을 겨냥하며,

이러한 경험이 성·인종·종교·장애·건강 상태 및 경제적 지위를 포함한 근거들에 의한 차별로 악화되며,

그러한 폭력·괴롭힘·차별·배제·낙인·편견이 그런 침해를 받는 사람들의 존엄성을 해쳐 자존감과 사회에 대한 소속감을 약화시킬 수 있으며,

많은 사람들이 자신의 정체성을 숨기거나 억압하며 두려움에 떨며 눈에 보이지 않는 삶을 살게 한다는 점에 우려하며,

레즈비언, 게이 또는 양성애자이거나 그렇게 인식되기 때문에, 동성과의 동의한 성적 행위 때문에, 또는 트랜스섹슈얼, 트랜스젠더, 인터섹스이거나 그렇게 인식되기 때문에, 또는 특정 사회에서 성적 지향이나 성 정체

---

* 원문 전체는 yogyakartaprinciples.org 참조.

성에 의해 식별되는 사회집단에 속하기 때문에 역사적으로 사람들은 인권 침해를 당해왔다는 것을 인식하며, '성적 지향'은 심오한 감정, 애정 및 성적 매력에 대한 각 개인의 능력, 그리고 이성 또는 동성 또는 하나의 성 이상의 개인들과의 친밀한 성적인 관계를 언급하는 것으로 이해하며, '성 정체성'은 개인이 내적으로 깊이 느끼는 개인적인 성(gender) 경험으로, 신체에 대한 개인의 인식(자유롭게 선택된다면 의료적, 외과적 또는 기타 수단에 의해 신체적 외양이나 기능을 변경하는 것과 관련될 수 있다)과 옷, 말하기, 틀에 박힌 버릇을 비롯해 기타의 성(gender)적 표현이 출생하면서 주어진 성(sex)과 일치할 수도 있고 일치하지 않을 수 있음을 이해하며,

국제 인권법은 성적 지향이나 성 정체성과 무관하게 모든 사람이 인권을 완전히 누릴 권한이 있다는 점을 확인하며,

기존 인권의 적용은 다양한 성적 지향과 성 정체성을 가진 사람들의 특수한 상황과 경험을 고려해야만 하며,

아동과 관련한 모든 행동은 아동 최상의 이익을 우선적으로 고려해야 한다는 점에서 개인적 견해를 형성할 수 있는 아동은 그런 견해를 자유롭게 표현할 권리를 가지며,

그런 견해에 대해 아동의 연령과 성숙도에 따라 정당한 중요성이 부여되어야 한다는 점에 주의하며,

국제 인권법은, 모든 시민적·문화적·경제적·정치적·사회적 인권을 누리는 것을 차별하는 데 절대적 금지를 규정하며,

성적 권리, 성적 지향, 성 정체성에 대한 존중은 남녀 간 평등 실현에 필수 요소이며,

국가는 성적 우열이나 정형화된 남녀 역할에 대한 편견과 관습을 철폐하려는 조치를 취해야만 하며,

국제 사회는 강제, 차별, 폭력 없이 성적·생식적 건강을 포함해 자신의

성(sexuality)과 관련된 문제에 자유롭게 책임지며 결정할 개인의 권리를 인정해왔다는 점에 주목하며,

다양한 성적 지향과 성 정체성을 가진 사람들의 삶과 경험에 적용할 수 있는 것으로 국제 인권법을 체계적으로 명료화하는 것에 중요한 가치가 있다는 점을 인정하며,

이런 명료화가 국제 인권법의 현 상태에 기반한 것이어야 하며,

국제법의 발전을 고려하고 언제나 다양한 지역과 국가에서 다양한 성적 지향과 성 정체성을 가진 사람들의 특수한 삶과 경험에 국제법의 적용을 고려하기 위해 정기적인 수정이 필요함을 인정한다.

(이하 생략)

땅의 주인은 누구인가

〈뒤엎어진 세상〉, 17세기

"이 나눠진 땅을 우리는 완전한
전체로 만들 것이다.
그래서 땅이 모든 사람을 위한
공통의 보물 창고가 될 것이다."

2006년 5월 4일 대한민국의 관심은 '땅'에 쏠려 있었다. 많은 사람들이 주목한 땅은 판교였다. 이날은 판교 분양 당첨자, 그러니까 일종의 '로또'가 발표되어 들썩거리던 날이었다. 다른 한 곳은 덜 주목받았지만 누군가에게는 더 중요한 땅 평택 대추리였다. 땅을 사고팔기 위해 난리법석이었던 곳이 판교라면, 땅을 지키고 빼앗기 위해 역시 아수라장이었던 곳이 대추리였다. 법률도 정치가도 군인도 경찰도 땅에서 주민을 내몰았다. 현장에서 아무런 힘도 쓰지 못한 국가인권위원회 직원이나 기자는 '인권은 없다'는 탄식을 주워 담기라도 했을까?

땅은 공동의 보물 창고

땅을 지키고자 한 사람들과 땅을 빼앗고자 한 사람들이 뒤섞인 이야기가 있다. 바로 디거스(Diggers)의 노래 〈뒤엎어진 세상〉이다. 이 노래의 원작자는 17세기의 디거스이지만, 그들의 주장을 녹여내어 영국가수 레온 로젤슨(Leon Rosselson)이 20세기 버전으로 재탄생시켰다. 로젤슨은 디거스의 지도자였던 제라드 윈스턴리(Gerrard Winstanley)가 팸플릿에 남긴 말들을 녹이고 전해 내려오는 구절들을 모아서 이 노래를 만들었다. 디거스의 주장이 담긴 팸플릿을 모두 읽지 않더라도 이 노랫말에 함축된 그들의 주장을 알 수 있을 것이다.

'디거스'는 직역하면 '땅 파는 사람들'이란 뜻인데, 영국의 청교도 혁명 당시 좌익 성향이 가장 강했던 평등주의 운동 단체의 이름이기도 하다. 그들은 1649년 4월 윈스턴리의 지도 아래 황무지를 개간해 토지를 공유하는 공동 사회를 만들고자 잉글랜드 서리(Surrey) 주에 있는 성 조지라는 작은 언덕에 모였다. 그들은 수십 명에 불과하고 행색마저 초라했지만, 품은 이상은 결코 그렇지 않았다.

땅을 갈고 씨 뿌릴 채비를 한 디거스는 대토지 소유에 반대하고 재산 공유제를 요구했다. 1649년은 영국 국왕 찰스 1세가 처형된 해였다. 디거스는 "영국의 시민 전쟁이란 왕과 대토지 소유자들에 맞서 싸웠던 것이니, 왕이 처형된 지금 토지는 마땅히 가장 가난한 사람들이 경작할 수 있도록 해야 한다"고 주장했다. 디거스의 활동은 공화정 정부를 놀라게 했고 지역 지주들의 반감을 샀다. 공화정 정부는 법적인 탄압은 물론이고 (요즘 말로 용역이라 할) 고용된 패거리와 군대까지 동원해 아이 어른 할 것 없이 폭행하고 집과 경작물을 파괴하고 불태웠다. 모욕당하고 체포되고 감금당한 디거스는 결국 1650년 3월 말쯤 폭력으로 해산됐다. 디거스를 내쫓은 지주와 성직자들은 그들이 황무지를 일구어 만든 땅에 자신들의 가축을 몰아넣었다. 1650년 4월 1일 윈스턴리와 열네 명의 디거스는 불법 집회, 침입, 공안 방해로 기소됐다. 이것이 디거스가 품었던 작은 실험의 끝이었다.

땅은 누구의 것인가를 묻다 |

　　　　공산주의적 농경 사회를 꿈꾸었던 디거스의 이상은 그 지도자였던 윈스턴리가 썼던 팸플릿에 남아 있다. 그는 〈잉글랜드의 가난하고 억압받는 민중 선언(A Declaration from the Poor Oppressed People of England)〉(1649)에서 이렇게 주장했다.

　　땅의 모든 소산은 적과 동지 할 것 없이 모든 사람의 공통 생계를 위해 창조되었다. ……애초 토지 소유는 전쟁으로 얻어진 것이고 토지의 소유로 말미암아 인류의 한편이 다른 한편에 대해 살인과 절도를 하게 되었다. ……예전이나 지금이나 살인하고 훔치는 무력의 힘이 정부를 세웠고 그 정부를 지탱하고 있다.

디거스와 윈스턴리의 주장을 계속 들어보자.

　　함께 일하라, 함께 빵을 먹어라. ……내 것이고 네 것이라 하는 이 특별한 재산은 인민에게 모든 고통을 가져다주었다. 첫째, 재산은 사람들로 하여금 서로 훔치게 만들었고, 둘째, 훔친 사람을 처형하는 법을 만들었다. 재산은 사람들에게 악마의 행동을 하도록 유혹하고 나서는 그런 일을 했다고 사람들을 죽인다.

　_〈새로운 정의의 법(The New Law of Righteousness)〉, 1648

　　진정한 종교와 순수함은 이것이다. 정복자들의 힘으로 보통 사람들에게서 빼앗아간 땅을 되돌려놓는 것이고 그럼으로써 억압받는 자들을 자유롭게 하는 것이다. ……왕권이 법을 세우고 정부의 통치가 이를 지킨다. 정의인 척하고 있지만 법이란 억압하는 무력을 온 힘으로 지탱하는 것이고 그 자식인 재산을 지키고자 하는 것이다. ……
법은 누구에게는 울타리를 쳐서 토지를 갖게 하고 누구는 토지 밖으
로 내몬다. 일부 사람에게는 토지를 주고 다른 사람들에게는 토지를
부인한다. 이는 정의의 법에 반하는 것이다. ……진정으로 대개의
법률은 빈민을 부자의 노예로 만드는 것에 지나지 않으며 그럼으로
써 억압을 유지하는 것이고 재산의 엄중한 수호자인 것이다.

　_〈의회와 군대를 위한 새해 선물(A New Years Gift for the Parliament
and the Army)〉, 1650

　그 누구도 부자일 수 없다. 하지만 자신의 노동으로 또는 그를 돕
는 다른 사람의 노동으로 부유한 것임에 틀림없다. 사람이 이웃에게
서 어떤 도움도 얻지 못한다면 결코 일 년에 수백 수천의 재산을 모
을 수 없다. 타인이 그가 일하도록 도왔다면 그 재산은 그뿐만 아니
라 그 이웃의 것이기도 하다. 왜냐하면 그것은 자신의 노동만이 아닌
타인 노동의 소산이기 때문이다. 하지만 모든 부자들은 편하게 살고,
타인의 노동으로 먹고 입는다. 이는 그들의 수치이지 고결함이 아니
다. 받는 것보다 주는 것이 더 축복받은 일이기 때문이다. 하지만 부
자들은 노동한 사람들의 수고로부터 모든 것을 받기만 한다. 부자들
이 주는 것이란 자기의 노동이 아닌 타인의 노동을 양보하는 것이다.

　_〈자유의 법(The Law of Freedom in a Platform)〉, 1652

　경험이 보여주는 것처럼 지주인 자는 출세해 판사, 지배자, 장관
이 된다.

　_〈진정한 수평파의 진보한 기준(The True Levellers' Standard
Advanced)〉, 1649

땅을 나누듯이 평화를 나누자 |

디거스는 사유재산, 특히 모든 부의 원천인 토지 소유를 "모든 전쟁, 유혈, 도둑질, 인민을 비참하게 만들고 노예로 만드는 법률의 원인"으로 보았다. 사유재산을 부정하는 그들의 주장은 평화주의로 이어진다. 윈스턴리는 "전쟁이 부자를 더 부자로, 가난한 사람을 더 가난하게 만들며 권력의 동맹을 더 강하게 만든다"고 꿰뚫어보았다. 디거스는 사유재산 없애기 실험을 진행하는 동안 숱한 폭력에 시달렸다. 그러나 그들은 폭력 사용을 거부했다. 디거스는 공유지와 황무지를 경작하는 것이 허용되기만 한다면 영국의 모든 빈민이 자신의 실험을 따를 것이라 믿었다. 자신이 사랑의 공동체를 세우면 온 영국 사회에 스며들 것이고 온 유럽도 그러할 것이고, 결국에는 부자와 권력자도 합류하게 될 것이라고 믿었다.

너무 순진하다고 말할 수 있을 것이다. 경제·사회적 조건이 그러한 요구

〈뒤엎어진 세상〉의 노랫말을 그림으로 옮긴 만화.

에 귀 기울일 단계가 아니었다고 말할 수 있을 것이다. 하지만 디거스의 이상과 실험은 오랜 세월 겉만 번지르르한 인권 선언에 도전해온 사람들의 가슴과 머리에 면면히 이어져온 생각이며 팔과 다리로 옮겨졌던 실천이었다.

17세기에 디거스가 받았던 수난을 21세기의 '땅 파는 사람들'이 여전히 당하고 있다. 17세기의 디거스가 품었던 믿음대로 우리가 '합류'하는 일이 21세기의 땅 파는 사람들을 살리는 길일 것이다.

뒤엎어진 세상

WORLD TURNED UPSIDE DOWN

레온 로젤슨, 1975년

1649년, 성 조지 언덕에 디거스라 하는 남루한 집단이, 인민의 의지를 보이려 등장했다.

디거스는 지주에게 도전했다. 디거스는 법에 도전했다.

디거스는 토지를 빼앗긴 사람들, 자신의 것이었던 땅의 반환을 요구했다.

"우리는 평화를 위해 왔다", 그들이 말했다.

"땅을 파고 씨앗을 뿌리려고, 우리는 공동의 땅에 일하러 왔다.

또 황무지를 경작하려 왔다.

이 나눠진 땅을 우리는 완전한 전체로 만들 것이다.

그래서 땅이 모든 사람을 위한 공통의 보물 창고가 될 것이다."

재산이라는 죄악을 우리는 경멸한다.

사적으로 갖기 위해 땅을 사고팔 권리는 그 누구에게도 없다.

도둑질과 살인으로 그들은 땅을 취했다.

이제 그들의 명령으로 사방에 장벽이 세워지고 있다.

그들은 법을 만든다, 우리를 꽁꽁 묶어두려고.

성직자들은 천국으로 우리를 현혹한다. (그러나) 지옥에 떨어지라고 저주한다.

우리는 경배하지 않을 것이다. 그들이 섬기는 신을, 부자들을 배불리는 탐욕의 신을.

반면에 가난한 이들은 굶주리고 있다.

우리는 함께 일하고 함께 먹는다. 우리에겐 어떤 무기도 필요 없다.

우리는 주인에게 절하지 않겠다. 지주에게 지대를 지불하지도 않겠다.

우리는 자유인이다.

우리는 비록 가난하지만, 그대 디거스, 영광을 위해 일어나라, 지금 일어나라.

재산가들의 명령이 떨어졌다. 그들은 용역과 군대를 보냈다.

디거스의 요구를 묵살하려고, 디거스의 오두막을 무너뜨리려고, 디거스의 곡식을 파괴하려고.

디거스는 흩어졌지만 비전만은 남아 있다.

너희 가난한 자들아, 용기를 가져라.

너희 부자들은 조심해라.

땅은 공통의 보물 창고였다, 모든 사람들이 공유할 수 있는.

만물은 공유이며, 모든 사람은 하나다.

우리는 평화를 위해 왔다.

그들을 해치우라는 명령이 떨어졌다.

장애인의
진정한
독립을 위하여

〈장애인 권리 협약〉, 2006

"장애는 발전하는 개념이며, 다른 사람들과 동등한 기초 위에서
완전하고 효과적인 사회 참여를 저해하는 태도 및
환경적인 장벽과 손상을 지닌 개인의
상호 작용에서 야기된다는 것을 인정하며……"

나는 비만이다. 몇 년 전에는 몸무게가 한껏 늘어 무릎이 아플 지경이었다. 어느 날 한 장애인 인권 단체 활동가가 내게 말했다. "비만도 장애라는데, 사는 게 괜찮으세요?" 어렸을 때부터 '뚱뚱한 것'과 관련된 온갖 놀림과 별명에 익숙한지라 그동안 이런 말을 그냥 웃어 넘겨왔다. 그런데 그날은 달랐다. 화를 내진 않았지만 아주 안 좋은 느낌이었다. 곰곰이 생각했다. '왜 다른 때와 달리 이리 기분이 나쁠까?' 답을 발견했다. 비만이라는 지적에 화가 난 것이 아니라 '장애'라는 단어에 화가 났다는 것을. 화들짝 놀랐다. '난 장애인 앞에서 장애라는 말을 아무 느낌 없이 써왔는데, 장애라는 말에 왜 이리 화가 난 걸까? 평생 장애를 몸과 맘에 담고 살아야 하는 사람들은 그 말에 대해 어떤 기분일까?' 처음으로 생각해보게 되었다.

장애는 개인의 속성이 아니다 |

장애인 인권을 생각하는 출발점은 '누가 또는 무

엇이 문제인가'를 다시 생각하는 것이다. 즉, 장애인이 신체적·정신적으로 입은 '손상'이 아니라 그것을 이유로 장애인의 사회 참여와 권리 이행을 가로막는 사회 환경을 바라봐야 한다. 장애인과 환경의 관계에 문제가 있다면, 고치고 개선해야 할 부분도 이 관계 속에 있다. 한마디로 '장애는 사회적으로 만들어진 문제이지 한 개인의 속성이 아니다.'

1993년 유엔 총회에서 결의한 〈장애인의 기회의 평등에 관한 표준 규범 (The Standard Rules on the Equalization of Opportunities for Persons with Disabilities)〉은 '장애'를 다음과 같이 정의하고 있다.

'장애(disability)'라는 용어는 세계 어느 나라 어느 국민에게나 일어날 수 있는 상당수의 다양한 기능적 제약을 요약한다. 사람들은 신체적, 지적 또는 정서적 손상, 건강 상태나 정신적 질병으로 인해 장애를 가질 수 있다. 이러한 손상, 건강 상태 또는 질병은 영구적이거나 일시적일 수 있다.

'핸디캡(handicap)'이란 용어는 타인과 평등한 수준에서 사회생활에 참여할 기회를 상실하거나 제한받는 걸 의미한다. 이것은 장애인과 그 환경 간의 부닥침을 설명하는 것이다. 이 용어의 목적은 환경과 사회에 조직화된 많은 활동 속의 결점을 강조하기 위한 것이다. 예를 들어 장애인이 평등한 조건으로 참여하지 못하도록 하는 정보, 통신, 교육이 있다. ……

'장애'와 '핸디캡'이란 용어는 불확실하고 혼란스럽게 사용됐으며, 정책 수립과 정치 행위의 지침으로서 빈약했다. 용어는 의학 진단과 의료적인 접근을 반영했지 그 환경을 이루는 사회의 결함과 부족을 무시했다. ……현재의 용어는 개인적 요구(예를 들어 재활과 기술 원조)와 사회적 부족(참여를 가로막는 다양한 장애물) 둘 다를 다뤄야 할 필요성을 인정하고 있다.

이와 같은 장애의 정의에는 오랜 세월에 걸친 인식의 변화와 발전이 담겨 있다. 국제 사회에서 장애를 바라보는 관점은 변화를 거듭해왔다. 전후에는 전쟁 중 발생한 부상 군인 등의 치료와 후생사업의 관점에서 접근했지만, 점차 탈(脫)시설화와 장애인의 사회 통합을 추구하는 사회복지의 시각으로 옮겨졌다. 이 관점에서도 장애인은 의료, 복지, 재활 서비스와 프로그램의 수혜자로만 여겨졌지 인권의 주체로 인정되지 않았다.

1948년 〈세계 인권 선언〉은 차별 금지 조항에서 장애를 아예 언급하지도 않았다. 1975년 〈장애인 권리 선언(Declaration on the Right of Disabled Persons)〉에 와서야 장애인이 타인과 똑같은 권리를 갖는다고 인정됐다. 시민·정치적 권리, 경제적 권리, 사회보장에 대한 권리, 고용에 대한 권리, 가족과 함께 살 권리, 사회적이고 창조적인 활동에 참여할 권리, 모든 착취와 학대나 모욕적인 행동으로부터 보호받을 권리가 장애인에게 인정된 것이다. 1989년 유엔 〈가이드 라인〉에서 "장애인은 정부에 의존하는 대상이 아니라 스스로 운명의 주체로 인정돼야 한다. 장애인 교육은 정규 학교 체제 내에서 이뤄져야 하며, 독립적인 사회화와 독립 생활을 준비하기 위한 자조 기술을 포함해야 한다"고 했다. 1993년 비엔나 세계 인권 대회는 "의도적이든 의도하지 않았든지 간에 장애인에 대한 그 어떤 차별도 본질적으로 인권 침해"라고 선언했고, 같은 해 유엔의 〈장애인의 기회 평등에 관한 표준 규범〉은 각국이 취해야 할 정책 수립의 방향과 행동의 지침을 제공했다.

하지만 이 모든 것들은 국제 조약이 아니었다. 유엔의 대표적 국제 인권 조약들은 '모든 사람'의 권리를 이야기하고 있지만 '장애인'은 여러 가지 이유로 '모든 사람'이 누려야 할 권리에서 배제되어왔다. 이에 '간접적'으로 장애인과 관계된 인권 기준 말고 장애인 문제를 '구체적'으로 다룰 법적 구속력이 있는 국제 조약을 만들자는 요구가 거세졌다. 기준이 있어야 각 국가의 의무가 무엇인지 똑똑히 알게 되고, 장애인을 '좋은 뜻'으로 '배려'하고 '보살피고' '헤아린다'는 식의 사회적 태도와 대응을 바로잡을 수 있다는 인식에서였다.

유엔 총회는 2001년 12월 결의안을 통과시켜 장애인 인권 조약을 검토할 특별위원회를 설치하도록 했고, 그 결실로 2006년 12월 〈장애인 권리 협약〉이 제정됐다. 이 협약은 국제 인권 조약 중에서 한국 정부와 민간 인권 단체가 적극적으로 참여한 유일한 조약으로, 이에 따라 우리나라는 2007년 〈장애인 차별 금지 및 권리 구제 등에 관한 법률〉을 제정하는 등의 노력을 기울였다(하지만 재정 부담을 이유로 한 반발이 만만치 않은 상태이다).

'함께 살고 싶다'고 외치는 이들 |

1·2급 중증 장애인 절반에 해당하는 30만 명 이상이 한 달에 세 번도 외출하지 못한다고 한다. 세 명 중 한 명이 전문대학 이상의 교육을 받는 고학력 시대에 장애인 두 명 중 한 명은 초등학교 졸업 이하의 학력을 가졌다. 학교 문턱에도 못 가본다는 말이다. 그 결과 장애인 세 명 가운데 두 명은 실질적인 실업 상태에 놓여 있다.

그동안 인권을 향한 장애인의 몸부림은 이어져왔다. 지하철 철로에서, 버스 정류장에서, 시설의 인권 유린을 방임한 감독기관 앞에서. 철로에 뛰어들고, 휠체어로 버스에 오르려 하고, 길에서 먹고 자며 농성하고, 몸으로 기어 한강 다리를 건너고. 그러는 동안 그들의 장애가 아닌 우리 사회가 안고 있는 장애의 구조가 하나씩 벗겨졌다. 장애인 편의시설도, 장애인이 가족과 사회 속에서 살아갈 권리도, 장애인이 학교에 가고 직장에 가고 연애하고 결혼할 수 있는 권리도 고려하지 않는 사회의 장벽이 문제였다. 이 장벽을 향해 그들은 '함께 살고 싶다'고 외치며 몸부림쳤다.

'보편적 설계'의 로고. 장애인을 포함한 모든 사람에게 보편적인,
그래서 차별이 사라지는 세상이 우리가 설계해야 할 세상의 모습이다

함께 사는 사회는 어떤 모습일까? 〈장애인 권리 협약〉에는 '보편적 설계 (universal design)'란 말이 있다. 변형이나 조정, 또는 특수설계를 할 필요 없이 최대한 모든 사람이 이용할 수 있도록 만들어진 제품, 환경, 프로그램 및 서비스를 의미한다. 우리 주변의 환경은 대부분 장애가 없거나 젊거나 질병 없는 사람들의 활동 양식에 맞춰져 있다. 장애인, 임산부, 노약자 등은 활동의 제약을 받거나 배제되어 있다. 가끔 이들의 특성을 고려해 장애인 또는 노약자 전용 특수 디자인이 마련되기도 하지만, 이것 또한 '전용(全用)'이란 명목으로 분리와 구별을 담고 있다. 이에 비해 누구나 같이 사용하고 어울릴 수 있는 디자인을 도모하는 것이 보편적 설계이다.

〈장애인 권리 협약〉은 보편적으로 설계된 사회를 꿈꾸며 장애인의 완전한 참여와 평등을 목표로 한다. 그러나 그 어떤 기준보다도 장애인 당사자의 다음과 같은 생각을 지지하고 함께하는 것이 중요하지 않을까.

우리는 장애를 가진 모든 사람이 함께 일하고 함께 전진하길 원한다. 그것이 진정한 독립이다. 우리의 철학은 동등한 생활을 누리고, 동등한 기회와 참여를 생활의 모든 측면에서 다른 사람들처럼 누리는 것이다. 우리 스스로도 선택해야 한다. 우리는 더 이상 수동적인 참여자나 서비스를 받기만 하는 사람이 아니길 바란다. 우리는 능동적인 조직가이어야 한다. _ 홍콩 재활 동맹

장애인 권리 협약

CONVENTION
ON THE RIGHTS
OF PERSONS WITH DISABILITIES

유엔 총회, 2006년

전문

……

(e) 장애는 발전하는 개념이며, 다른 사람들과 동등한 기초 위에서 완전하고 효과적인 사회 참여를 저해하는 태도 및 환경적인 장벽과 손상을 지닌 개인의 상호 작용에서 야기된다는 것을 인정하며……

(h) 장애로 인한 사람에 대한 차별은 인간의 타고난 존엄성 및 가치에 대한 침해라는 것 또한 인정하며……

(n) 스스로 선택할 자유를 포함해 장애인 개인의 자율 및 자립의 중요성을 인정하며,

(o) 장애인은 당사자와 직접 관련 있는 것들을 포함한 정책 및 프로그램의 의사결정 과정에 적극적으로 참여할 수 있는 기회를 반드시 가져야 한다는 것을 유념하며……

(q) 장애 여성과 장애 소녀가 가정 내외에서 폭력, 상해 또는 학대, 유기 또는 유기적 대우, 혹사 또는 착취의 더 큰 위험에 직면해 있는 경우가 많음을 인정하며,

(r) 장애 아동은 다른 아동과 동등한 기초 위에서 모든 인권과 기본적 자유를 완전히 향유해야 함을 인정하고, 이를 위해 〈아동 권리 협약〉의 당사국이 약속한 의무들을 상기하며……

(t) 대다수의 장애인이 빈곤한 상태에서 살고 있다는 사실을 강조하고, 이와 관련해 빈곤이 장애인에게 주는 부정적인 영향을 다루어야 할 결정적인 필요성을 인정하며……

(v) 장애인이 모든 인권과 기본적 자유를 완전히 향유할 수 있는 물리적·사회적·경제적·문화적 환경 및 건강과 교육 그리고 정보와 의사소통에 대한 접근성의 중요성을 인정하며……

(x) 장애인의 완전하고 동등한 권리 향유를 위해 그 가족이 기여할 수 있도록 필요한 보호와 지원을 받아야 한다는 것을 확신하며……

다음과 같이 합의했다.

(이하 50개 조항 생략)

모든
연령을 위한
사회

〈노인을 위한 유엔 원칙〉, 1991

> "노인은 나이, 성별, 인종 및 배경,
> 장애나 여타 지위에 상관없이 공정하게 대우받아야 하며
> 그들의 경제적 기여와 관계없이 존중되어야 한다."

내가 사는 동네 골목 모퉁이에는 평상이 하나 있다. 대개는 아침부터 밤 늦은 시간까지 우두커니 앉아 하루를 보내는 할아버지가 그 자리를 지키고 계신다. 버스를 타고 지나다 보면 대문 앞에 종이상자를 깔고 쪼그려 앉아 계시는 할머니도 자주 보게 된다. 폐지를 힘겹게 주워 모으는 허리 굽은 노인들도 이제 거리의 흔한 풍경이다.

고령화 시대는 분명 우리 시대의 화두이다. 60년 전에 비해 기대 수명은 30년쯤 늘었다고 한다. 그러니 지금 성인은 한두 분의 웃어른에게 용돈을 드리면 되지만, 그 자녀 세대가 어른이 되면 여섯 분(부모, 조부모, 증조부모)에게 용돈을 드려야 한다는 말도 있다. 이는 개인의 주머니 사정에 국한되는 문제만이 아니라 우리 사회 전체 규모에서 논의하고 준비해야 할 문제이다. 그런데 우리 사회에서 고령화 시대를 경제적 문제로만 집중적으로 조명하는 측면이 적지 않다.

노인의 인권은 이제 겨우 갓난아이 |

고령화 문제를 다루기 전에 우리 사회가 노인을 어떻게 바라보는지 살펴보자. 무엇보다도 '동안'이 유행어 또는 트렌드이듯이 나이 먹는 것 자체가 달갑지 않은 일로 여겨진다. 그러나 텔레비전 드라마 속 노인들은 '여전히' 가족회의를 당당하게 소집하고 집안의 대소사에 막강한 발언권을 가지고 있다. 노인 학대나 소외 등이 단골로 등장하는 뉴스 속 노인과는 전혀 다르다. 노인 스스로도 사회면 뉴스에 '○○궐기대회' 단골 출연진으로 등장하지만 정작 노인 문제에 의견을 드러내는 일을 발견하기란 쉽지 않다. 노인에 대한 사회적 돌봄에 대한 논의보다는 치매까지 다 보장한다는 민영 보험 광고들이 극성을 부린다. 노년을 위해 최소한 몇 억을 준비해야 한다는 재무 설계 조언이 나이 듦에 대한 모든 대비를 일괄 지시해준다.

그렇다면 노인의 인권에 대한 관심은 어떠할까? 장애인, 여성, 아동 등 다른 집단이 갖는 인권 문제는 계속해서 조명을 받아온 것에 비해 노인의 인권은 이제 갓 논의의 시동을 걸었다고 할 수 있다. 현재 노인의 권리와 관련된 포괄적인 국제 조약이나 전문기구는 없다. 최근 일련의 국제회의에서 논의된 노인의 인권 관련 원칙들이 있을 뿐이다.

국제 사회는 지구적 차원에서 고령화 문제를 논의하기 위해 두 차례 모인 적이 있다. 1982년 비엔나 회의와 2002년 마드리드 회의이다. 비엔나 회의가 선진국의 고령화 문제를 주로 다뤘다면, 마드리드 회의에서는 선진국만의 문제가 아니라는 것을 인식한 가운데 고령화 문제를 다뤘다. 선진국과 그렇지 못한 나라들의 노인 문제는 차원이 다르기도 하다. 선진국은 사회보장 정책을 중심으로 사회·경제 정책을 노인 인구에 맞춰 조정할 과제에 직면해 있다. 한편 사회보장이 아예 없거나 모자란 많은 국가들에서는 젊은 사람들이 대거 이주하면서 노인을 주로 부양해왔던 가족의 전통적 역할이 약화됨에 따라 노인의 고통이 가중되고 있다.

노인의 인권은 계산기로 해결할 수 없다

비엔나 회의는 노인에 관한 최초의 국제 문서라 할 〈고령화에 관한 비엔나 행동 계획(Vienna International Plan of Action on Ageing)〉을 채택했고, 마드리드 회의는 〈고령화에 대한 마드리드 정치 선언과 행동 계획(Madrid Political Declaration and International Plan of Action)〉을 채택했다. 이 두 회의 사이에 1991년 유엔 총회에서 채택한 것이 〈노인을 위한 유엔 원칙〉인데 이 원칙은 고령화와 노인 인권 논의의 뼈대를 이루고 있다.

'독립, 참여, 돌봄, 자아실현, 존엄'의 다섯 개념에 대해 총 18개 항으로 이루어진 〈노인을 위한 유엔 원칙〉의 각 요소들은 상호 보완적인 관계에 있다. 그 내용을 살펴보자.

우선, 고령은 사회로부터 분리된 삶이나 치료의 대상이 아니다. 사회 속에서 삶이 지속되어야 하고 그러기 위해서는 노인의 독립성을 보장하는 소득과 교육 등에 접근할 수 있어야 한다. 노인의 사회 참여는 단순히 임금 노동이나 생산성 그 이상의 의미로 간주되어야 한다. 노인의 지속적 고용과 그로 인한 사회 통합도 물론 중요한 문제이다. 하지만 노인의 참여는 임금 노동 그 이상의 것으로 일상생활의 영위, 자원 활동, 지역 사회 참여 등을 포함하는 것이어야 한다는 점을 밝히고 있다. 특히 노인 자신을 위한 사회운동과 단체의 형성과 참여에 주목해야 한다.

또한 '돌봄'은 사회적 약자로서 수동적으로 받아야 하는 것이 아닌 노인의 당연한 권리이다. 그러므로 '돌봄'이란 노인의 '존엄성'을 존중하는 가운데 이뤄져야 한다. 그리고 고령화 대책은 모든 노인을, 특히 상당히 약하고 돌봄을 필요로 할 수밖에 없는 노인까지 포함해야 한다. 이러한 원칙이 없다

〈잠자는 노인(Old Man Sleeping)〉, 1872 기지스(Nikolas Gysis) 그림.
노인은 현재 사회적 기여를 할 수 있건 없건 존중받아야 한다.
노인의 인권은 그들만을 위한 것이 아니라 우리 미래이기도 하다.

면 고령화 정책이 초고령층(85세 이상 노인)을 배제하고 상대적으로 젊고 활동적인 노인에게 초점을 맞출 위험성이 있다. 또한 여성 노인에 대한 특별한 주의를 요구한다. 여성은 육아, 가사, 돌봄 등 생애 전반에 걸쳐 노동하면서도 가치를 인정받지 못했다. 따라서 노인이 되어서도 노후연금, 사회보장, 주거권 등에서 소외될 우려가 있다.

이러한 원칙을 바탕으로 국제 사회가 내세운 목표는 '모든 연령을 위한 사회(The Society for All Ages)'이다. 사실상 모든 사람은 태어나면서부터 일생 동안 나이 드는 과정을 겪는다. 따라서 고령화 대책은 우리 모두의 미래에 관한 것이지 노인 인구만을 위한 것은 아니다. 모두가 당사자로서 노력이 필요하며, 전 세대의 문제로 바라봐야 한다.

이런 의미에서 고령화에 대한 대응은 모든 연령과 세대를 위한 사회 만들기이다. 노약자가 안전하고 편안하게 이동하고 일상생활을 누릴 수 있는 환경이 조성되어야 한다. 노인의 의사와 선택을 존중하고, 장기적이고 집중적인 돌봄이 필요한 노인을 가족의 부담으로만 떠넘겨서는 안 된다. 고용·교육·여가·조직 등에 대한 노인의 지속적인 참여가 가능해야 한다.

하지만 이들 원칙은 구호의 차원에 머물고 있다. 고령화 속도를 재며 계산기 두드리기에 바쁜 현실이다. 노인의 인권 문제를 경제·사회적 논의 속에 포함시키는 것 자체가 큰일이 아닐 수 없다. 구체적 삶의 문제 속에서 다뤄져야 한다. 이들 원칙에 살을 붙여나가는 노력이 우리 사회가 제대로 '성년'이 되는 과정일 것이다.

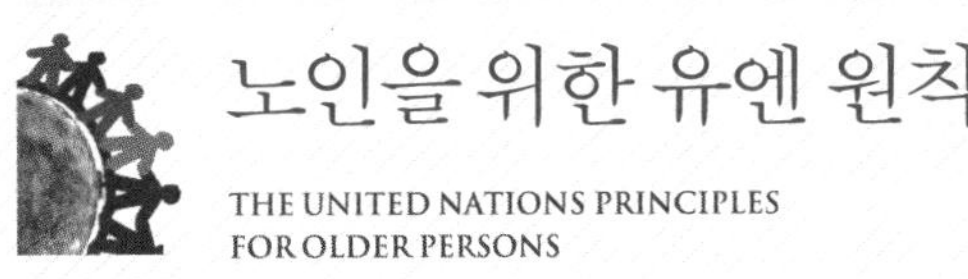

노인을 위한 유엔 원칙

THE UNITED NATIONS PRINCIPLES
FOR OLDER PERSONS

유엔 총회, 1991년 12월 16일

독립

1. 노인은 소득, 가족과 지역 사회의 지원 및 자조를 통해 적절한 식량, 물, 주거, 의복 및 의료 혜택을 받아야만 한다.

2. 노인은 일할 수 있는 기회를 제공받거나 다른 소득을 얻을 수 있는 기회를 가져야만 한다.

3. 노인은 직장에서 언제 어떻게 그만둘 것인지의 결정에 참여해야만 한다.

4. 노인은 적절한 교육과 훈련 프로그램에 접근할 수 있어야만 한다.

5. 노인은 개인의 선호와 변화하는 능력에 따라 안전하고 적응할 수 있는 환경에서 살 수 있어야만 한다.

6. 노인은 가능한 오랫동안 가정에서 살 수 있어야 한다.

참여

7. 노인은 사회에 통합되어야 하며, 그들의 풍요로운 삶에 직접 영향을 미치는 정책의 형성과 이행에 적극적으로 참여하고, 그들의 지식과 기술을 젊은 세대와 공유해야 한다.

8. 노인은 지역 사회에 봉사할 수 있는 기회를 찾고 개발해야 하며, 그들의 관심사와 능력에 알맞은 자원봉사자로서 봉사할 수 있어야 한다.

9. 노인은 노인을 위한 사회운동과 단체를 형성할 수 있어야 한다.

돌봄

10. 노인은 각 사회의 문화적 가치 체계에 따라 가족과 지역 사회의 보살핌과 보호를 받아야 한다.

11. 노인은 신체적·정신적·정서적 안녕의 최적 수준을 유지하거나 되찾도록 도와주고 질병을 예방하거나 그 시작을 지연시키는 의료 혜택에 접근할 수 있어야 한다.

12. 노인은 자율과 보호와 돌봄을 고양시키기 위해 사회적·법률적 서비스에 접근할 수 있어야 한다.

13. 노인은 인간적이고 안전한 환경에서 보호받고 재활할 수 있어야 하며, 사회적·정신적 도움을 제공하는 적정 수준의 시설보호를 이용할 수 있어야 한다.

14. 노인이 보호시설이나 치료시설에 거주할 때 존엄, 신념, 욕구, 사생활, 돌봄, 삶의 질 등을 결정하는 권리를 완전히 존중받는 것을 포함해 인간의 권리와 기본적인 자유를 향유할 수 있어야 한다.

자아실현

15. 노인은 자신의 잠재력을 완전히 발전시키기 위한 기회를 추구할 수 있어야 한다.

16. 노인은 사회의 교육적, 문화적, 정신적 및 여가에 관한 자원에 접근할 수 있어야 한다.

존엄성

17. 노인은 존엄과 안전 속에서 살 수 있어야 하며, 착취와 육체적·정신

적 학대를 받지 않아야 한다.

18. 노인은 나이, 성별, 인종 및 배경, 장애나 여타 지위에 상관없이 공정하게 대우받아야 하며, 그들의 경제적 기여와 관계없이 존중되어야 한다.

전체에서
부분을
분리할 수 없다

〈사회보장: 새로운 합의〉, 2001

"사회보장은 기본적 인권이며
사회 평화와 사회적 통합을 보장하도록 도움으로써
사회적 결집을 이루는 기본적인 수단이다."

〈세계 인권 선언〉의 제22조는, "모든 사람은 사회의 일원으로서 사회보장에 관한 권리를 가지며, 국가적 노력과 국제적 협력으로 그리고 각국의 조직과 자원에 따라 자신의 존엄성과 인격의 자유로운 발전을 위해 불가결한 경제적·사회적·문화적 권리를 실현할 권리를 가진다"라고 사회보장에 대한 권리를 밝히고 있다. 또한 제25조는 "모든 사람은 식량, 의복, 주택, 의료, 필수적인 사회 서비스를 포함해 자신과 가족의 건강과 안녕에 적합한 삶의 수준을 누릴 권리를 가지며, 실업, 질병, 장애, 배우자와의 사별, 노령, 그 밖의 자신이 통제할 수 없는 상황에서 생계 결핍이 발생했을 때 사회보장을 누릴 권리를 가진다"라고 사회보장의 여러 형태를 보여주고 있다.

그리고 이를 이어받은 〈경제적·사회적·문화적 권리에 관한 국제 규약(International Covenant on Economic, Social and Cultural Rights)〉 제9조는 "모든 사람은 사회보험을 포함한 사회보장에 대한 권리를 가지고 있다"고 규정했다. 그런데 이들 사회보장에 관한 대표적인 문서들에는 사회보장에 대한 정의가 없으며, 사회보장의 구체적 내용을 몇 가지 예시하고 있을 뿐이었다.

사회보장의 반대급부는 없다 |

'사회보장에 대한 권리'는 이전 시대의 구빈이나 자선과는 근본적으로 다르다. 구빈 차원의 사회부조에서는 수급자의 권리를 인정하지 않고, 베풀어준다는 시혜성과 그에 따른 굴욕적 조건을 부가하고 있다. 그러나 권리로서의 사회보장은 다르다. 개인의 잘잘못이 아니라 체제 속에서 '어쩔 수 없는', 〈세계 인권 선언〉 제22조 표현대로 "자신이 통제할 수 없는 상황에서" 맞닥뜨린 생활 곤궁이나 불능 상태를 전제로 사회보장의 권리가 인권으로 구체화된다.

사회보장의 권리는 개인의 기본적 인권이다. 인권을 누리는 데는 조건이 없다. 따라서 수급자가 사회에 기여했는지 여부가 사회보장 혜택을 누릴 조건일 수 없다. 사회보장은 공적 부담으로 이루어져야 한다. 그리고 권리이기 때문에 법적으로 인정되어야 한다. 사회는 자기 내부에서 발생하는 위험으로부터 구성원을 보호해야 할 의무가 있다는 것을 인정해야만 한다.

사회보장에 대한 권리는 '인간 존엄성'과 '인간의 자유'를 목적으로 한다. 국가가 시혜를 이유로 자유의 교환을 제안하는 식으로 다른 인권에 마음대로 개입해서는 안 된다. 어디까지나 정의의 원칙에 부합해야 한다. 국가의 적극적 활동이 다른 기본권 침해를 합리화할 근거가 될 수 없다. 사회보장을 이행하면서 충분히 예상힐 수 있는 국가 개입의 강회가 다른 인권을 침해하는 것으로 이어지지 않도록 하는 방패막이는 표현의 자유, 결사의 자유 등 기본적 자유의 강화이다.

사회보장의 구체적 내용을 확인할 수 있는 방법 중 하나는 국제노동기구(ILO)의 사회보장 관련 원칙을 살펴보는 것이다. 여러 국제 전문기구들 가운데서도 국제노동기구는 1919년 창설 이래로 사회보장을 그 핵심 수임 사항으로 하고 있기 때문이다. 1944년의 〈필라델피아 선언〉, 일명 〈국제노동기구의 목적에 관한 선언(Declaration Concerning the Aims and Purposes of the International Labour Organization)〉에서 국제노동기구는 적절한 수준의 사회적 보호를 제공할 필요성을 천명했다. 그리고 사회보장에 대한 일련의 조약과 권고(2006년 현재까지 31개 조약과 23개 권고)를 내놓았다.

유엔의 〈경제적·사회적·문화적 권리에 관한 국제 규약〉을 담당하는 사회권위원회(The Committee on Economic, Social and Cultural Right)는 사회보장권의 구체적 내용을 국제노동기구의 관련 규정에서 찾고 있다. 그런데 국제노동기구의 사회보장 규정은 일반적으로 고용과 연관된 사회보장이다. 즉, 노동자의 소득과 상황에 바탕을 둔 것이다. 필수적인 사회 서비스에 대한 보편적 권리나 적절한 자원이 없는 사람 누구나 '필요'에 따라 사회적 지원을 받을 수 있다는 권리보다 좁은 의미이다. 물론 〈필라델피아 선언〉이나 국제노동기구의 사회보장 관련 결의안에서는 "사회보장을 필요로 하는 모든 사람에게 기본 소득과 포괄적인 의료 보호를 제공할 것"을 원칙으로 선언하고 있다. 하지만 주안점은 고용과 연관된 사회보장이다. 국제노동기구의 사회보장 관련 기준을 볼 때는 이 점에 유의할 필요가 있다.

보다 넓은 의미에서의 사회권 보장은 유럽평의회의 〈유럽 사회 헌장(European Social Charter)〉(1961)에 드러나 있다. 이에 따르면 국가는 '사회보장 제도를 설립하고 유지할 의무'(제12조 1항)가 있는데, 사회보장 체제에 상당한 격차가 있거나 급여 수준이 낮다면 이 조항에 따른 의무를 이행하지 않은 것이 된다. 즉, 사회보장 제도가 실질적으로 존재한다고 볼 수 있으려면 적어도 최소한의 수준을 유지해야 한다는 뜻이다.

유엔 또는 국제노동기구의 회원국은 국제노동기구 헌장과 〈세계 인권 선언〉, 다른 국제 인권 조약을 수용함으로써 일정 수준의 사회보장을 자국의 모든 시민에게 제공할 의무를 가진다. 그렇지만 이런 국제 기준은 회원국이 추구해야 할 실제 보장의 수준이나 우선순위를 명시하지 않기 때문에 회원국에게 재량의 여지를 남기고 있다. 2001년 국제노동기구 총회에서 결의한 〈사회보장: 새로운 합의〉는 회원국에게 재량의 여지를 남겨놓고 있지만, 다음과 같은 사회보장에 관한 지도 원칙을 제시했다.

- 적용 범위는 보편적이어야 하고, 급부(benefits)는 충분해야 한다.
- 국가는 급부가 제때 정당한 권리로서 제공될 것을 보증하고 충실한 거버넌스 구조를 보장해야 할 궁극적이고 일반적인 책임을 진다.
- 사회보장은 사회적 연대에 기초해 조직되어야 한다. 특히 남성과 여성 간의 연대, 다양한 세대 간의 연대, 취업자와 실직자 간의 연대, 부자와 빈민 간의 연대에 기초해야 한다.
- 사회보장 체제는 지속 가능해야 한다.
- 한 국가 및 국제적 수준 모두에서 법의 지배가 보편화되어야 한다.

사회보장은 자연적 사실이다 |

인간은 서로 의존하며 살아간다. 인간은 서로 연대해야 한다. '사회권'에서 '사회적(social)'의 어원인 'socialis'는 '결연'했다는 뜻으로, 사회의 모든 시민이 이익을 공유할 수 있다는 의미이다. 마찬가

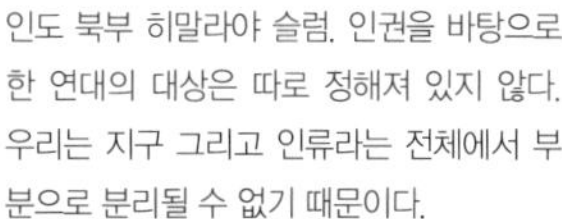
인도 북부 히말라야 슬럼. 인권을 바탕으로 한 연대의 대상은 따로 정해져 있지 않다. 우리는 지구 그리고 인류라는 전체에서 부분으로 분리될 수 없기 때문이다.

지로 사회적 연대라 할 때 '연대(solidarity)'의 어원 'in solidum'은 채무자의 연대 책임을 말하는 것으로, '전체로부터 부분을 분리할 수 없다'는 뜻이다. 채무자 각자가 전체로서 빚에 대한 책임을 진다는 것이 훗날 공동체 관계, 상호 의존과 부조, 구제와 지원이라는 개념을 표현하게 되었다.

인간은 사회 안에 존재하므로 인간의 상호 의존성과 연대는 개인이 동의하는가, 어떤 의사를 가지고 있는가를 따지기 이전에 이미 존재하는 자연적 사실이다. 인간이 이런 인간의 결사로부터 물질적으로나 도의적으로 벗어날 수 없다는 것이 '사실'로서의 연대라 할 수 있다. 따라서 인간은 태어나면서부터 사회에 대해 채무자이다. 각자의 능력과 활동의 자유로운 발전은 동시대의 다른 사람들과의 협력으로 얻을 수 있다. 그리고 현실의 발전 단계는 앞서 살았던 인간의 노력이 쌓이고 이어져서 이뤄졌다. 그러므로 누구나 사회에 빚을 진 셈이고 이에 따라 '의무'로서 연대를 지향해야 한다. 그러나 현실에서는 자본이나 교육을 통해 과거의 정신적·물질적 유산을 누리면서 사회에 주는 것보다 더 많이 받는 사람이 있는가 하면 더 적게 받는 사람들이 있다. 이 지점에서 사회적 '정의'가 요구된다.

사회적 연대와 정의를 권리로 표현하면, '사회보장에 대한 권리'이다. 그러나 사회적 연대를 이해하는 방식을 둘러싸고 상부상조의 미덕을 강조하는 해석에서부터 국가의 의무를 강조하는 것까지 다양한 입장 사이의 충돌이 존재하고 있다. 단단하면서도 따뜻한 사회보장은 우리 사회가 어떤 가치를 우선적으로 선택하느냐에 달려 있을 것이다.

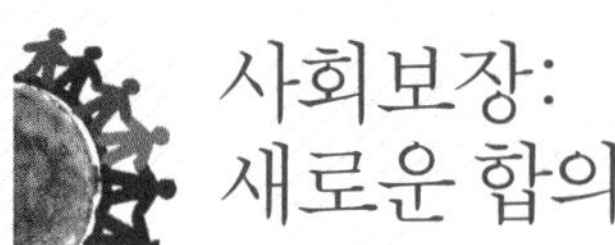

사회보장:
새로운 합의

SOCIAL SECURITY: A NEW CONSENSUS

국제노동기구 총회, 2001년 5월

사회보장에 관한 결론

……

2. 사회보장은 노동자와 그 가족, 전체 사회의 풍요로운 삶에서 매우 중요하다. 사회보장은 기본적 인권이며 사회적 평화와 통합을 보장하도록 도움으로써 사회적 결집을 이루는 기본적인 수단이다. 사회보장은 정부가 시행하는 사회정책의 필수불가결한 요소이며 빈곤을 예방하고 경감하기 위한 중요한 수단이다. 사회보장은 국민적 연대와 공정한 부담 공유를 통해 인간 존엄성과 평등, 사회정의에 기여할 수 있다. 사회보장은 정치적 통합, 권한 강화, 민주주의 발전에도 중요하다.

3. 적절하게 운영되는 사회보장은 의료 혜택, 소득 안전, 사회적 서비스를 제공함으로써 생산성을 강화한다. 성장하는 경제와 능동적인 노동시장정책과 함께 사회보장은 지속 가능한 사회·경제적 발전의 도구이다. 사회보장은 적응력 있고 유동적인 노동력을 요구하는 구조적이고 기술적인 변화를 촉진한다. 주목해야 할 점은 사회보장이 기업에게 비용인 동시에 사람에 대한 투자이며 지원이라는 것이다. 지구화와 구조조정 정책으로 사회보장은 그 어느 때보다도 더욱 필수적인 것이 되었다.

4. 사회보장에 유일하게 올바른 모델이란 없다. 사회보장은 시간이 흐름

에 따라 성장하고 변화·발전한다. 사회보장에는 사회적 지원 계획, 보편적 계획, 사회보험, 공적 및 사적 준비가 있다. 각 사회는 소득 안전을 가장 잘 보장하고 의료 혜택에 가장 잘 접근하는 방법을 결정해야만 한다. 이들 선택에는 각 사회의 사회·문화적 가치, 역사, 제도, 경제 발전의 수준이 반영된다. 국가는 사회보장을 촉진·증진하고 적용 범위를 확대하는 일에서 우선적인 역할을 해야 한다. 모든 사회보장 체제는 일정한 기본적 원칙을 따라야 한다. 특히 보조금은 안전하고 비차별적이어야 한다. 사회보장 계획은 실행할 수 있는 정도의 최소 비용과 사회적 파트너가 중요한 역할을 하는 건전하고 투명한 방식으로 운영돼야 한다. 사회보장 제도에 대한 대중의 신뢰가 그 성취를 가늠하는 주요인이다. 신뢰가 존재하기 위해선 충실한 거버넌스가 필수적이다.

5. 정책과 계획의 최고 우선순위는 기존 제도가 포괄하지 못하는 사람들에게 사회보장을 적용하는 것이다. 많은 국가들에서 사회보장의 혜택을 받지 못하는 사람은 소규모 사업장 고용인, 자영업자, 이주노동자, 비공식부문 경제활동 종사자(상당수가 여성)이다. ……어떤 집단은 필요성이 다르며 일부 집단은 기여 능력이 매우 낮다. 사회보장의 적용 범위를 확대할 때 이런 차이점을 고려해야만 한다. ……적용 범위를 확대하려는 정책과 계획은 통합적인 국가 사회보장 전략 속에서 취해져야 한다.

6. 비공식 부문 경제활동이 던지는 근본적인 도전은 어떻게 공식적인 경제활동에 통합하느냐이다. 이는 형평과 사회적 연대의 문제이다. 정책은 비공식 부문 경제에서 벗어나는 것을 장려해야 한다. 비공식 부문 경제의 취약 집단에 대한 지원 비용을 사회 전체가 지불해야 한다.

7. 노동 연령의 사람에게 소득을 보장하는 최상의 방법은 좋은 일자리

(decent work)의 제공이다. 따라서 실업자에 대한 현금 보조금 제공
은 일자리를 구하는 데 필요한 훈련과 재훈련 및 기타 지원과 밀접하
게 조응해야 한다. 미래의 경제 성장에서는 노동력의 교육과 숙련도
가 더욱더 중요해질 것이다. 적절한 생활 기술, 읽고 쓰고 셈하는 능
력을 성취하고 인격 성장과 노동력 진입이 용이할 수 있도록 모든 아
동이 교육을 받을 수 있어야 한다. 평생교육은 오늘날 경제에서의 고
용 능력을 유지하는 데 필수적이다. 실업 보조금은 의존성을 심화하
거나 고용 장벽이 되지 않도록 설계돼야 한다. ……

8. 사회보장은 '성 평등'의 원칙에 기반하고 이를 증진해야 한다. 이것은
똑같거나 비슷한 상황에서 남성과 여성을 평등하게 처우해야 한다는
의미일 뿐만 아니라 여성에게 평등한 결과를 보장할 수 있는 조치도
포함한다. 사회는 대가를 지불하지 않은 여성의 돌봄 노동에서 큰 혜
택을 취하고 있다. 특히 아동, 부모, 허약한 가족 성원에 대한 여성의
돌봄이 그러하다. 여성은 자신의 노동 연령 동안에 이런 돌봄에 기여
했기 때문에 인생의 후반기에 체계적인 불이익을 당하지 않아야 한다.

9. 여성의 노동력 참여가 크게 늘어났고 남녀의 역할이 변화한 결과 남
성을 생계 책임자로 상정한 원래의 사회보장 체제는 많은 사회의 욕
구에 더욱더 부응하지 못하고 있다. 사회보장과 사회 서비스는 남녀
평등에 근거해 계획되어야 한다. ……

10. 대부분의 사회에서 남녀 간의 지속적인 소득 불평등이 여성의 사회
보장에 대한 자격에 영향을 끼친다. 지속적인 임금차별 철폐 노력,
(제도가 없는 곳에서는) 최저임금제 도입을 고려하는 것이 바람직하다.
부모 중 어느 한편이 자녀 양육을 하는 경우에 아동 양육에 대한 사회
보장 보조금은 자녀를 돌보는 사람에게 주어져야 한다.

11. 많은 사회는 고령화 현상으로…… 생산적인 고용에 추가적인 숫자

를 더할 수 있는 지속 가능한 경제 성장의 높은 수준을 성취할 수 있는 방법을 찾아야만 한다.

12. 특히 사하라 이남의 아프리카 같은 많은 개발도상국에서는 HIV/AIDS 확산이 사회의 모든 측면에 파멸적인 영향을 준다. ……이러한 위기에 훨씬 더 긴급하게 대응해야만 한다. ……

13. ……법정 연금 제도는 적절한 보조금 수준을 보장하고 국민적 연대감을 보장해야 한다.

14. 지속 가능하기 위해서는 재정적으로 실행 가능한 연금 체계가 장기간 보장돼야 한다.

(이하 생략)

3장_
인권으로
미래를 약속하다

평화 없는 인권은
강자의
위선이다

〈베트남 너머: 침묵을 깨야 할 때〉, 1967
마틴 루터 킹

> "오늘날 우리는 비폭력적 공존이냐 폭력적 공멸이냐를
> 선택해야 할 기로에 서 있다. 이제 우리는 과거의
> 우유부단함을 떨치고 행동으로 나아가야 한다."

마틴 루터 킹(Martin Luther King Jr.), 〈나에겐 꿈이 있습니다〉라는 명연설로 유명한 그는 미국 흑인 민권운동의 지도자이자 1964년 노벨 평화상 수상자였다. 그런데 열렬히 지지하며 갈채를 보냈던 많은 이들이 그를 외면하기 시작했다. 〈베트남 너머(Beyond Vietnam)〉*라는 연설 이후의 일이었다.

베트남에서의 전쟁과 우리가 미국에서 전개하고 있는 시민권 투쟁 사이에는 아주 명백하면서도 알기 쉬운 상관관계가 있다. 몇 년 전 우리의 시민권 투쟁은 빛나는 순간을 맞았다. 그때 빈곤 퇴치 프로그램은 흑인과 백인을 불문하고 가난한 사람들에게 희망을 약속해

---

* Beyond Vietnam: A Time to Break Silence. 연설 전문은 http://www.stanford.edu/group/King/publications/speeches/Beyond_Vietnam.pdf에서 볼 수 있다. 우리말 번역은 《마틴 루터 킹의 양심을 깨우는 소리》(크리스 세퍼드, 클레이본 카슨 엮음, 양소정 옮김, 위드북스, 2005)에도 실려 있다.

주는 듯했다. ……그러다가 베트남에 군대가 파병된 후 나는 이 빈곤 퇴치 프로그램이 마치 전쟁에 미쳐버린 사회의 정치적 노리개마냥 무산되는 것을 지켜보았다. 그리고 나는 베트남 전쟁 같은 모험들이 마력을 지닌 파괴적인 흡혈귀처럼 사람과 기술과 돈을 계속 빨아들이는 한, 미국이 가난한 사람들의 재활에 필요한 자금이나 에너지를 결코 투자하지 않을 것임을 알았다. 그래서 나는 점점 이 전쟁을 가난한 사람들의 적으로 볼 수밖에 없었고, 그런 의미에서 이 전쟁에 반대를 하지 않을 수 없게 되었다.

……이 전쟁은, 인구의 나머지 집단들과 비교해볼 때 비율이 전혀 맞지 않게 턱없이 많은 가난한 사람들이 아들과 형제와 남편을 전쟁터로 보내서 싸우다 죽게 하는 행위이다. 우리는 우리 사회에서 힘겹게 살아가고 있던 흑인 젊은이들을 8천 마일이나 떨어진 동남아시아로 보내, 남서부 조지아나 동부 할렘 지역에서도 찾지 못했던 자유를 수호하라고 명령하고 있다. ……나는 가난한 사람들이 그토록 잔인하게 조종당하는 현실 앞에서 도저히 침묵을 지킬 수 없다.

킹은 〈베트남 너머〉에서 베트남 전쟁에 반대하는 입장을 분명히 밝혔다. 그도 미국 정부, 백인 자유주의자, 유명 흑인 인사 등의 압력으로 베트남 전쟁에 대한 비판을 자제하고 있었다. 그러나 "자신의 양심이 다른 선택을 허락지 않기 때문"에 발언하기 시작했다. 그렇지 않아도 백인 인종주의자에게 공격당하고 있던 그는 이 연설로 주류 언론이라 할 《라이프》나 《워싱턴포스트》로부터의 비난을 감수해야만 했다. 그렇지만 킹은 "침묵은 곧 배반을 의미하는 때"라며 베트남 전쟁 반대 의사를 계속 이어나갔다.

〈베트남 너머〉는 1967년 4월 4일 뉴욕 리버사이드 교회에서 행한 연설이다. 킹은 이 연설에서 미국의 부도덕성을 질타하며 미국이 자국 내의 불공정을 외면하고 세계 평화에 관심을 보이지 않으면 신의 저주와 분노가 떨어질 것이라고 역설했다. 〈베트남 너머〉를 연설한 지 꼭 1년 후인 1968년 4월 4일에 킹은 암살당했다. 의문에 싸인 죽음이지만, 그의 목소리를 두려워하고 싫어한 자들의 소행이라 여겨지고 있다.

전쟁은 인권을 송두리째 날려버린다 |

베트남 전쟁에 동원된 사람들은 대부분 소외되고 가난한 사람들이었다. 게다가 전쟁은 한없이 늘어지고 있었다. 그러자 미 의회는 재정 지출에서 전쟁 비용을 늘리는 대신 사회복지 예산을 줄였다. 이에 따라 사회적 약자의 생존 여건은 더욱 악화되었다. 경제는 총성 없는 전쟁이다. 피를 흘리지 않지만 무고한 어린이와 여성과 노인과 시민을 굶주리게 하고 에너지 같은 필수 자원에 접근하지 못하도록 만든다.

나는 무엇보다도 먼저, 오늘날 세계에서 가장 큰 폭력의 행사자인 바로 우리 정부를 향해 분명히 말하지 않고서는, 흑인 거주 지역에서 억압받고 있는 이들에게 가해지는 폭력을 비판하는 나의 목소리를 결코 높일 수가 없음을 알게 되었다. 이 청년들을 위해, 이 정부를 위해, 우리의 폭력 아래 떨고 있는 수많은 사람들을 위해, 나는 침묵할 수가 없다. ……전 세계인의 가장 깊은 희망을 파멸하는 한, 미국의 영혼은 구제될 수 없다. 그래서 '바야흐로 미국이 되리라'고 결심한 우리는 저항과 반대의 길을 감으로써 이 나라의 건강을 위해 노력해야 한다. ……힘없는 이들, 발언권 없는 이들, 미국에 의해 희생된 이들, 이 나라가 '적'이라고 부르는 이들, 인간이 기록한 어떤 문서에도 우리의 형제가 아니라고 언급되어 있지 않은 이들을 위해 말하고자 나는 이곳에 온 것이다.

생각에 잠긴 마틴 루터 킹. 미국은 민주주의와 자유의
이름으로 전쟁을 치렀고, 마틴 루터 킹은 그 전쟁을 인권과
평화의 이름으로 반대했다.

미국은 영국을 상대로 독립 전쟁을 수행하고 〈독립 선언서〉를 발표하면서 스스로 '생명·자유·재산'의 권리는 '자결권(自決權)'을 전제로 한다고 선언했다. 식민지 나라에 참된 인권은 없다는 것을 미국 역사가 스스로 증명했다. 그런데 미국은 베트남의 자결권을 부인하고 있었다.

그들(베트남)이 미국 〈독립 선언서〉의 내용을 자신들의 선언에 인용했음에도 불구하고, 우리는 그들을 인정하기를 거부했다. 오히려 이전의 식민지를 다시 정복하려는 프랑스를 지지하고 나섰다. 당시 우리 정부는 베트남인이 독립할 준비가 되어 있지 않다고 느꼈다. 그래서 우리는 그토록 오랜 세월 세계의 정서에 치명적인 독을 입혀왔던 서구적 오만함의 희생자로 또다시 전락하고 말았다. …… 우리는 베트남인이 독립할 수 있는 권리를 부정했다. …… 재식민지화하려는 이러한 비극적 시도에 따르는 거의 모든 비용을 우리는 머지않아 치러야만 할 것이다.

진실한 인권 기준은 상대방에게 적용하기에 앞서 자신에게 적용해야 한다. 약자가 진정으로 원하는 것이 무엇인지를 파악하지 못하고 일방적으로 자신을 '선(善)'으로 주장하는 것은 지배와 다를 바 없다. 공동선의 관점에서 자신을 먼저 돌아보는 것이 진정한 인권의 주장이다. 상대방의 차이를 '존중'하지는 못할지라도 '인정'하고 '관용'하는 것이 인권을 위한 대화와 노력의 출발점이다. 평화와 공존을 추구하지 않는 인권은 힘의 횡포요 강자의 위선일 뿐이다.

오늘날 우리는 비폭력적 공존이냐 폭력적 공멸이냐를 선택해야 할 기로에 서 있다. 이제 우리는 과거의 우유부단함을 떨치고 행동으로 나아가야 한다. 우리는 베트남의 평화와 함께, 우리와 이웃하고 있는 모든 개발도상국에서 정의를 확립할 수 있는 새로운 방법을 찾아내야 한다. 지금 행동하지 않으면 우리는 분명히, 동정심이라고는 없는 힘, 도덕성이 결여된 힘, 통찰력을 갖추지 못한 힘을 소유한 사람들을 위해 마련된 길고 어둡고 수치스러운 시간의 복도를 따라 끌려가게 될 것이다. ……우리가 올바른 선택을 한다면, 전 세계에서 일어나는 소란스러운 불협화음을 형제애의 아름다운 교향곡으로 바꿔 연주할 수 있을 것이다. 우리가 정녕 올바른 선택을 한다면, 미국과 전 세계에 정의가 홍수처럼 흐르고 공의가 힘찬 물살로 흐르는 그날을, 우리는 그날을 앞당길 수 있을 것이다.

인권 보장은
발전의
필수 조건이다

〈발전권 선언〉, 1986

"발전권은 양도할 수 없는 인권이기에, 모든 개인과 인민은
경제적·사회적·문화적·정치적 발전에 참여하고 기여하며
이를 향유할 수 있는 자격을 갖는다. 그 속에서 모든 인권과
기본적 자유가 완전히 실현될 수 있다."

'development'를 흔히 개발 또는 발전이라고 번역한다. '경제 개발(발
전)', '도시 개발(발전)'처럼 이 단어에는 성장 지상주의의 인상이 가득하다.
그리고 이 단어는 제1세계가 제3세계를 개발시킨다는 의도를 담고 있다. 이
렇게 불순(?)한 단어인 '발전'과 인권은 왜 만나게 됐을까?

누군가가 가난한 이들의 고통 속에서 이윤을 취하려 하고 있다.
……어떻게 하면 민중이 중요한 식량과 의약품을 빼앗기는 일을 멈
출 수 있을까? 그들은 검은 황금이라 부르는 석유를 내뿜는 땅을 저
주한다. 유전을 왜 마르게 하지 않느냐고 신들을 저주한다. 가난한
여인이 절망의 눈물을 흘리고 있는데 날마다 수백만 배럴의 석유가
채굴되어 수출되는 것이 뭐가 문제냐고?

다른 땅을 대안으로 이용할 수 있는가? 석유 채굴로 인한 오염으
로 동물조차 살 수 없게 됐는데 입법자들이 법을 개정하는 것이 이

불행한 사람들에게 행복을 가져다줄 수 있을까? 그들은 농토를 망치고 파괴당한 사람들에게 석유 사용료를 보내줘야만 한다. 하지만 변호사들은 석유회사의 돈을 받고 있고, 정부의 공무원들은 변호사와 석유회사의 돈을 받고 있다. 그러면 일이 어떻게 돌아갈 것인가?

세계 최대의 정유회사인 로열 더치 쉘(Royal Dutch Shell)이 석유를 유출해 주민의 생존을 위협하고 노동자를 비인간적으로 대하자 켄 사로위와(Ken Saro-Wiwa)가 쓴 글의 일부이다.

켄 사로위와는 나이지리아 오고니족의 생존권과 환경을 위해 투쟁한 작가이자 인권 운동가로, 얼터너티브 노벨상과 골드만 환경상을 수상하기도 했다. 나이지리아에 터를 잡은 석유회사에 눈엣가시였던 켄 사로위와는 석유회사와 결탁한 군사정권에 의해 1995년 처형됐다.* 전 세계 많은 시민이 구명운동을 펼쳤지만 그의 죽음을 막지는 못했다.

제3세계에는 수많은 켄 사로위와가 있다. 그들은 강요된 '악(惡)발전'에서 벗어날 수 있는 사회적·국제적 질서를 갖춰야 인권을 보장받을 수 있다는 인식에서 '발전권'을 주장했다. 악발전이란 외국의 간섭과 위협 아래에서 착취당하고, 세계 경제 질서에 하위 파트너로 종속되고, 환경 파괴와 경제·사회적 불평등이 심화되는 가운데 이루어지는 발전이다. 숫자상 경제성장은 이룰지 모르지만 과정과 결과가 험악하고 초라한 지금까지의 발전 방식에서 벗어나자는 의지 표현이었다. 한편 선진국에서도 성장 위주의 개발 정책을 반성하고 개발이 불평등의 심화로 이어지는 현실을 비판하면서

---

* 쉘이 나이지리아 군사정권에 돈을 대왔고 사로위와를 체포할 때 나이지리아군에 헬기까지 제공한 사실이 드러나면서 처형을 유도했다는 의혹이 제기됐다. 결국 법정 공방 끝에 2009년 6월 10일 쉘은 사로위와의 유족과 지역 사회에 1,500만 달러를 지급하고 화해를 요청했다.

켄 사로위와는 눈앞에 보이는 경제 성장과 발전이 불행을
행복으로 바꿔주지는 못함을 고발했다. 진정한 발전,
진정한 행복이란 결국 인권이 토대가 될 때에만 가능하다.

'인민의 참여에 기초한 발전'을 요구하게 되었다.

1972년 세네갈의 법률가 케바 음바예(Keba M'Baye)가 최초로 발전권을
내세웠다. 기존의 인권 개념은 개별적으로 나열되어 있어서 인권 증진을 위
해서는 인권 침해에 대한 '구조적' 접근을 담아야 한다는 요구였다. 1979년
국제 인권법학자인 카렐 바삭(Karel Vasak)이 발전권을 '연대에 기초한 3세
대 인권'으로 분류했고, 유엔 사무총장은 유엔 인권위원회의 요청에 따라
'발전은 경제 성장의 동의어가 아니며, 인권의 보장이 발전의 필수 조건'임
을 명시한 보고서를 제출했다. 이런 노력들이 오랜 공방을 거친 후 1986년
유엔 총회에서 〈발전권 선언(Declaration on the Right to Development)〉을
채택하는 결과를 낳았다.

발전권은 불가양, 불가침, 불가분의 인권이다 |

전문과 10개 조항으로 이루어진 〈발
전권 선언〉은 전통적 인권 개념과 구분되는 여러 특징을 가지고 있다. 우선,
인권의 주체를 '개인'만이 아니라 모든 개인과 '모든 인민'으로 규정하면서

처음으로 '복수화'했다는 점이 가장 두드러진다. 개인의 발전이 공동체(집단, 집단으로서의 인민)의 발전과 떼려야 뗄 수 없는 관계에 있음을 보여준다. 둘째, 발전을 '경제 성장'과 동의어가 아니라 '경제, 사회, 문화, 정치' 모든 분야에 걸친 포괄적인 과정으로 이해한다. 셋째, 인간이 발전의 대상이나 수단이 아닌 중심 주체임을 확인한다. 권리의 실현에서 필수적으로 강조되고 있는 것도 '참여'이다. 따라서 국가는 개인과 인민의 의미 있는 참여를 보장할 의무가 있다. 넷째, 인권에 대한 구조적 접근이 강조된다. 선언은 발전을 가로막는 요인으로 '아파르트헤이트, 인종주의와 인종 차별, 식민주의, 외국의 지배와 점령, 침략, 국가 주권과 국가적 통일 및 영토 보존에 대한 외국의 간섭과 위협, 전쟁의 위협, 자결권 인정의 거부' 등을 명확히 짚고 있다. 이에 따라 국가는 이런 장애물을 제거하고 세계 평화와 안보, 군비 축소로 확보된 자원이 발전에 쓰일 수 있도록 보장할 의무가 있다.

이상을 종합할 때 발전이란 포괄적인 경제적·사회적·문화적·정치적 과정으로, 발전과 그로부터 산출되는 이익의 분배에 공정하고 자유롭고 적극적이며 의미 있게 참여해 전 인구와 모든 개인적 복지의 부단한 향상을 목표로 하는 것이다.

〈발전권 선언〉 이후 유엔의 여러 문서에서 발전권은 불가양, 불가침, 불가분의 인권으로서 인정되어왔다. 그러나 한편으로는 '불능의 권리'라 여겨지고 있다. 또한 〈발전권 선언〉을 둘러싼 선진국과 제3세계의 입장 차는 좁혀지지 않고 있다. 발전권 개념에 따라 의무와 책임을 져야 할 국가나 국제 경제기구 등에서는 "발전권은 난센스이며 그 안에 담긴 권리가 실제로 무엇을 의미하는지 구체적인 의무를 규정하기가 어렵다"고 지적해왔다.

그러나 켄 사로위와 같은 구체적인 피해 집단 쪽에서 본다면 무엇이 발전권이고 어떻게 발전권을 가질 수 있는지는 아주 구체적이다. 수출량, GNP, 주식시세, 통화가치 등의 지표가 아무리 좋아진다 해도 그것 자체가 사람들의 생존을 보장해주지는 않는다. 또한 이들 지표는 과연 그러한 '성장'이 무엇과의 거래를 통해 이루어졌고, 그 성장의 열매가 누구의 몫이 되었는지를 말해주지도 않는다.

발전권은 지구적 문제이기도 하지만 지역적 문제이기도 하다. 같은 장소에 '뉴타운 환영', '재개발 환영'이 쓰인 펼침막과 '또 어디로 가란 말이냐', '생존권을 보장하라'는 펼침막이 나란히 걸린 것을 볼 때가 있다. 새로 올라가는 아파트에 누군가는 뿌듯해하고 누군가는 속을 태운다. 발전권이 관심을 갖는 것은 당연히 후자에 해당하는 사람들이다. 전자는 우리가 지금까지 알고 있던 '발전'을 내세운다. 후자는 '새로운 발전'을 담고 있다. 어떤 발전을 응원할 것인가.

발전권 선언

DECLARATION
ON THE RIGHT
TO DEVELOPMENT

유엔 총회, 1986년 12월 4일

총회는,

경제적·사회적·문화적·인도주의적 본성에 관한 전 세계적 문제를 해결하려는, 그리고 인종·성·언어·종교에 따른 어떤 구별도 없이 모든 사람을 위한 인권과 기본적 자유에 대한 존중을 장려하고 증진하려는 국제 협력의 달성에 관한 〈유엔 헌장〉의 목적과 원칙들을 고려하면서,

발전은 포괄적인 경제적, 사회적, 문화적, 정치적 과정으로서, 발전과 그로부터 산출되는 이익의 분배에 공정하고 적극적이고 자유롭고 의미 있게 참여할 수 있도록 해 전 인구와 모든 개인의 삶이 끊임없는 풍요를 목표로 하는 것임을 인식하면서,

모든 사람에게는 〈세계 인권 선언〉에 명시된 권리와 자유를 완전히 실현하기 위한 사회적이고 국제적인 질서에 대한 권리가 있음을 고려하면서,

〈경제적·사회적·문화적 권리에 관한 국제 규약〉과 〈시민적·정치적 권리에 관한 국제 규약〉의 규정들을 상기하면서,

나아가 탈식민화, 차별 금지, 인권과 기본적 자유의 존중과 준수, 세계 평화와 안보 유지, 헌장에 따라 국가 간 우호와 협력을 증진하는 기구들을 포함해 인류의 전체적인 발전, 모든 민족의 경제적·사회적 진보와 발전에 관한 이후의 유엔과 그 전문기구들의 의미 있는 협정, 협약, 결정, 권고, 기타 문서들을 상기하면서,

각 민족의 자결권과 그들이 이를 바탕으로 그들의 정치적 지위를 결정

하고 경제적·사회적·문화적 발전을 추구할 권리를 갖고 있다는 것을 상기하면서,

인권에 관한 양대 국제 규약의 관련 규정에 의거해 자신들의 천연자원과 부에 관한 완전하고 충분한 주권을 발휘할 민족의 권리를 상기하면서,

인종, 피부색, 성, 언어, 종교, 정치적이거나 어떠한 견해, 국가적·사회적 출신, 부, 혈통이나 어떠한 지위 같은 어떤 종류의 차별도 없이 모든 이를 위한 인권과 기본적 자유의 전 세계적 준수와 존중을 증진할 〈헌장〉에 명시된 국가의 의무를 염두에 두면서,

식민주의, 신식민주의, 아파르트헤이트, 모든 형태의 인종주의와 인종차별, 외국의 지배·점령·통합이나 영토 보전에 대한 위협, 전쟁 위협 등 민족과 개인의 인권에 대한 대규모의 극악한 탄압을 제거하는 것이 인류 대다수의 발전에 합당한 환경을 형성하는 데 기여한다는 것을 고려하면서,

특히 시민적·정치적·경제적·사회적·문화적 권리의 거부가 인류와 각 민족의 발전과 완전한 실현에 심각한 장애물이 됨을 우려하고, 모든 인권과 기본적 자유는 불가분 상호 의존적인 것이며, 따라서 발전을 증진하기 위해서는 이러한 권리들을 수행하고 증진하는 데도 동일한 관심과 긴급한 고려가 주어져야 하며 따라서 특정한 인권과 기본적 자유를 증진하고 존중하고 보유하기 위해 다른 인권과 기본적 자유를 부인하는 것은 정당화할 수 없음을 고려하면서,

국제 평화와 안보가 발전의 권리의 실현에서 핵심적인 요소임을 고려하면서,

군비 축소와 발전 사이에 밀접한 관련이 있으며 군비 축소 영역의 진보는 발전 영역의 진보를 적지 않게 증진하게 되고, 군비 축소로 확보되는 자원은 모든 민족, 특히 개발도상국 민족의 경제적·사회적 발전과 풍요로운 삶에 바쳐져야 한다는 것을 재확인하며,

인간은 발전 과정의 중심적 주체이며, 발전 정책은 인류를 발전의 주요 참여자이면서 수익자로 만들어야 함을 인식하며,

민족과 개인의 발전에 이로운 조건을 창출하는 것은 국가의 일차적 의무임을 인식하며,

인권을 증진하고 보호하기 위한 국제적 수준의 노력은 새로운 국제 경제 질서를 형성하기 위한 노력과 병행되어야 함을 인식하며,

발전의 권리는 양도할 수 없는 인권이며 발전을 위한 균등한 기회는 국가와 국가를 구성하는 개인 모두의 특권임을 확인하며 다음의 발전의 권리에 대한 선언을 공포한다.

제1조　1. 발전권은 양도할 수 없는 인권이기에, 모든 개인과 인민은 경제적·사회적·문화적·정치적 발전에 참여하고 기여하며 이를 향유할 수 있는 자격을 갖는다. 그 속에서 모든 인권과 기본적 자유가 완전히 실현될 수 있다.

2. 발전에 대한 인권이란 인권에 관한 양대 국제 규약의 관련된 규정에 따라, 국민이 자신들의 천연자원과 부에 양도할 수 없는 완전한 주권을 행사하는 것을 포함하여 민족 자결권의 충분한 실현을 뜻한다.

제2조　1. 인간은 발전의 중심 주체이며 발전권의 적극적인 참여자이면서 수익자가 되어야 한다.

2. 모든 인간은, 그 자체로 인간의 자유롭고 완전한 성취를 보장해주는 공동체에 그들이 해야 할 의무만큼 그들의 인권과 기본적 자유를 충분히 존중받아야 하는 필요를 고려해, 개인적으로나 집단적으로 발전을 위한 의무를 지며, 발전을 위한 적절한 정치적·사회적·경제적 질서를 수호하고 장려해야 한다.

3. 국가는, 발전과 그로 인한 이익의 공정한 분배에 전 인구와 모든 개인이 적극적이고 자유롭고 의미 있게 참여하는 기초 위에서 그들의 풍요로운 삶의 부단한 향상을 목표로 한 적절한 국가적 발전 정책을 수립할 권리와 의무를 가진다.

제3조　1. 국가는 발전권 실현에 호의적인 국내적 및 국제적 조건을 형성할 일차적 책임을 갖는다.

2. 발전권 실현에는 〈유엔 헌장〉에 따르는 국가들 사이의 우호적인 관계와 협력에 관한 국제법의 원칙에 대한 완전한 존중이 필요하다.

3. 국가는 발전을 보증하고 발전의 장애물을 제거하는 데 상호 협력할 의무가 있다. 국가는, 인권의 준수와 실현을 장려하는 것만큼 모든 국가들 사이에 주권의 평등, 상호 의존성, 상호적 이해

관계, 협력에 기초한 새로운 국제적 경제 질서를 촉진할 방법을 통해 그들의 권리를 실현하고 의무를 다해야 한다.

제4조 1. 국가는 개별적으로나 집단적으로, 발전권의 완전한 실현을 용이하게 하려는 목적으로 국내 발전 정책을 수립할 의무가 있다.

2. 개발도상국의 더욱 신속한 발전을 촉진하기 위해서는 지속적인 조치가 요구된다. 개발도상국의 노력에 대한 보완으로 효과적인 국제적 협력을 통해 이들 나라에 그들의 포괄적인 발전을 촉진할 적절한 수단과 시설을 제공하는 것이 핵심이다.

제5조 아파르트헤이트, 모든 형태의 인종주의와 인종 차별, 식민주의, 외국의 지배와 점령, 침략, 국가의 주권과 국가적 통일, 영토 보전에 대한 외국의 간섭과 위협, 전쟁의 위협, 민족의 기본적 자결권 인정 거부 등에 영향을 받는 민족과 인간의 인권에 대한 대규모의 극악한 범죄들을 제거하기 위해 국가는 단호한 조치들을 취해야만 한다.

제6조 1. 모든 국가는 인종, 성, 언어 또는 종교로 인한 어떤 구별도 없이 모든 인권과 기본적 자유의 준수와 전 세계적 존중의 강화·장려·촉진을 위해 협력해야 한다.

2. 모든 인권과 기본적 자유는 불가분 상호 의존적이며, 시민적·정치적·경제적·사회적·문화적 권리의 수행과 촉진과 보호에도 동일한 관심과 긴급한 고려가 주어져야만 한다.

3. 국가는 경제적·사회적·문화적·시민적·정치적 권리의 준수에 실패함으로써 발생한 발전의 장애물을 제거할 조치를 취해야만 한다.

제7조 모든 국가는 국제 평화와 안보의 형성·유지·강화를 촉진해야만 하며, 결국 전반적이고 완전한 군비 축소를 이루기 위해, 동시에 특히 개발도상국에서 효과적인 군비 축소로 확보되는 자원을 포괄적인 발전에 사용할 것을 보장하기 위해 최선을 다해야 한다.

제8조 1. 국가는 국가적 수준에서 발전권 실현을 위해 필요한 모든 조치들을 취해야 하며, 특히 기본적 자원, 교육, 보건 서비스, 식량, 주거, 고용, 이익의 공정한 분배에서 모든 이들의 균등한 기회를 보장해야 한다. 발전 과정에서 여성의 적극적인 역할을 보장하는 효과적인 조치들이 있어야 한다. 모든 사회적 불의를 근절하기 위해 적절한 경제적·사회적 개혁을 수행해야 한다.

2. 국가는 발전과 모든 인권의 완전한 실현에 중요한 요인인 모든 영역에서의 대중적 참여를 장려해야 한다.

제9조 1. 본 선언에 제시된 발전권의 모든 측면은 불가분하고 상호 의존적이며, 각 측면은 전체 맥락 속에서 고려되어야만 한다.

2. 본 선언문의 어떤 것도 유엔의 목표와 원칙에 반하는 것으로, 또는 어떤 국가나 집단이나 개인이 〈세계 인권 선언〉과 인권에 관한 국제 규약들에 규정된 권리에 대한 침해를 목적으로 한 활동에 개입하거나 그런 활동을 수행할 권리를 지니고 있다는 것으로 해석되어서는 안 된다.

제10조 발전권의 점진적인 증대와 완전한 실행을 보증하기 위해 국내적 그리고 국제적 수준에서 정책, 입법, 그 외 방법들의 수립·채택·수행을 포함하는 조치들이 취해져야 한다.

자비의
대상이 아닌
권리 주체인 아동

〈아동 권리 선언〉, 1923
〈아동 권리 협약〉, 1989
〈스톡홀름 선언과 행동 과제〉, 1996

"배고픈 아동은 먹여야 하고, 아픈 아동은 치료해야 하고,
　지체 아동은 도와야 하고, 비행 아동은 교화해야 하고,
　고아와 집 없는 아동에게는 주거와 원조를 제공해야 한다."

인권의 역사 속에서 아동의 인권은 아주 뒤늦게 주목을 받기 시작했다. 〈아동 권리 선언(Declaration of the Rights of the Child)〉은 영국 인권 운동가들을 중심으로 만들어진 '국제아동구호기금(Save the Children)'이 1923년 발표한 글이다. 어른이 일으킨 전쟁(제1차 세계대전)의 폐허 속에서 기아와 질병에 신음하는 아동을 보호하기 위한 목적이었다(같은 해 우리나라에서는 소년운동협회가 어린이날 제정을 기념하여 〈어린이의 권리공약 3장〉을 발표했다). 그리고 1924년 국제연맹 총회가 〈아동 권리 선언〉 그대로를 채택해 〈아동의 권리에 관한 제네비 선언〉으로 알려지게 되었다. 이것은 국제 사회기 아동의 권리 보호를 중요한 과제로 인식한 최초의 문서이다.

〈아동 권리 선언〉은 아동의 '권리'를 제목으로 달고 있지만, 아동을 보호와 구제의 대상으로 인식하는 20세기 초반 지배적인 아동관을 드러내고 있었다. 그 내용도 다섯 조항으로 빈약하기 그지없었다. 게다가 '비행 아동은 교화해야 한다'는 데서 드러나듯 권리 주체가 아닌 대상으로서 아동을 인식

하고 있었다. 다른 한편으로는 '배고픈 아동에게는 먹을 것을 주어야 한다'
는 가장 기본적인 의무조차 수행하고 있지 못한 어른의 자화상이기도 했다.

이러한 인식이 한 단계 도약하는 데는 다시 한차례 세계대전을 거쳐야
했다. 빈곤과 기아, 영양실조, 방임과 학대, 인종 차별을 포함한 갖은 차별
과 착취, 열악한 교육과 문맹 등은 아동이 감당하기에 버거운 문제였다. 아
동이 겪는 고통에 대한 반성 속에서 국제 사회의 특별한 조치가 필요했다.
온정과 시혜의 대상이 아니라 인권의 분명한 주체로서 아동을 인정하고 권
리를 보장할 책임이 우선적으로 국가에 있다는 것을 분명히 할 필요가 있었
다. 이에 따라 1924년의 〈아동 권리 선언〉은 1959년 유엔 총회에서 전문과
10개 조항으로 된 또 다른 〈아동 권리 선언〉으로 보완되었고, 아동의 권리
를 선언문이 아니라 법적 구속력을 가진 국제 조약으로 보장해야 한다는 필
요에서 1989년 〈아동 권리 협약(Convention on the Rights of the Child)〉이
탄생했다.

현재 유엔이 채택한 국제 조약 가운데 가장 많은 나라에서 비준한 〈아동
권리 협약〉은 아동의 권리에 관한 가장 권위 있는 국제 기준이다. 〈아동 권
리 협약〉은 18세 미만의 모든 아동과 청소년의 인권을 보장하기 위한 여러
원칙을 담고 있는데, 아동은 어른과 다름없는 가치를 가진 인간으로서 인권
의 당당한 주체로 인정받아야 하고, 아동의 '최상' 이익을 최우선으로 고려
해야 하며, 권리 주체로서 아동은 자신에게 영향을 미치는 모든 문제에 의견
을 표명할 수 있고 어른은 그 의견을 경청하고 존중해야 한다는 내용이다.

인권은 자격증이 아니다 |

아동을 위하는 것과 그 인권을 존중하는 것은 서로 다
른 문제이다. 아동이 보호와 양육과 훈육의 '대상'으로만 여겨진다면 그에
게 무엇이 필요한지 결정하는 사람도, 필요를 충족시켜주는 사람도, 충족 방

식을 결정하는 사람도 '자비로운' 어른이다. 그렇다면 자비롭지 못한 어른과 지내야 하는 아동은 그저 불행을 감수해야만 하는가? 전적으로 타인에게 의존하고 복종해야 하는 존재는 책임을 물을 권리가 없으니 자신의 나쁜 운을 탓해야 할 것이다. 반면에 아동을 인권의 주체로 인정할 때 그는 스스로 무엇이 필요하고 가장 유익한지 표현하고 결정할 권리를 가진다. 또한 권리가 침해되었을 때 그 책임을 명확하게 물을 수 있다. 권리의 주체가 있다면 의무의 주체도 반드시 있어야 하기 때문이다.

아동을 인권의 주체라 할 때 아동의 미성숙함이 항상 문젯거리로 떠오른다. 즉, 어른이 아동의 '권리 행사 능력'을 따지는 것이다. 그러나 이런 주장은 인권이란 어떤 자격이나 능력을 요구하는 권리가 아니라는 기본적 명제를 무시하고 있다. 인권은 말 그대로 '인간이라는 단 한 가지 이유만으로 누구나 차별 없이 누려야 할 필수적인 권리'이다. 인권은 인간이라는 존재 그 자체에서 발생하는 권리, 인간이면 누구나 존엄성을 누리기 위해 마땅히 보장받아야 할 권리이다. 따라서 인권은 '자격'을 논하지 않는다. 인권의 보편성은 인권의 대원칙이다. 현실에서 이러한 인권의 대원칙은 보편성의 예외에 속해 고통받는 사회적 약자에게 자신의 권리를 주장할 근거가 되기도 한

목화 따는 소녀 사진(루이스 하인, 1916). 아동은 어리다는 이유로 권리 주체로 인정받기 어렵다. 그러나 곳곳에서 어른만큼, 또는 그 이상의 노동을 강요받고 있다.

다. 인권에 '자격'을 따진다면 인권을 존중받을 자격을 갖춘 사람은 도대체 누구이며 얼마나 될 것인가?

아동이 노동 착취나 성 착취, 전쟁의 동원 대상이 될 때 어른에 비해 사회적 비난의 목소리가 훨씬 크다. 그러나 '아동만이라도 예외로 하자, 아동은 빼주자'는 식이 아니라 아동과 어른, 모든 인간에 대한 노동 착취와 성 착취를 금지하고 전쟁에 반대하는 것이 옳다. 아동이든 어른이든 그런 일을 당해서는 안 된다. '아동만이라도'를 강조하는 것은 문제를 근원적으로 해결하는 데 별반 도움이 되지 않는다.

물론 어른과 마찬가지로 보편적 인권을 가졌지만 아동에게는 '특수성'이 있다. 성장 과정에 놓여 있고, 어른에 비해 권리를 행사하는 데 어려움이 더 크다. 그래서 아동은 '인간'으로서 인권의 주체인 동시에 '아동'으로서의 고유한 권리(양육 받고 보호받을 권리 등)를 인정받아야 하는 주체이다. 그러나 '아동에게 자율적인 권리 행사 능력이 있다'는 말은 주의 깊게 받아들여야 한다. '자율적인 능력이 있으니 아동이 모든 것을 다 알아서 할 줄 안다'는 뜻이 아니다. 또 반대로 어떤 연령대에 선을 그어놓고 '이 선 아래로는 불완전하고 미성숙해서 권리 행사 능력이 없으니 아동의 권리는 제한되어야 한다'는 말도 아니다. 아동이 가지는 권리 행사의 어려움을 특별히 고려하고 배려해야 한다는 것이 핵심이다. 권리 주체의 '예외'를 만드는 데 목적이 있는 것이 아니라, 인권의 보편적 보장에 목적이 있고 그것을 보장하기 위한 세심한 접근을 강조하는 것이다.

아동의 성(性)을 학대하고 착취하는 세상

전 지구적 문제이기도 하고, 국내에서도 가슴 아픈 일들이 종종 벌어지는 아동에 대한 성적 착취와 성적 학대 문제를 살펴보자. 1989년 유엔 총회에서 채택한 〈아동 권리 협약〉의 제34조,

제35조, 제36조는 해로운 모든 측면의 착취로부터 아동을 보호하기 위한 조약을 담고 있다. 특히 제34조는 '성적 착취'와 '성적 학대'에 초점을 두고 있다.

이 조항에서 규정하는 '성적 착취'란 구체적으로는 아동 성매매, 아동 포르노그래피, 아동 인신매매, 아동 섹스관광 등이다. 1996년 스톡홀름에서 개최된 상업적 아동 성 착취 근절을 위한 제1차 세계 대회(First World Congress against the Commercial Sexual Exploitation of Children)에서 '상업적 아동 성 착취' 문제를 본격적으로 논의했다. 이 회의의 논의 결과는 〈스톡홀름 선언과 행동 과제(Stockholm Declaration and Agenda for Action)〉라는 제목으로 발표됐는데, "모든 사회계층의 광범위한 개인 및 집단이 아동 성 착취 실행에 기여하고 있다"며 모두의 행동을 촉구했다.

이 흐름을 이어받아 〈아동 권리 협약〉 제34조를 보다 실질적으로 집행하기 위해 2000년 5월 유엔 총회는 〈아동 매매, 아동 성매매 및 아동 포르노그래피에 관한 선택 의정서(Optional Protocol to the Convention on the Rights of the Child on the Sale of Children, Child Prostitution and Child Pornography)〉를 채택했다. 우리나라는 2004년 9월 이 의정서를 비준해 가입국이 되었다.

인권 침해는 우선 드러나야 하는데 아동 성 학대는 감춰지고 보고되지 않는 폭력이다. 낙인과 수치심 때문에 많은 아동은 자기 자신이나 자신과 친밀한 가해자를 보호하려고 학대를 드러내지 않는다. 성 학대를 말한 아동은 흔히 비난받거나, 아동의 말을 믿으려 하지 않는 어른에게 무시되거나, 학대자에게 위협받고 매수당한다. 아동 성 학대는 학교, 가정, 지역 사회, 쉼터, 종교 시설, 작업장, 경찰서, 감옥 등 장소를 가리지 않고 평화 시에나 전쟁 시에나 벌어진다. 아동 성 학대자는 사회계층과 집단을 불문하고 나타나며 통계적으로는 남성이 대다수를 차지한다. 학대자의 대다수는 아동이 잘 알고 있는 사람이다. 또한 가해자 가운데 18세 미만 아동이 차지하는 비율이 높아지고 있다. 피해 아동은 심리적·신체적 상처를 받을 뿐만 아니라 자신의 말을 들으려 하지 않는 사회나 어른, 적절하지 못한 사회적 지원 때문에 또다시 더 깊게 상처받는다.

이에 대해 국제 인권 기준은 아동 성 학대 문제를 뿌리부터 다루라고 권고하고 있다. 뿌리란 성폭력을 정당화하고 수용하는 사회적 분위기, 가부장적이며 성차별적인 사회 구조, 어른과 아동 간의 불평등한 관계, 이윤 지상주의 등이다. 이런 구조가 학대자를 대담하게 만들고 보호한다는 것이다. 또한 성 학대에 개입할 때는 철저하게 아동에게 귀 기울이고 그에 맞는 친근한 방법으로 이뤄져야 한다. 그리고 문제에 대한 책임자가 분명해야 한다. 물론 사회의 모든 구성원이 책임을 져야 할 일이지만 정부가 일차적인 책임을 지고 해야 할 일을 분명히 해야 한다.

아동 권리 선언

국제아동구호기금. 1923년

1. 아동에게 육체적으로나 정신적으로나 정상적 발전에 필수적인 수단을 제공해야만 한다.

2. 배고픈 아동은 먹여야 하고, 아픈 아동은 치료해야 하고, 지체 아동은 도와야 하고, 비행 아동은 교화해야 하고, 고아와 집 없는 아동에게는 주거와 원조를 제공해야 한다.

3. 아동은 재난 시에 우선적으로 구조받아야 한다.

4. 아동은 생계를 유지할 수 있는 처지에 있어야 하고 모든 형태의 착취로부터 보호받아야 한다.

5. 아동은 자신의 재능을 동료 인류에 대한 봉사에 헌신해야 한다는 의식 속에서 양육돼야 한다.

아동 권리 협약

CONVENTION
ON THE RIGHTS
OF THE CHILD

유엔 총회, 1989년 11월 20일

......

제34조 성적 착취

당사국은 모든 형태의 성적 착취와 성적 학대로부터 아동을 보호할 의무가 있다. 이 목적을 달성하기 위해 당사국은 특히 다음의 사항을 방지하려는 모든 적절한 국내적, 양국 간, 다국 간 조치를 취해야 한다.

가. 아동을 어떤 위법한 성적 활동에 종사하도록 유인하거나 강제하는 행위

나. 아동을 성매매나 기타 위법한 성적 활동에 착취적으로 이용하는 행위

다. 아동을 외설스러운 공연 및 자료에 착취적으로 이용하는 행위

(이하 생략)

상업적 아동 성 착취 근절을 위한 제1차 세계 대회, 1996년 8월 28일

……

3. 모든 아동은 형태를 불문하고 모든 아동 성 착취나 성 학대로부터 온전히 보호받을 권리가 있다. ……국가는 아동을 아동 성 착취나 성 학대로부터 보호해야 하고 피해 아동에 대해서는 정신적·육체적 회복과 사회 복귀를 장려할 의무가 있다.

……

7. ……부패와 공모, 법의 부재나 부적절한 법률, 느슨한 법 집행, 아동에게 미치는 해로운 충격에 대한 법 집행자들의 인식 부족, 이 모두가 직·간접적으로 상업적인 아동 성 착취를 유도하는 요인들이다. 이는 개인의 행위나 소규모(예컨대 가족이나 안면 있는 자들) 또는 대규모(예컨대 범죄망)로 조직된 행위를 수반한다.

8. 광범위한 개인과 집단이 사회의 모든 수준에서 이런 착취 실행에 기여하고 있다. 여기에는 중개인, 가족구성원, 비즈니스 부문, 서비스 공급자, 수요자, 지역 사회의 지도자, 공무원 등이 포함된다. 이들은 모두가 무관심과 피해 아동이 겪는 해로운 결과에 대한 무지, 또는 아동을 경제적 상품으로 간주하는 태도와 가치판단을 계속 가짐으로써 착취에 기여할 수 있다.

(이하 생략)

당신은
미래라 부르지만
우리에게는
현재랍니다

〈미래 세대에 대한 현 세대의 책임에 관한 선언〉, 1997
〈아이들에게 꼭 맞는 세상〉, 2002

"우리는 아이들에게 꼭 맞는 세상을 원해요.
우리 아이들에게 맞는 세상은 모든 사람에게도
맞는 세상일 테니까요."

2002년 유엔에서 아주 특별한 회의가 열렸다. 아동의 권리를 주제로 한 특별총회에 앞서 사흘 동안 18세 미만 아동이 참여하는 '아이들끼리의 총회'가 열린 것이다. 세계 150여 개국 4백여 명 아동이 모였다. 10대들이 대부분이었고 열 살짜리 아동도 있었다. 그들은 조를 나누어 자신에게 중요한 문제들을 토론했다. 아동의 권리와 아동의 참여, 착취, 전쟁, 건강 보호, 환경, 가난, 교육 등을 토론하면서 여러 가지 대화가 오고 갔다.

"어린이는 대통령의 생각보다 더 깊은 미래에 대한 생각을 갖고 있어요. 우리는 모든 문제를 전 세계적 차원에서 봐요. 우리는 해야 할 일이 뭔지 더 잘 볼 수 있어요."

"어린이에게 기회가 주어진다면 세상을 바꿀 수 있어요. 우리는 그 기회를 위해 싸워야 해요."

"폭력이 만연한 환경 속에서 어린이들이 살아간다는 걸 알아요.

난 폭력 말고 다른 대안이 있다는 걸 보여주고 싶어요."

"우리가 보는 건 죄다 전쟁, 모든 곳이 전쟁터예요. 더 평화로운 미래를 찾아야 하기에 우리는 희망을 잃어선 안 돼요. 희망을 잃는다면 살 가치가 하나도 없잖아요."

"빈곤 퇴치 프로그램에서 중요한 건 돈이 아니라 나의 미래를 계획할 수 있다는 사실이에요."

그리고 토론의 결과를 모아서 성명서로 발표했다. 제목이 〈아이들에게 꼭 맞는 세상〉이다. 아동 대표는 이 성명을 유엔 총회에서 낭독했고 총회 분위기는 여느 때와 달랐다. 당시 유엔 사무총장이었던 코피 아난은 "여러분이 여기 있다는 사실로 유엔 역사의 새로운 장이 열렸습니다. 지금까지 어른은 총을 외쳤지만 이제는 아동과 함께 세상을 건설할 때입니다. 여러분의 목소리를 잘 듣겠다고 약속합니다"라는 말로 총회를 열었다. 아이들은 국제회의에서 흔히 볼 수 없는 신선함과 솔직함을 불어넣었다.

내일의 권리를 위한 오늘의 의무

물론 아동만 미래에 대해 이야기하는 것은 아니다. 〈세계 인권 선언〉에서는 "모든 사람은 이 선언에 제시된 권리와 자유가 완전히 실현될 수 있는 사회적 및 국제적 질서에 대한 권리를 가진다", "모든 사람은 그 안에서만 자신의 인격을 자유롭고 완전하게 발전시킬 수 있는 공동체에 대한 의무를 부담한다"고 했다. 〈세계 인권 선언〉에서 말한 공동체에 대한 의무가 무엇인지 많은 국제 인권법에서 확인할 수 있다. 평화를 존중할 의무, 전쟁을 선동하지 않을 의무, 민족적·인종적·종교적 증오를 북돋우지 않을 의무, 국제 인권법을 지킬 의무, 만인의 복지를 존중할 의무, 사회 진보와 발전을 이룩하기 위해 적극적으로 참여할 의무 등이다. 또한 공

'나쁜 물은 전쟁보다 더 많은 아이들을 죽입니다.' 아이들은 더 나은 세상에서 살아갈 권리를 가지고 있다. 자연적으로나 사회적으로나 더 나은 환경을 물려주는 것은 그래서 우리의 의무가 된다.

동체란 나와 가까운 가족 또는 민족·종교·문화 공동체를 넘어서서 가능한 한 넓게 해석되어야 한다.

한편 인권을 가진 인간의 의무에 대해 유엔 전문기관 중에서는 유네스코가 유일하게 '책임' 선언을 내놓았다. 즉, 1997년 유네스코 총회는 21세기를 눈앞에 두고 현 세대가 가져야 할 행동 지침을 미래 지향적인 관점에서 정리한 〈미래 세대에 대한 현 세대의 책임에 관한 선언(Declaration on the Responsibilities on the Present Generations towards Future Generations)〉을 채택했다. 이것은 '내일의 권리를 위한 오늘의 의무' 규정이라 할 수 있다.

〈미래 세대에 대한 현 세대의 책임에 관한 선언〉은 전문에서 "다가올 천년의 사활이 걸린 도전을 맞게 될 미래 세대의 운명을 우려"하고 "역사적인 이 시점에서 인류와 환경의 존재 자체가 위협받고 있다는 것을 의식"한다며 위기의식을 드러냈다. 미래 세대를 보호할 수 있는 필수적인 토대는 "인권과 민주주의의 이상에 대한 충분한 존중"이며 "새롭고 평등하며 지구적인 협력 관계와 세대 간 연대를 수립"하는 것이라 강조했다. 또한 "빈곤, 기술적·물질적 저발전, 실업, 배제, 차별, 환경에 대한 위협을 포함하는 현재의 문제들은 현 세대와 미래 세대 모두를 위해 해결돼야 하며, 미래 세대의 운명은 오늘 우리가 취하는 결정과 행동에 상당 정도 달려 있다"고 했다.

인권에는 상상력이 요구된다. 인권에서 연대해야 할 대상은 권리가 없거나 약한 사람이다. 또는 우리가 직접 겪지 못할 '미래 세대'이기도 하고 우리와 종이 다른 자연의 모든 생물 종이기도 하다. 사회에서의 불평등한 권력 관계를 바꾸는 일, 사이코패스를 만드는 사회적 무관심이나 냉정함과 대결하는 일을 계속하려면 인권에 대한 상상력과 실천이 끊임없이 만나야 한다. 그리하면 '미래는 오래 지속된다.'

미래 세대에 대한 현 세대의 책임에 관한 선언

DECLARATION ON THE RESPONSIBILITIES
ON THE PRESENT GENERATIONS
TOWARDS FUTURE GENERATIONS

제27차 유네스코 총회, 1997년 11월

(전문 생략)

제1조　　미래 세대의 필요와 관심사

현 세대는 미래 세대와 현 세대의 필요와 관심사를 충분히 보호할 수 있도록 보장할 책임이 있다.

제2조　　선택의 자유

인권과 기본적인 자유를 충분히 고려해 현 세대뿐 아니라 미래 세대도 그들의 정치·경제·사회 체제를 선택할 완전한 자유를 누리며 문화적·종교적 다양성 보전을 보장하는 모든 노력을 기울이는 것이 중요하다.

제3조　　인류의 지속과 영속

현 세대는 인간 존엄성을 제대로 존중해 인류의 지속과 영속을 보장하도록 노력해야 한다. 따라서 인간 삶의 본질과 형식을 어떤 형태로도 위태롭게 해서는 안 된다.

제4조　　생명 보전

현 세대는 인간의 활동으로 회복할 수 없을 정도로 손상되지 않은 지구를 미래 세대에게 넘겨줄 책임이 있다. 동시에 지구를 한시적으로 물려받은 각 세대는 자연 자원을 합리적으로 사용하기 위해 주의를 기울여야 하며, 생태계를 해롭게 변형해 생명체가 훼손되지 않도록 해야 하며, 모든 과학 기술의 진보가 지구 생명체를 위태롭게 하지 않도록 보장해야 한다.

제5조　　환경 보호

1. 미래 세대가 지구 생태계의 풍요로움으로 혜택을 누릴 수 있도록 보장하려면 현 세대는 지속 가능한 발전에 노력하며 생존 조건, 특히 환경의 질과 원상태를 보전해야 한다.

2. 현 세대는 미래 세대가 건강이나 생존 자체를 위협받게 될지도 모르는 오염에 노출되지 않도록 보장해야 한다.

3. 현 세대는 미래 세대를 위해 인간 생활을 유지하고 발전하는 데 꼭 필요한 천연자원을 보전해야 한다.

4. 현 세대는 주요 사업을 실행하기 전에 그 결과가 미래 세대에게 미칠 가능한 결과를 고려해야 한다.

제6조　인간 게놈과 생물 다양성

인간 존엄성과 인권을 충분히 존중해 인간 게놈을 보호해야 하며, 생물 다양성을 지켜야 한다. 과학 기술의 진보가 어떤 형태로든 인간과 기타 생물 종의 보전을 해치거나 위태롭게 해서는 안 된다.

제7조　문화 다양성과 문화유산

인권과 기본적인 자유를 충분히 존중하며 현 세대는 인류의 문화 다양성을 보전하기 위해 주의를 기울여야 한다. 현 세대는 유형·무형의 문화유산을 찾고 보호하고 지키며 공통의 유산을 미래 세대에게 넘겨줄 책임이 있다.

제8조　인류 공통의 유산

현 세대는 회복할 수 없을 정도로 위태롭게 하지 않는다는 조건에서만 국제법이 정의한 대로 인류 공동의 유산을 사용할 수 있다.

제9조　평화

1. 현 세대는 그들과 미래 세대 모두가 평화, 안전, 국제법의 존중, 인권, 기본적인 자유 속에서 함께 살아가는 방법을 배우도록 보장해야 한다.

2. 현 세대는 미래 세대에게 전쟁의 폐해를 끼치지 않아야 한다. 이를 위해 현 세대는 휴머니즘 원칙에 반하는 모든 형태의 공격과 무기 사용뿐만 아니라 무력 분쟁의 해로운 결과에 미래 세대가 노출되지 않도록 해야 한다.

제10조　발전과 교육

1. 현 세대는 특히 가난을 타파할 목적으로 가능한 자원을 공정하고 신중하게 사용함으로써 개인과 총체적인 측면에서 미래 세대의 공정하고 지속 가능하며 보편적인 사회·경제 발전 조건을 보장해야 한다.

2. 교육은 인간과 사회 발전을 위한 중요한 수단이다. 현 세대와 미래 세대의 이익을 위해 교육에서 평화, 정의, 이해, 관용, 평등을 강화해야 한다.

제11조　비차별

현 세대는 미래 세대에게 어떤 형태의 차별을 유도하거나 영속화하는 모든 행동과 조치를 금해야 한다.

2002년

우리는 세상의 아이들이에요.

우리는 착취와 학대의 피해자고, 우리는 거리의 아이들이고, 우리는 전쟁을 겪는 아이들이고, 우리는 인간 면역결핍 바이러스와 에이즈로 인한 피해자와 고아이며, 우리는 양질의 교육과 건강 보호를 받을 수 없고, 우리는 정치 · 경제 · 문화 · 종교 · 환경 차별의 피해자예요.

그런데 우리의 목소리를 들으려 하지 않아요. 이제 우리 아이들을 고려해야만 할 때에요.

우리는 아이들에게 꼭 맞는 세상을 원해요. 우리 아이들에게 맞는 세상은 모든 사람에게도 맞는 세상일 테니까요.

이 세상에서, 우리는 아동의 권리 존중을 생각해요.
- 정부와 어른은 아동의 권리 원칙을 실질적이고 효과적으로 실천하겠다고 약속하고, 유엔 〈아동 권리 협약〉을 모든 아동에게 적용하세요.
- 가족과 지역 사회와 국가는 아동에게 안전하고 안심되며 건강한 환경을 마련해야 해요.

우리는 착취와 학대와 폭력이 사라지는 걸 생각해요.

- 착취와 학대로부터 아동을 보호하는 법률이 실행되고 모든 사람이 그런 법을 지켜야 해요.
- 착취와 학대로 상처받은 아동이 삶을 추스르도록 돕는 센터와 프로그램을 만들어야 해요.

우리는 전쟁의 끝을 생각해요.
- 세계 지도자들은 무력을 쓰는 대신 평화로운 대화로 갈등을 해결하세요.
- 아동 난민과 전쟁의 피해자를 모든 방법으로 보호하고, 다른 아동과 동등한 기회를 누릴 수 있도록 해주세요.
- 군축을 하고, 무기를 거래하지 말고, 아동을 군인으로 쓰지 말아야 해요.

우리는 의료 혜택의 제공을 생각해요.
- 모든 아동은 생명을 구하는 의약품과 치료를 감당할 만한 비용으로 이용할 수 있어야 해요.
- 아동의 더 좋은 건강을 위해 모든 사람은 강력하고 책임 있는 협력 관계를 만들어야 해요.

우리는 인간 면역결핍 바이러스와 에이즈가 사라지는 걸 생각해요.
- 인간 면역결핍 바이러스 예방 프로그램을 교육하는 시스템이 있어야 해요.
- 무료로 검사하고 상담할 수 있는 센터가 있어야 해요.
- 인간 면역결핍 바이러스와 에이즈에 대해 누구나 자유롭게 이용할 수 있는 정보가 있어야 해요.
- 인간 면역결핍 바이러스와 에이즈에 감염된 아동은 돌봄을 받아야 하고 다른 모든 아동과 동등한 기회를 누려야 해요.

우리는 환경 보호를 생각해요.

- 자연자원을 보존하고 구해야 해요.
- 아동의 발전을 위해 건강하고 좋은 환경에서 살 필요가 있다는 걸 알아야 해요.
- 특별한 보호가 필요한 아동이 접근할 수 있는 환경이 있어야 해요.

우리는 빈곤의 악순환을 끝내야 한다고 생각해요.

- 투명하게 지출하고 모든 아동의 필요에 관심을 기울이는 빈곤퇴치위원회가 있어야 해요.
- 아동의 발전을 방해하는 부채를 없애주세요.

우리는 교육을 생각해요.

- 무료이면서 의무적인 좋은 질의 교육에 동등한 기회를 갖고 접근할 수 있어야 해요.
- 학교는 아동이 배우는 것에 행복을 느낄 수 있는 환경을 갖추어야 해요.
- 평생에 걸친 교육은 학문적인 것만이 아니라 상호 이해, 인권, 평화, 타인에 대한 수용과 능동적인 시민이 되는 것을 포함해야 해요.

우리는 아동의 능동적인 참여를 생각해요.

- 유엔 〈아동 권리 협약〉에 담긴 정신처럼 완전하고 의미 있는 참여에 대한 모든 아동의 권리를 모든 연령의 사람들이 제대로 생각하고 존중해야 해요.
- 아동은 자신의 권리에 영향을 미치는 모든 문제에서 모든 단계의 의사 결정에 그리고 그런 일을 계획하고 실천하고 점검하고 평가하는 일에 능동적으로 참여할 수 있어야 해요.

우리는 아동의 권리를 위한 투쟁에서 동등한 협력 관계를 약속해요. 어른이 아동의 편에서 취하는 행동을 지지할 것을 약속해요. 또한 우리 아동이 취하는 행동에 대한 어른의 헌신과 지원을 원해요. 세계의 아동은 오해받고 있잖아요.

(이하 생략)

노예제도는
사라졌지만
노예는 남아 있다

〈노예제 조약〉, 1926

> "당사국은 강제 또는 강요된 노동에 대한 의존이
> 심각한 결과를 낳을 수 있음을 인정하고, 각국의 주권, 관할권,
> 보호권, 종주권 또는 감독하의 영토에서 강제 또는 강요된
> 노동이 노예제와 유사한 상황으로 발전되는 것을 방지하는 데
> 필요한 모든 조치를 취할 것을 약속한다."

지금은 21세기이다. 웬 노예제냐고 할지 모르겠다. '톰 아저씨의 오두막'으로 타임머신을 타고 가자는 이야기는 아니다. 노예제, 현대판 노예 노동, 강제노동, 유사 노예제는 오늘의 현실이다.

노예제는 인류의 역사와 함께해 왔다. 그러나 아프리카 노예무역과 역사상 이어져온 노예제는 다르다. 노예무역은 이른바 '모든 사람의 자유와 인권을 선포한 땅'에서 노예제를 유지하는 수단이었다. 그 이전에는 강제로 수백만 명을 고향과 가족으로부터 끌어내 대를 이어 노예를 만드는 일은 없었다. 수백만 명의 노예 노동이 요구되는 플랜테이션이나 공장도 없었다. 그래서 아프리카 노예무역은 자본주의의 발명품이라 일컬어진다. 유럽에서의 산업혁명은 어마어마한 규모의 인간 이동을 필요로 했다. 이전의 노예는 결혼하고 가족을 가질 자유, 자기 언어로 말하고 신을 경배할 권리는 가지고 있었다. 그러나 아프리카 노예는 모든 인격과 인간성을 빼앗겼고 이름조차 간직할 수 없었다. 아프리카 노예제와 인종주의의 성장은 직접 연관되어 있

다. 수백만의 흑인을 노예로 만드는 데는 그것을 정당화하는 이데올로기가 필요했기 때문이다. 전 지구적으로 퍼져나간 유럽의 확장이 백인의 우월함을 증명한다고 주장했다. 반대로 노예가 된 흑인은 열등성의 상징으로 설명되었다.

아프리카 노예제는 역사 속으로 사라졌다. 법적으로 허용된 노동 체계로서의 전통적 노예제는 더 이상 존재하지 않는다. 노예제는 세계 어디에서나 철폐되었다. 하지만 그 자취는 여전히 남아 있다. 거기에 은밀함마저 더해져 피해자를 양산하고 있다. 그 은밀함 때문에 현대판 노예 노동은 규모를 분명히 짐작할 수 없고, 처벌이나 철폐 역시 어렵다. 물론 피해자는 가장 가난하고 취약한 사회집단에서 나온다.

끊임없이 진화하는 노예제 ┃

오늘날 노예제라는 단어는 광범위한 인권 침해를 포괄한다. 즉, 아동 매매, 아동 성매매, 아동 포르노그래피, 아동 노동 착취, 무력 분쟁에서 아동을 이용하는 행위, 부채를 빌미로 한 감금 노동, 인신매매, 인간 장기 매매, 성 매매 착취, 노예 형태의 결혼, 인종분리 정책 관행 등을 포함한다. '현대판 노예 노동' 또는 '유사 노예제'라 불리는 이런 행위가 전 세계에서 광범위하게 벌어지고 있다는 우울한 증거들은 넘쳐난다. 7~10세의 아동이 하루 12~14시간 노동하면서도 성인의 1/3보다 못한 보수를 받고 있다. 이런 노동으로 착취당하는 아동민 1억 명에 달힌다. 이런 아동의 수를 절반으로 줄이도록 노력하자는 것이 21세기를 맞이하며 국제 사회가 벌인 운동이었다. 21세기에 이런 움직임이 있다는 것 자체가 바로 인류가 아직도 노예제를 극복하고 있지 못하다는 증거이다.

노예제는 최초로 국제적 관심을 일으킨 인권 문제라 할 수 있다. 1815년 〈노예무역 폐지에 관한 선언〉이 비엔나 평화회의 중에 채택됐으나 '노예

벤코스 바이오호(Benkos Bioho)의 동상.
서아프리카에서 라틴아메리카의 콜롬비아로
끌려와 노예가 되었던 그는 탈출해 그들만의
공동체를 만들었다가 붙잡혀 처형당했다.

제' 폐지가 아닌 '노예무역' 폐지에 머물렀고, 미국에서는 남북전쟁 때까지 노예제가 계속되었다. 한계가 있기는 하지만 〈노예무역 폐지에 관한 선언〉은 국제 인권 체제를 향한 의미 있는 최초의 조치였다. 그 후 인간 존엄성과 심각하게 충돌하는 관행을 금지하기 위한 최초의 국제법은 노예제 폐지에 관한 법률들로 구성됐다. 1926년 국제연맹이 채택한 〈노예제 조약(Slavery Convention)〉이 대표적인 사례이다.

유엔은 〈노예제 조약〉을 계승하면서 1953년 이를 개정했다("Protocol Amending the Slavery Convention"). 또한 유엔과 국제노동기구는 〈노예제, 노예무역, 노예제와 유사한 제도와 관행 철폐에 관한 보충 협약(Supplementary Convention on the Abolition of Slavery, the Slave Trade, and Institutions and Practices Similar to Slavery)〉(1956), 〈강제노동 철폐 협약(Abolition of Forced Labour Convention)〉(1957), 〈인신매매와 성매매 착취 근절을 위한 협약(Convention for the Suppression of the Traffic in Persons and of the Exploitation of the Prostitution of Others)〉, 〈인신매매, 특히 여성과 아동에 대한 인신매매의 방지·근절 및 처벌을 위한 의정서(Protocol to Prevent, Suppress and Punish Trafficking in Persons, Especially Women and Children)〉(2000) 등을 채택했다. 유엔의 '현대판 노예제에 대한 실무 그룹(Working Group on Contemporary Forms of Slavery)'이나 주요 국제 인권조

약 기구들은 현대판 노예 노동과 강제노동, 유사 노예제 관행을 없애기 위한 각국의 조치들을 점검하고 있다.

'공식적인' 노예는 사라졌지만 노예제가 제기한 문제에 답해야 한다. 현대판 노예 노동과 강제노동은 누구의 우월성을 증명하고 누구를 열등한 존재로 만드는가? 이런 관행의 유지에 동원된 합리화의 논리는 무엇인가? 한국 사회는 떳떳한가? 어떤 피해자를 만들어내고 있는가?

"어느 누구도 노예나 예속 상태에 놓이지 않는다. 모든 형태의 노예제도 및 노예 매매는 금지된다"(〈세계 인권 선언〉 제4조)나 "어느 누구도 예속 상태에 놓이지 않는다. 어느 누구도 강제노동을 하도록 요구되지 않는다"(〈경제적·사회적·문화적 권리에 관한 국제 규약〉 제8조 2항, 3항)는 과거의 관행을 지적하는 사문화된 조항이 아니라 끊임없이 현재적 의미와 현재의 피해자를 찾아야 할 내용이다.

노예제 조약

SLAVERY CONVENTION
OR CONVENTION TO
SUPPRESS THE SLAVE TRADE AND SLAVERY

국제연맹 총회, 1926년 9월 25일

1889~1890년 브뤼셀 회의의 결의에서 서명자들은 아프리카 노예무역을 종식하겠다는 강한 의지에 똑같이 고무되었다고 선언했으므로,

1919년의 〈생제르맹앙레 협약(Convention of Saint-Germain-en-Laye)〉의 서명자들은, 1885년의 베를린 결의와 1890년 브뤼셀 결의와 선언을 수정하고 노예제의 모든 형태와 육로와 해상에서 노예무역을 완전하게 억제하겠다는 의도를 재확인했으므로,

1924년 6월 12일 국제연맹이 임명한 노예제에 관한 임시위원회의 보고를 고려하면서,

브뤼셀 결의로 성취된 작업을 완수하고 확대하며,

생제르맹앙레 협약의 서명자들이 노예무역과 노예제에 관해 표현한 의도대로 세계적으로 실천적인 효력 수단을 발견하기를 열망하며,

이 목적을 성취하려면 그 조약에 담겼던 것보다 더 자세한 조정이 필요하다는 것을 인정하며,

더욱이 강제노동이 노예제와 유사한 상황으로 발전되는 것을 방지할 필요성을 고려하면서 조약을 체결하기로 결정했고, 그에 따라…… 다음과 같이 동의한다.

제1조 현 조약의 목적을 위해 다음과 같은 정의들에 동의한다.

(1) 노예제란 소유권 행사에 부속되는 권한의 일부 또는 전부의 지배를 받는 사람의 지위 또는 상황이다.

(2) 노예무역은 강제로 노예로 만들 의도를 가지고 사람을 포획, 취득 또는 처분하는 것과 관련된 모든 행위, 사람을 팔거나 교환할 목적으로 노예를 취득하는 것과 관련된 모든 행위, 구입 또는 교환을 목적으로 획득한 노예를 판매 또는 교환에 의해 처분하는 모든 행위, 일반적으로 노예를 거래하거나 운송하는 모든 행위를 포함한다.

제2조 고귀한 조약 체결국은 자국의 주권, 관할권, 보호, 종주권 또는 감독이 미치는 영토에서 벌써 취해야 했을 필수 조치를 취하지 않았다면,

(a) 노예무역을 방지하고 억제하며

(b) 점진적으로 가능한 빨리 모든 형태의 노예제를 완전히 철폐한다.

제3조 당사국은 자국 영해와 자국 국기를 달고 항해하는 모든 선박에서 노예의 승선, 하차와 이송을 방지하고 억제하기 위한 모든 적절한 조치를 취할 것을 약속한다. ……

제4조 당사국은 노예제와 노예무역의 폐지를 보장할 목적의 모든 지원을 서로에게 해야 한다.

제5조 당사국은 강제 또는 강요된 노동에 대한 의존이 심각한 결과를 낳을 수 있다는 것을 인정하고, 각국의 주권, 관할권, 보호권, 종주권 또는 감독하의 영토에서 강제 또는 강요된 노동이 노예제와 유사한 상황으로 발전되는 것을 방지하는 데 필요한 모든 조치를 취할 것을 약속한다. ……

다음과 같이 동의한다.

(1) 공공의 목적을 위해서만 강제노동이 부득이하게 강요될 수 있다는 아래 (2)항에 명시된 과도기 조항에 따른다.

(2) 공공의 목적이 아닌 다른 목적으로 강제노동이 여전히 잔존한 지역에서, 당사국은 점진적으로 그리고 가능한 한 빨리 그러한 관행을 없애려고 노력해야 한다. 그런 강제노동이 존재한다면 반드시 예외적인 성격의 것이어야 하며 항상 충분한 보상을 받아야 하며, 노동자를 일상적인 거주지로부터 이동시키는 것과 관련돼서는 안 된다.

(3) 모든 경우 강제노동을 수단으로 삼은 책임은 관련 지역의 합법적인 중앙 정부에 있다.

제6조 현 조약의 목적을 달성할 목적으로 제정된 법과 규제에 대한 위반을 처벌할 충분한 조항을 현재 국내법에 갖고 있지 않은 당사국은 그런 위반에 강한 형벌이 부과될 수 있도록 필요한 조치를 취할 것을 약속한다.

제7조 당사국은 서로 간에 그리고 국제연맹 사무총장에게 현 조약의 규정을 적용할 목적으로 제정하는 법과 규칙들에 대해 통보할 것을 약속한다.

(이하 생략)

굶주림은 사람을 눕게 하지만 일어설 수 없게 만든다

〈적절한 식량에 대한 권리〉, 1999

> "각국은 기아로부터 자유로울 권리를 보장하기 위해
> 그 관할권 내의 모든 사람에게 양이 충분하고,
> 영양이 알맞으며 안전한 최소한의 필수적인
> 식량에 대한 접근을 보장할 의무가 있다."

'사회권'은 사람이 사람답게 살기 위한 권리라고 정의된다. 의미가 참 모호하다. 어떻게 사는 것이 사람다운 것이라고 할 수 있을까? '사람답다'의 기준은 무엇일까? 그 기준은 누가 정할까? 정의가 쉽지 않으니 구체적인 실천 방안도 내기 어렵고, 그래서 아예 권리로 인정할 수 없다는 사람들도 있다. 그렇다면 그 정의를 살짝 바꿔보자. 사람이 '살아 있을' 권리, 사회권의 기본은 여기서 시작된다.

굶지 않을 권리, 인권의 기초

사회권에 대한 가장 기본적인 규정은 〈경제적·사회적·문화적 권리에 관한 국제 규약(International Covenant on Economic, Social and Cultural Rights)〉의 제11조이다. 그 핵심은 '적절한 식량에 대한 권리'와 '기아로부터 해방될 권리', 두 가지이다. 이 가운데 기아로부터의 해방은 국제 규약의 수많은 권리 가운데 유일하게 '기본적인(fundamental)'

이란 수식이 붙어 있다.

굶지 않을 권리가 공식적으로 사람답게 살 기본적인 권리로 거론된 것은 1963년의 일이다. 당시 세계보건기구(WHO) 사무총장이었던 아마티아 센(Amartya Kumar Sen)은 세계 기아 문제를 심각하게 언급했다. 그는 5억 명의 인구가 기아 상태에 있으며 10억 명 이상이 영양실조로 고통받고 있는데, 그 추세대로 20세기 말에 이르면 영양실조로 고통받는 사람들은 30억 명에 이를 것이라고도 예상했다. 그는 구체적 조치로만이 기아 문제를 해결할 수 있다고 강조하며 식량권을 긴급한 과제로 다뤄야 한다고 호소했다. 기아 문제의 실상은 세계를 놀라게 했고, 식량권에 대해서만큼은 '점진적 조치'라는 표현을 쓰지 않게 되었다.

식량권에 대한 정의에는 여러 요소가 있는데 크게 세 가지로 정리할 수 있다. 양으로나 질로나 적절하고 충분한 식량, 식량을 소비하는 사람들의 문화 전통에 부응하는 방식, 신체적·정신적으로나 개인적·집단적으로 존엄한 삶을 실현할 수 있는 식량을 정기적이고 영구적으로 얻을 수 있는 권리이다. 유엔 사회권위원회가 내놓은 일반 논평 〈적절한 식량에 대한 권리(The Right to Adequate Food)〉는 이 요소들을 상세히 해설하고 있다.

〈적절한 식량에 대한 권리〉에서 가장 중요한 개념은 '적절성'과 '지속 가능성'이다. 식량의 적절성은 '개인의 필요를 충족시키기에 충분한 양과 질', '해로운 물질이 없으며 해당 문화 내에서 용인될 수 있는 식량'을 이용할 수 있는 상태를 의미한다. 지속 가능성은 이러한 식량이 현재는 물론이고 미래 세대까지 보장되어야 한다는, 즉 언제나 누구나 식량에 '접근'할 수 있어야 한다는 뜻이다. 먹을 것이 너무 비싸 다른 기본적 필수품을 줄이거나 얻을 수 없다면 경제적 접근성이 없다고 할 수 있다. 또한 자연재해나 무력 분쟁 등으로 고통받는 사람들, 장애인, 노인, 유아 등 신체적으로 취약하고 건강 문제를 갖고 있는 사람이 식량에 접근하지 못하는 것은 물리적 접근성

캄보디아의 한 농촌에서 벼를 경작하는 농민의 모습. 식량의 권리를 말할 때 흔히 굶주리지 않을 권리를 말하지만 한 발 더 나아간다면 직접 적절하게 기를 수 있는 식량 주권까지 고려해야 한다.

이 없다고 한다.

'지속 가능성'에서 세계의 농민과 민간단체가 지적한 개념은 '식량 주권'이다. 2002년 로마에서 열린 식량 주권을 지지하는 민간 사회단체 포럼(NGO/CSO Forum for Food Sovereignty)의 성명 〈식량 주권: 모두의 권리(Food Sovereignty: A Right For All)〉는 구체적인 식량 주권의 정의를 제시하고 있다.

식량 주권은 자신의 농업·노동·어업·식량·토지 정책을 생태적·사회적·경제적·문화적으로 자신의 독특한 환경에 적절하게끔 정할 수 있는 인민, 공동체, 국가의 권리이다. 이것은 식량에 대한 권리와 식량 생산에 대한 권리, 즉 모든 인민이 안전하고, 영양이 충분하고, 문화적으로 적절한 식량에 대한 권리와, 자신과 자신의 사회를 유지할 수 있는 식량 생산 자원과 능력에 대한 권리를 갖는다는 뜻이다.

이 같은 식량 주권은 각 지역의 문화적 다양성과 환경은 물론 초국적 기업농의 유전자 조작 식품과 단일 품종, 종자 약탈 등의 횡포로부터 생산자를 보호하려는 것이었다. 식량 주권 개념은 세계적으로 먹을 것을 생산하는 사람들이 가장 굶주리고 있는, 어딜 봐도 정상이 아니지만 엄존하는 현실에서 비롯되었다.

식량권은 인권이다

대학생 때 농촌 활동을 나가면 밥을 먹기 전에 숟가락·젓가락 장단에 맞춰 "밥은 하늘입니다. 하늘의 별을 함께 보듯이 밥은 서로 나누어 먹는 것"이라는 노래를 부르며 농민에게 감사한다고 외치는 의식(?)을 행했다. 그런데 과연 밥은 '나누어 먹는 것'일까? 그렇다면 굶주림은 어디서 오는 것인가? 도시에 사는 사람들 대부분은 돈으로 먹을 것을 산다. 이때 '먹을 것'은 가격이 오르고 내리기는 하지만 돈만 내면 언제든 구할 수 있는 일종의 상품이다. 문제는 돈이다.

경제 선진국에서도 어떤 사람은 영양실조에 걸리고 기아로 죽어간다. 식량의 절대량이 부족해서가 아니라 바로 가난 때문이다. 굶주림이 개인의 문제가 아닌 사회권으로 다뤄져야 하는 이유이다. 가난 때문에 굶을 수밖에 없는 현실이 명백한데도 사회에서는 식량권을 인권으로 받아들이지 않으려는 완강함이 남아 있다.

도대체 왜 그럴까? 우선, 식량은 연간 수십억 달러어치 거래되는 상품이며 식량이 인권으로서 가지는 지위는 부차적일 뿐이라는 인식 때문이다. 이런 생각에는 식량권을 도덕적·인도주의적으로만 보는 시각이 깔려 있다. 이론적으로야 도덕적 고려가 정책 결정에서 주요한 역할을 하지만 실제로 도덕적 당위로만 정부나 정책 결정권자를 움직일 수는 없다.

둘째는 식량권 문제 해결을 위한 보편적 합의가 현실적으로 어렵기 때문이다. 사실 먹고 사는 문제는 매우 개인적인 문제로 좁게는 해당 지역, 넓게는 해당 국가에서 해결책을 찾는다. 그런데 식량권을 포함한 사회권은 국제 인권에서 먼저 개념을 정의하고 그에 따라 국내적 실천을 도모한다. 국가와 지역을 아우를 수 있는 효과적인 메커니즘을 수립하기란 사실상 불가능하다. 그래서 식량권은 개별 국가 차원에서 매우 제한적인 한계 내에서 가능한 개념이지 보편적 인권으로 다룰 수 없다는 것이다.

마지막으로 사회권이라는 넓은 개념 자체에 반대하는 의견도 있다. 그들은 시민적·정치적 권리가 우선이고 세계 각 민족이 자유를 확보한 후에야 식량권 같은 경제적·사회적 권리를 실현할 수 있다고 생각한다. 이에 대한 답은 유엔 인권위원회(현 인권이사회)가 이미 내놓았다. "세계의 상당수는 실제로 굶주리고 있다. 하지만 이보다 선행되는 문제가 있다. 세계 인구의 절반에도 못 미치는 약 1/3만이 자유롭고 나머지 2/3 이상은 노예이다. …… 기아 또는 빈곤이란 인류에게 오랫동안 있었던 일이다. 이런 빈곤은 현 세대나 현재 경제 체제와 더불어 생긴 것이 아니다. 기아와 빈곤을 종식시키고 싶다면 먼저 자유롭지 못한 국가들을 속박에서 벗어나게 해야 한다."

20세기 말인 1999년 채택된 유엔 사회권위원회 일반 논평 〈적절한 식량에 대한 권리〉를 보면 기아가 국제 문제로 처음 제기된 1963년의 상황과 별반 달라진 것이 없다. 〈적절한 식량에 대한 권리〉에 따르면 "8억 4천만이 넘는 사람들이 만성적인 기아 상태에 놓여 있으며, 자연재해, 증가하는 내란과 전쟁, 정치적 무기로서의 식량 이용으로 수백만 명이 기아에 시달리고 있다."

식량의 양적인 '적절성'은 굶어 죽지 않을 정도의 칼로리를 가리킨다. 이것은 정상적이고 능동적으로 생존하기에 충분한 식량으로 바꾸어야 한다. 나아가 질적인 의미의 '적절성'은 굶주림으로부터의 해방 정도가 아니라 식량의 문화적 적절성에 초점을 맞춰야 한다.

유엔 인권위원회 같은 곳에 참여할 수 없는 사람들은 이런 말을 했다. "굶주림은 사람을 눕게 하지만 편히 쉴 수 없게 만든다. 굶주림은 사람을 눕게 하지만 일어설 수 없게 만든다." 나이지리아에서 구전되는 말이다. 먹을 것이 없어 굶어 죽었던 시대를 '야만의 시대'라 부른다. 그렇다면 먹을 것이 충분히 있는데도 굶어 죽어가는 사람이 있는 이 시대를 뭐라 불러야 할까? 오늘 하루도 전 세계에서 1만 8천 명의 어린이가 굶주림과 영양실조로 죽고 있다.

적절한 식량에 대한 권리

유엔 사회권위원회, 1999년

……국제 사회가 적절한 식량에 대한 권리의 완전한 존중이 중요하다고 수차례 재확인했음에도 불구하고, 규약 제11조에 제시된 기준과 세계 여러 지역의 실제 상황 간에는 여전히 심각한 격차가 존재한다. 대부분 개발도상국의 국민인 전 세계 8억 4천만 명이 넘는 사람들이 만성적 기아를 겪고 있다. 수백만 명의 사람이 자연재해나 일부 지역에서 증가하는 내란과 전쟁의 발생, 정치적 무기로서 식량 이용의 결과로 기아에 시달리고 있다. 본 위원회는 기아와 영양실조 문제가 대개 개발도상국에서 특히 심각하지만, 영양실조, 영양결핍 및 적절한 식량에 대한 권리와 기아로부터 자유로울 권리에 관련된 기타 문제가 일부 경제 선진국에도 존재하고 있음에 주목한다. 근본적으로 기아와 영양실조 문제는 식량 부족 때문이 아니라 세계 인구의 상당수가 특히 빈곤으로 인해 잉여 가능한 식량에 대한 접근을 결여하고 있기 때문이다. ……

본 위원회는 적절한 식량에 대한 권리의 핵심 내용이 다음을 내포한다고 간주한다.

- 개인의 영양 공급의 필요를 충족하기에 충분한 양과 질을 갖추고 있고 해로운 물질이 없으며 해당 문화 내에서 용인될 수 있는 식량이 이용 가능한 상태

- 이러한 식량이 지속 가능하고 기타 인권의 향유를 방해하지 않는 방식으로 접근 가능한 상태

'영양 공급의 필요'란 식사가 전체적으로 신체적 및 정신적 건강, 발전 및 유지, 그리고 생애 전 단계에서 성별과 직업에 따른 생리적 필요를 포함해 신체적 활동을 위한 영양분의 혼합을 포함함을 의미한다. 따라서 영양 공급의 다양성, 그리고 모유 수유 등 적절한 섭식 및 급식 방식을 유지·적응 또는 강화하기 위한 조치가 필요하다. 이때 가해지는 식량 가용성 및 접근성에 대한 최소한의 변화가 영양 공급의 구성 및 섭취에 부정적인 영향을 미치지 않도록 보장한다.

'해로운 물질이 없다' 함은 식량이 불순물 및 불량한 환경 위생이나 여러 단계의 공급 과정 중의 부적절한 취급으로 오염되는 것을 방지하기 위해 식량 안보 및 공적·사적 수단을 통한 일련의 보호 조치 요건을 정한다는 의미다. 또한 자연발생적 독소를 검출하고 이를 예방하거나 없애기 위한 주의도 기울여야 한다.

'문화적 수용성' 또는 '소비자 수용성'은 식량이나 식량 소비에 수반되는 비영양적이라고 알려진 가치, 그리고 이용 가능한 식량 공급의 성질에 대한 정보력 있는 소비자의 우려를 최대한으로 고려해야 할 필요를 내포한다.

'가용성'은 생산지나 기타 자연자원으로부터 직접 먹을 것을 구할 가능성 또는 수요에 따라 식량을 생산지로부터 그것이 필요한 곳으로 운반할 수 있는 유통, 가공 및 시장 시스템의 원활한 기능을 의미한다.

'접근성'은 경제적 접근성과 물리적 접근성을 모두 포함한다.

'경제적 접근성'은 적절한 식사를 위한 음식물의 획득과 관련된 개인 또는 가정의 재정적 비용이 다른 기본적 필수품의 획득 및 충족을 위협하거나 제한하지 않을 정도의 수준이어야 함을 의미한다. 경제적 접근성은 사람들

이 음식을 조달하는 획득 유형이나 조달할 자격에 적용되며 적절한 식량에 대한 권리를 누리기 위해 충분한지 측정하는 기준이 된다. 토지가 없는 사람이나 특히 빈곤한 계층과 같이 사회적으로 취약한 집단은 특별 프로그램을 통해 관심을 가질 수가 있다.

'물리적 접근성'은 적절한 식량이 유아나 아동 등 신체적으로 취약한 사람, 노인, 신체 장애인, 불치병 환자 및 정신질환자 등 지속적인 건강 문제를 갖고 있는 사람을 포함한 모든 이에게 접근 가능해야 함을 의미한다. 자연재해 피해자, 재해 빈발 지역 거주자 및 기타 특히 혜택받지 못한 집단은 식량 접근성과 관련해 특별한 관심, 때로는 우선적 고려 대상이다. 조상 전래의 땅에 대한 접근권이 위협받고 있는 많은 선주민 집단도 특별히 취약한 경우에 해당한다.

　……

각국은 기아로부터 자유로울 권리를 보장하기 위해 그 관할권 내의 모든 사람에게 양이 충분하고, 영양이 알맞으며 안전한 최소한의 필수적인 식량에 대한 접근을 보장할 의무가 있다.

(이하 생략)

4장_
지금, 여기,
우리, 인권

비정규직 여성 노동자에게 '빵과 장미'를

〈빵과 장미〉, 1912
제임스 오펜하임

"고된 노동을 하는 여성의 영혼은
    예술과 사랑과 아름다움을 잘 알지 못하지만,
    그래, 우리는 빵을 위해 싸우지.
    또 장미를 위해 싸우기도 하지."

2007년 7월 20일, 서울 상암 월드컵경기장으로 눈과 귀가 쏠렸다. FC서울과 경기를 벌이는 영국 프로축구팀 맨체스터 유나이티드의 화려한 몸놀림에 관중과 시청자는 환호성을 올리며 열광했다. 그러나 그날 새벽 같은 장소에서 닫힌 셔터에 제 몸을 쇠사슬로 감고 버티던 홈에버 노동자의 몸부림은 관심을 끌지 못했다. 그녀들은 '비정규직'이라는 꼬리표를 달고 있었다.

대형 유통매장 계산원, 은행과 병원 창구 직원, 고속도로 톨게이트 징수원, 지하철이나 회사, 학교의 환경미화원 등 우리가 일상에서 만나는 많은 여성 노동자는 대부분 '비정규직'이라는 꼬리표를 달고 있다. 사용자는 고용과 해고를 자유롭게 할 수 있지만 노동자는 해고의 불안 속에서 살아야 하는 것이 바로 비정규직이다. '잘리지' 않으려면 화장실도 안 가면서 버티고, 근무 시간 내내 서서 일하면서도 같은 일을 하는 정규직에 비해 형편없는 임금을 받는다. 그러나 온 식구의 밥줄이 달려 있으니 참아야 한다. 비정규직에게 인간으로서의 존엄은 먼 나라 이야기이다. 생존 그 자체인 일자리마저

늘 불안한 처지에 놓인 탓이다.

살아갈 권리, 그리고 존엄하게 살아갈 권리 |

　　　　　　　　　　　인간의 생존과 존엄을 상징하는 단어로 '빵'과 '장미'가 즐겨 사용된다. '빵과 장미'는 남미 출신 미국 대도시 청소원들의 투쟁을 그린 켄 로치(Ken Loach) 감독의 영화 제목으로 유명하다. 여기서 '빵'은 생존하기 위한 육체의 양식과 그것을 지키기 위한 투쟁을, '장미'는 인간의 존엄성과 그것을 지키기 위한 정신의 양식을 의미한다. 그런데 '빵과 장미'는 이 영화보다 더 오랜 이야기를 담고 있다.

〈빵과 장미〉는 미국의 시인 제임스 오펜하임(James Oppenheim)이 쓴 시의 제목이다. 오펜하임은 1900년대 벌어진 여성 노동자 투쟁에서 외쳤던 구호에서 영감을 받아 이 시를 썼다고 한다. 1908년 3월 8일 "일하는 중에도 우리는 굶주리고 있다. 파업을 해도 굶는 것은 마찬가지이다"라는 구호를 외치며 뉴욕 의류 생산 여성 노동자들이 파업을 벌였다.* 1910~11년에는 시카고의 의류 공장에서 일하는 여성 노동자들이 하루 8시간 노동을 요구하며 파업했다. 오펜하임이 쓴 시의 부제 '서부 여성들의 슬로건'에서 서부는 시카고를 가리키는 것이라고 한다.

그러나 '빵과 장미'를 구호로 내건 대표적인 사건은 1912년의 로렌스에서 일어난 파업이다. 미국 매사추세츠 주 로렌스는 섬유산업으로 유명했지만 가혹한 노동 조건으로 악명도 높았다. 로렌스의 평균 임금은 주당 8.76달러였는데 여성과 아동은 주당 6달러를 받았다. 일주일에 56시간을 일한 대가였다. 공장주들은 생산에 사용되는 실과 바늘, 심지어 노동자들이 앉는 의

---

* 1857년과 1908년 3월 8일 미국 여성 노동자들이 노동 조건 개선과 여성의 지위 향상을 요구하며 시위를 벌인 것을 기념하는 의미에서 이날을 '세계 여성의 날'로 정했다.

자까지 노동자에게 삯을 물렸다. 형편없는 임금, 장시간 노동, 위험한 공장 환경, 공장과 다를 바 없이 비좁고 지저분한 주거 속에 놓인 노동자의 평균 수명은 전국 최하위에 속했다.

1912년 1월 여성과 아동 노동 시간을 주 56시간에서 52시간으로 줄이는 법이 강행됐다. 공장주들은 노동 시간이 줄었으니 임금 삭감은 당연하다며 여성과 아동의 임금을 깎았다. 이전 임금으로도 먹고 살 수 없었는데 이제 어쩌란 말이냐. 참다못한 여성 노동자들은 15퍼센트 임금 인상, 임금 삭감 없는 노동 시간 단축, 잔업 수당 두 배 인상, 장시간 노동을 강요하는 성과급 폐지 등을 요구하며 실을 끊고 유리창을 깨뜨리며 파업에 나섰다. 그녀들이 손에 쥔 펼침막에는 '우리는 빵을 원한다, 그러나 장미도 원한다'라는 구호가 적혀 있었다. 그리하여 이 투쟁은 '빵과 장미의 파업'으로 알려졌다.

'빵과 장미를 위한 투쟁'은 고난으로 얼룩졌다. 주력 산업에 종사하는 숙련, 고임금, 백인 남성 노동자가 주축인 미국노동연맹(American Federation of Labor: AFL)은 이들을 외면했다. 비숙련 여성 노동자와 이주노동자는 조직화될 수 없다는 이유에서였다. 당시 로렌스의 여성 노동자들은 출신 국가와 언어가 수십 개에 이르는 아주 다양한 이주노동자이기도 했다. 한 여성 노동자는 이렇게 맞받아쳤다. "그들이 우릴 보고 '여성은 조직화될 수 없다', '여성은 노동조합 회의에 나오지 않을 거다', 그리고 '임시 노동자'라고 말했다. 글쎄, 두고 보라지." 오펜하임의 시에서 두 번째 절 "남성을 위해서도 싸운다네"와 마지막 절 "여성이 떨쳐 일어서면 인류가 떨쳐 일어서는 것"은 이러한 주류 노동조합의 행태를 꼬집은 말이다.

공장주와 주지사는 민병대를 조직하고 인근 도시의 경찰력까지 데려왔다. 수백 명의 여성 노동자가 그들에게 붙잡히고 다쳤다. 그러나 처음 수백 명으로 시작한 파업에 10주가 지나자 1만 명 이상의 노동자가 참가했다. 감동적인 연대도 나타났다. 파업으로 굶주리는 노동자의 자녀를 맡아서 돌봐

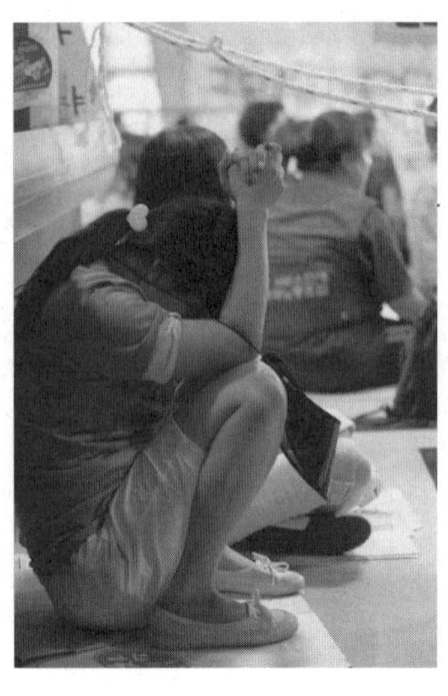

2007년 이랜드 농성장의 어느 여성 노동자. 2년이 지난 지금도 비정규직 문제는 근본적인 해결책을 찾기보다는 사용 연한을 얼마나 더 늘릴 것이냐를 두고 헛바퀴를 돌리고 있다. ⓒ참세상

주자는 운동이 일어나 인근 도시에서 자원자들이 나서서 파업 노동자의 자녀를 초청했다. 경찰은 파업 기간 동안 아이들이 로렌스를 떠나는 것을 막으려고 기차역에서 어머니와 아이들에게 곤봉을 휘둘렀다. 이 일로 미국 전역에 경찰 폭력에 대한 반감과 파업자에 대한 동조가 커지게 된다.

여론이 불리해지자 주 당국은 회사에 협상을 강권했고 의회는 여성 노동자의 노동 조건이 어떠한지 진상을 조사했다. 그리고 노동자의 요구가 받아들여졌다. 임금 5퍼센트 인상, 잔업에 125퍼센트 수당 지급, 파업 노동자 고용차별 금지 약속이었다. 처음에 내걸었던 요구가 모두 받아들여진 것은 아니지만 이 투쟁은 미국 노동운동 역사상 위대한 승리 중 하나로 기록됐다. 로렌스 노동자의 승리는 직물산업만이 아니라 다른 산업에서 파업의 물결을 불러일으켰고 비슷한 일을 피하기 위해 고용주가 먼저 나서서 임금을 올리는 경우도 생겼다.

영화 〈빵과 장미〉의 등장인물 중 한 사람이 바로 이 투쟁을 이야기하며 "그녀들은 이겼어, 그녀들은 이겼어!"라고 외친다. 빵과 장미의 파업은 무엇보다도 여성, 이주자, 비숙련 노동자의 조직이 가능하며 여성이 조직과 투쟁에서 지도력을 발휘할 수 있음을 보여주었다. 아울러 사업이 번창하면 노동자 임금도 올라갈 것이라고 안이하게 생각하며 고임금 숙련 노동자 속에 안주했던 주류 노동조합의 활동에 일침을 가했다. 하지만 무엇보다 인종, 성, 기술, 직종에 상관없이 노동자는 노동조합을 결성할 수 있으며 이에 헌신할 수 있음을 증명해 보였다. 비참한 노동 조건을 바꿀 수 있는 것은 오로지 노동자의 힘이며, 나아가 사회의 모든 사람을 이롭게 하는 데 노동의 힘을 사용할 수 있다는 희망을 품게 해주었다.

빵과 장미,
"모든 이에게 빵을, 그리고 장미도":
서부 여성들의 슬로건*

BREAD AND ROSES, 'BREAD FOR ALL, AND ROSES,
TOO': A SLOGAN OF THE WOMEN OF THE WEST

제임스 오펜하임, 1912년

환한 아름다운 대낮에 행진, 행진을 하자.

헤아릴 수 없이 많은 컴컴한 부엌과 잿빛 공장 다락이

갑작스런 태양이 드러낸 광채를 받았네.

사람들이 우리가 노래하는 '빵과 장미를, 빵과 장미를'을 들었기 때문에.

우리는 행진하고 또 행진할 때 남성을 위해서도 싸운다네.

남성은 여성의 자식이고, 우린 그들을 다시 돌본다네.

태어나서 죽을 때까지 우린 착취당하지 말아야만 하는데,

마음과 몸이 모두 굶주리네. 빵을 달라, 장미를 달라.

우리가 행진하고 행진할 때 수많은 여성이 죽어갔네.

그 옛날 빵을 달라던 여성의 노래를 울부짖으며,

고된 노동을 하는 여성의 영혼은 예술과 사랑과 아름다움을 잘 알지 못

하지만,

* 진영종 교수(성공회대 영어학과)의 번역을 조금 수정해 옮겼다.

그래, 우리는 빵을 위해 싸우지. 또 장미를 위해 싸우기도 하지.

우리가 행진을 계속하기에 위대한 날들이 온다네.

여성이 떨쳐 일어서면 인류가 떨쳐 일어서는 것.

한 사람의 안락을 위해 열 사람이 혹사당하는 고된 노동과 게으름이 더 이상 없네.

반면에 삶의 영광을 함께 나누네. 빵과 장미를 빵과 장미를 함께 나누네.

전태일을
기억하라

《전태일 평전》, 조영래

> "한 인간이 인간으로서의 모든 것을
> 박탈당하고 박탈하고 있는 이 무시무시한 세대에서
> 나는 절대로 어떠한 불의와도 타협하지 않을 것이며,
> 동시에 어떠한 불의도 묵과하지 않고
> 주목하고 시정하려고 노력할 것이다."

11월 13일은 이 땅의 영원한 '노동자'가 태어난 날이다. 1970년 11월 13일 서울 평화시장 앞 길거리에서 스물두 살의 젊은 전태일은 스스로를 불살랐다. "근로기준법을 지켜라", "우리는 기계가 아니다"라는 절규 속에서 그의 몸과 함께 근로기준법 화형식이 이뤄졌다. 11월 11일, 이른바 '빼빼로데이'는 알아도 11월 13일을 알지 못하는 사람들이 많을 것이라는 우울함에 세 번째로 《전태일 평전》을 샀다. 우리 사회의 독보적인 인권 교과서라는 생각이 들었기 때문이다.

처음 이 책을 샀을 때의 제목은 '어느 청년 노동자의 삶과 죽음'이었다. 전태일의 이름을 공개적으로 입에 올리는 것조차 금기시한 사회분위기 때문에 지은 우회적인 제목이었다. 저자인 고 조영래 변호사의 이름도 없었다. 그때 나는 특정 종교재단이 세운 학교에 다닌 덕분에 종교개론을 필수로 수강해야 했는데 맨 뒤에 앉아 시간을 때우려고 이 책을 펴들었다. 잘못된 결정이었다. 책을 읽는 내내 주체할 수 없이 눈물이 흘러내렸지만 수업 시간

인지라 코와 입을 막고 울음을 참아야 했다.

이 책을 두 번째 샀을 때는 '전태일 평전'이라는 제목과 더불어 저자의 이름도 또렷하게 적혀 있었다. 책은 바뀌었지만 세상은 여전했다. 두 번째 책은 경찰 압수수색에 불온서적 소지로 걸릴까 두려워한 친구들이 깨끗이 치워버렸다. 세 번째로 가지게 된 책의 표지는 깔끔하고 세련되게 바뀌어 있었다. 마치 전태일이 고발했던 모든 것이 옛일이라고 시치미 떼는 양.

노동권 교과서, 〈전태일 평전〉 |

초등학교 4학년을 중퇴하고 갖은 돈벌이에 시달리던 전태일은 열여섯 살이 돼서야 야간학교에 중학교 1학년으로 입학했다. 하지만 생활고 때문에 채 1년을 다닐 수 없었다. 그는 짧은 학창시절에 경험한 체육대회를 마치고 이렇게 썼다.

> 맑은 가을 하늘은 구름 한 점 없이 깊었으며, 그늘과 그늘로 옮겨 다니면서 자라온 나는 한없는 행복감과 인간만이 누릴 수 있는 특권인 서로 간의 기쁨과 사랑을 마음껏 음미할 때 내일이 존재한다는 것이 얼마나 즐거운 일이며 내가 살아 있는 인간임을 어렴풋이나마 진심으로 조물주에게 감사했습니다.

그늘에서 그늘로 옮겨 다니는 삶 속에서도 스스로의 생명과 존엄을 잘 알고 있는 '인간'을 대면할 수 있다. 스스로를 존엄한 인간이라 생각하는 사람은 그 누구도 노예로 만들 수 없다. '모든 인간은 인정받고 존중받아야 할 가치와 존엄성을 가지고 있다'는 것만큼 인권의 교과서적인 선언은 없을 것이다.

한 가지 내가 억울하다고 생각한 것은, 너무 작업이 힘들게 작업시간이 길고 힘에 겨운 야간작업을 시키는 것이다. ……공장 주인보다 경제적으로 약자인 우리 직공들은 어쩔 도리가 없는 것이다.

직공들은 어린아이들 바지를 만들어내는 매수(枚數)에 따라 월불 계산을 한다. 그런데 여기서 한 가지 우리 미싱사들의 다 같은 불만은, 처음 일을 시작할 때 1매당 얼마를 준다는 확고한 결정을 하지 아니하고 대목일이 끝난 다음에야 1매당 얼마를 지불한다는 것을 주인이 재단사와 적당히 타협해서 주는 것이다. 언제나 이 모양이기 때문에 일이 바빠 직공들이 매수를 많이 올려도 겨우 평균 월급보다 조금 나은 월급을 받을 뿐이다. ……나는 이런 계통에서 미싱사로서는 처음 당하는 일이었지만 너무 억울했다. 아무리 열심히 밤잠 못 자고 많은 양의 바지를 만들어야, 피땀 흘린 대가를 못 찾았기 때문이다.

이 글은 전태일이 억울한 심정을 토로하며 처음으로 사회비판의식을 드러낸 글이다.

전통적 인권에서 말하는 '모든 인간'은 모두 자유롭고 평등하며, 따라서 대등한 인간이다. '형식'으로는 그렇다. '현실'에서는 그렇지 않다. 전통적 인권에서 말하는 인간은 현실의 인간이 처한 부자유하고 불평등한 면, 개인이 사회와 맺는 관계에 따라 결정되는 인권의 현실을 무시했다. 그런 시각에서 보자면 공장 주인도 노동자도 자유롭고 평등한, 다 같은 시민일 뿐이다.

노동권, 인간으로서의 최소한의 요구

인권의 변화는 현실에서 살아 숨 쉬고 있는 구체적 인간의 얼굴을 통해서 나타난다. 그 변화는 인권 주체의 구체화와 집단화로 나타났다. 구체적 인간은 누구인가? 자기 재산으로 살아가는 사람

마석 모란묘원에 있는 전태일 묘지 앞 동상. 여전히 많은 이들이
그곳을 찾아 헌화하고 참배하며 그 뜻을 기리고 있다.

보다는 누군가로부터 임금을 받아서 살아가는 사람들, 즉 재단사인 노동자
이고 시다인 노동자이다. 그들은 고립되어 존재하는 것이 아니라 사회와의
관계 속에서 살아가며, 그들의 사회적 조건은 그 존재를 통해 이야기할 수
밖에 없다.

　1개월에 첫 주일과 셋째 주일, 2일은 쉽니다. 이런 휴식으로서는 아
무리 강철 같은 육체라도 곧 쇠퇴해버립니다. 일반 공무원의 평균 근
무시간 1주 45시간에 비해, 15세의 어린 시다공들은 1주 98시간의 고
된 작업에 시달립니다. 또한 평균 20세의 숙련 여공들은 대부분 6년
전후의 경력사들로서 내부분이 햇빛을 보지 못해 인질과 신경통, 신
경성 위장병 환자입니다. 호흡기관 장애로 또는 폐결핵으로 많은 숙
련 여공들은 생활의 보람을 못 느끼는 것입니다.
　응당 근로기준법에 의하여 기업주는 건강진단을 시켜야 함에도
불구하고 법을 기만합니다. 한 공장의 30여 명 직공 중에서 겨우 2명
이나 3명 정도를 평화시장주식회사가 지정하는 병원에서 형식상의

진단을 마칩니다. X레이 촬영 시에는 필름도 없는 촬영을 하며 아무런 사후지시나 대책이 없습니다. 1인당 300원의 진단료를 기업주가 부담하기 때문입니까? 아니면 전부가 건강하기 때문입니까? 이것도 이 나라의 경제발전을 위해서는 어쩔 수 없는 실태입니까? ……

저희들의 요구는, 1일 15시간의 작업시간을 1일 10~12시간으로 단축해주십시오. 1개월 휴일 2일을 늘려서 일요일마다 휴일로 쉬기를 원합니다. 건강진단을 정확하게 하여주십시오. 시다공의 수당(현재 70원 내지 100원)을 50% 이상 인상하십시오.

절대로 무리한 요구가 아님을 맹세합니다. 인간으로서의 최소한의 요구입니다.

그렇게 등장한 구체적 인권이 '노동권'이다. 노동권의 등장으로 전통적 인권이 옹호했던 소유권의 신성불가침성은 깨졌다. 재산을 똑같은 재산으로 바라보지 않고 누가 어떤 것을 가졌느냐에 따라 구체적으로 구분한다. 자본가의 소유권은 그에 대응하는 사람들의 소유권을 위해 제한될 수밖에 없다. 이 새로운 소유권은 '노동권'이라는 인권으로 등장했다. 그래서 자본가의 재산권에 책임을 묻게 되었고, 사용자의 권리에 대한 제한 규정이 생겼다. 휴일과 적절한 휴식 없이 일을 시켜서는 안 된다. 공정한 임금을 주어야 한다. 노동자의 자기 보호를 위해 조합을 조직하고 가입하고 활동할 권리를 인정해야 한다. 그렇지 않고서는 노동자라는 인간 집단은 인간으로서의 최소한의 요구도 지켜낼 수 없다.

내가 보는 세상은, 내가 보는 나의 직장, 나의 행위는 분명히 인간 본질을 해치는 하나의 비평화적·비인간적 행위이다. 하나의 인간이 하나의 인간을 비인간적인 관계로 상대함을 말한다. 아무리 피고용인이지만 고용인과 같은, 가치적(으로) 동등한 인간임엔 차이가 없기 때문이다.

인간을 물질화하는 세대, 인간의 개성과 참 인간적 본능의 충족을 무시당하고 희망의 가지를 잘린 채 존재하기 위한 대가로 물질적 가치로 전락한 인간상을 증오한다.

어떠한 인간적 문제이든 외면할 수 없는 것이 인간이 가져야 할 인간적인 문제이다. 한 인간이 인간으로서의 모든 것을 박탈당하고 박탈하고 있는 이 무시무시한 세대에서 나는 절대로 어떠한 불의와도 타협하지 않을 것이며, 동시에 어떠한 불의도 묵과하지 않고 주목하고 시정하려고 노력할 것이다.

인간을 필요로 하는 모든 인간들이여. 그대들은 무엇부터 생각하는가? 인간의 가치를? 희망과 윤리를? 아니면 그대 금전대의 부피를?

업주들은 한 끼 점심값에 200원을 쓰면서 어린 직공들은 하루 세 끼 밥값이 50원, 이건 인간으로서는 행할 수 없는 행위입니다. …… 나이가 어리고 배운 것은 없지만 그들도 사람, 즉 인간입니다. 태어날 때부터 생각할 줄 알고, 좋은 것을 보면 좋아할 줄 알고, 즐거운 것을 보면 웃을 줄 아는 하나님이 만드신 만물의 영장, 즉 인간입니다.

다 같은 인간인데 어찌하여 빈한 자는 부한 자의 노예가 되어야 합니까. 왜 빈한 자는 하나님께서 택하신 안식일을 지킬 권리가 없습니까?

종교는 만인이 다 평등합니다. 법률도 만인이 다 평등합니다.

왜 가장 청순하고 때 묻지 않은 어린 소녀들이 때 묻고 더러운 부한 자의 거름이 되어야 합니까? 사회의 현실입니까? 빈부의 법칙입니까?

인간의 생명은 고귀한 것입니다. 부한 자의 생명처럼 약자의 생명
도 고귀합니다. 천지만물 살아 움직이는 생명은 다 고귀합니다. 죽기
싫어하는 것은 생물체의 본능입니다.

선생님, 여기 본능을 모르는 인간이 있습니다. 그저 빨리 고통을 느
끼지 않고 죽기를 기다리는 생명체가 있습니다. 그리고 죽어가고 있
습니다. 그것도 미생물이 아닌, 짐승이 아닌, 인간이 있습니다. 인간,
부한 환경에서 거부당하고, 사회라는 기구는 그들 연소자를 사회의
거름으로 쓰고 있습니다. 부한 자의 더 비대해지기 위한 거름으로.

선생님, 그들도 인간인 고로 빵과 시간, 자유를 갈망합니다.

비정규직, 또 다른 전태일의 이름

'빵과 자유'로 뭉쳐 있지 않은 인권은 무용지물
이다. 빵, 즉 인간답게 생존할 권리를 존중하지 않는 것은 인권이 아니다. 굶
주리는 사람에게 신체의 자유, 사상·언론의 자유는 의미가 없다. 사실상 누
릴 수 없는 권리를 사람들에게 보장한다고 주장하는 것은 음식을 제공하지
않으면서 식권을 지급하는 것과 마찬가지로 사기에 불과하다. 한편 '빵'은
자유의 대척물이 아니라 자유를 기본 내용으로 한다. 전태일의 말대로 "어
떠한 불의도 묵과하지 않고 주목하고 시정하려고 노력"하는 것에는 뭉칠 자
유가 필요하고 뭉쳐서 행동할 자유가 필요하기 때문이다. 빵은 자유 없이 실
현 불가능하다. 그래서 '빵에 대한 권리'를 담고 있는 '사회권'이란 인권은
자유의 고양이지 자유의 무시가 결코 아니다. 대표적인 사회권인 노동의 자
유가 결사의 자유, 단결의 자유, 단체행동의 자유를 외쳤지만, 많은 정부가
탄압하는 데서 볼 수 있듯 자유 없는 사회권의 진전이란 있을 수 없다.

사회권을 흔히 국가가 위로부터 베푸는 혜택이라 생각하는 것은 오해이
다. 사회권은 노동권이라는 권리를 승인하는 것에서 출발했고, 그를 통해 자

본가의 재산권을 제한하고 재산의 사회적 책임을 추구한 것이다. 사회권은 노동자를 비롯한 당사자의 주체적 활동으로 이루어지는 것이고 국가는 그러한 활동의 자유를 보장하는 데 그 역할이 있다.

전태일 이후에도 수많은 노동자들이 빵과 자유를 위해 목숨을 바쳤다. 오늘날에는 '노동자'라는 이름도 아까워 '비정규직'이란 이름을 붙여서 노동자를 반 토막 취급하고 있다. 이것이 여전히 《전태일 평전》을 다시 읽고 또 읽어야 되는 이유가 아닐까.

독재자의
첫 번째 행위는
자유로운
표현의 파괴

〈민중의 인권〉, 윌리엄 더글러스

"표현의 자유가 없다면 공적 쟁점의 몇 가지만이 논의될지도 모른다.
그것이 없다면 민중은 획일주의에 억눌려 그 결과 세계와 세계의
정세에 대한 관심을 전적으로 상실하게 될지도 모른다."

"책을 불태우는 곳에서는 결국 사람을 불태운다." 독일의 시인 하이네 (Heinrich Heine)가 한 말이다.

그가 생전에 남긴 이 말은 그의 조국에서 현실이 되었다. 1933년 나치는 독일 전역의 도시에서 나치에 도전할지도 모른다고 생각되는 사상이 담긴 책을 태우는 '화형식'을 치렀다. 그리고 하이네의 말처럼 전 세계를 전쟁의 광기 속으로 몰아갔다. 인권의 역사는, 인권이 대규모로 침해될 때 그 전령사가 표현의 자유 침해라는 점을 알려준다. 마치 '탄광 속 카나리아'처럼 표현의 자유가 억압받기 시작하면 그 사회의 인권은 서서히 억눌리게 마련이다. 인권을 침해하는 권력이란 나치가 그랬듯이 제 입맛에 맞지 않는 표현을 불태워 없애버리거나, 그전에 불태울 만할 표현을 할 사람들부터 없애버린다. 이렇게 되면 그동안 있어온 지식과 사상을 사라지게 함은 물론이고 그 살풍경 속에 누구도 함부로 입을 열지 못하게 하는 효과까지 거두는 것이다. 그야말로 '실용적'이다.

표현의 자유는 이제 상식이다 |

표현의 자유는 사상의 자유와도 맥이 닿아 있다. 즉, 자유롭게 생각하는 것과 생각을 자유롭게 표현하는 것은 떼려야 뗄 수 없는 관계이다. 1995년 10월 1일 '19조(Article 19)'＊라는 국제단체는 요하네스버그의 비트바테르스란트 대학 법학연구센터에서 표현의 자유와 사상의 자유에 관한 국제 기준을 천명했다. 〈요하네스버그 원칙(The Johannesburg Principles on National Security, Freedom of Expression and Access to Information, Freedom of Expression and Access to Information)〉이다. '19조'가 유엔, 유럽연합, 미주 및 아프리카 연합기구 등의 국가안보와 인권에 관한 전문가들과 함께 국제인권법, 지역법, 각국의 법원의 판결 기준, 국제 사회에서 승인된 일반 원칙에 기초해 작성한 〈요하네스버그 원칙〉은, 사상·양심·표현의 자유를 제한할 수 있는 조건에 관해 최상은 아니어도 '적절한' 규정을 담았다고 국제적으로 공인받았다. 이것은 '이상'으로서가 아니라 이미 많은 국가에서 '현실'의 법적 원칙으로 자리 잡은 기준이었다.

〈요하네스버그 원칙〉의 기본 원칙은 "누구도 자신의 의견이나 신념으로 인해 어떠한 강제, 불이익이나 제재를 받아서는 안 된다"이다. 또한 "표현의 자유에 대한 권리의 평화적인 행사를 국가안보의 위협으로 간주해서는 안 되며, 이에 대해 어떠한 규제나 형벌을 가해서는 안 된다." 흔히들 금기시하는 '정부를 바꾸자는 표현, 국가나 국기에 대한 모욕, 징병 반대, 전쟁 반대' 등의 표현도 국가안보에 위험이 되지 않는다(원칙 7). 그리고 의사 표현을 제한해야 할 경우라도 정부가 지켜야 할 전제조건과 정부가 져야 할 입증 책임이 있다.

＊ 표현의 자유를 명시한 〈세계 인권 선언〉 제19조에서 이름을 따왔다.

영국의 철학자 밀(John Stuart Mill)은 《자유론(On Liberty)》(1859)에서 "한 사람만 빼고 전 인류가 하나의 의견이라고 해도, 인류가 그 사람의 입을 막는 것은 그 사람이 힘이 있어서 전 인류의 입을 막는 것만큼이나 부당하다"고 지적했다. 밀뿐만 아니라 곳곳의 인권 문헌과 법률은 표현의 자유를 명시하고 있다. 일찍이 〈인간과 시민의 권리 선언〉은 "사상과 의견의 자유로운 소통은 인간의 가장 고귀한 권리 가운데 하나이다. 따라서 모든 시민은 자유롭게 말하고 쓰고 인쇄할 수 있다"고 말했다. 〈세계 인권 선언〉은 시민이 사상·양심·표현의 자유를 행사해 정부와 국가를 비판할 수 있어야만 한다는 원칙을 내세운다. 미국의 수정헌법 제1조도 "연방 의회는 국교를 정하거나, 자유로운 신앙 행위를 금지하거나, 언론과 출판의 자유를 그리고 국민이 평화로이 집회할 수 있는 권리 및 불만 사항의 구제를 위해 정부에게 청원할 수 있는 권리를 약화시키는 법률을 만들 수 없다"고 명시했다.

프랑스 혁명의 열매인 〈인간과 시민의 권리 선언〉, 독립과 함께 시민의 권리를 확인한 미국 헌법 등에서 표현의 자유를 명시한 것은 표현의 자유는 다른 자유를 누리고 지키기 위한 전제이기 때문이다. 또한 역사에 등장하는 독재자들이 책을 불태우고, 더 나아가 책을 쓸 만한 이들을 함께 불태우는 것은 표현의 자유가 얼마나 중요한지를 역설적으로 그리고 비극적으로 보여주는 대목이라 할 만하다.

매카시즘의 위대한 반대자

표현의 자유의 역사에서 1950년대 미국의 매카시즘은 '치욕'이다. 매카시즘은 미국 공화당 상원의원 조셉 매카시(Joseph Raymond McCarthy)의 이름에서 유래한 말이다. 매카시는 1950년 2월 뜬금없는, 그러나 태풍을 몰고 올 연설을 했다. "내 손에 205명의 이름이 적힌 명단이 있다. 공산당원이면서 국무성에서 일하고 있는 자들이다. 이 자들이 아직도 국무성에서 일하고 있고 정책을 만들고 있다." 당시는 1949년 10월 중국에서 사회주의 정권인 중화인민공화국이 수립되고 1950년 1월 소련이 원폭 실험에 성공한 뒤였다. 매카시는 뚜렷한 증거를 내놓지 못했지만, 파문은 걷잡을 수 없이 커졌다. 게다가 그해 6월 한국전쟁이 발발했다. 미국은 공산주의에 휩싸인 듯한 공포에 빠지면서 분위기는 점차 광풍에 가깝게 변해갔다. 국무성을 겨냥해 시작된 매카시즘은 문화예술계를 비롯한 사회 전체로 퍼져 나가 여기저기서 '빨갱이' 색출 소용돌이를 만들었다. 그리하여 찰리 채플린, 레너드 번스타인, 아서 밀러 등 수많은 예술가, 즉 표현의 생산자들은 청문회에서 애국심을 심사받으며 양심을 까뒤집어 보이거나 일자리를 잃어야 했다.

같은 시대 미국 연방대법원에는 윌리엄 더글러스(William Orville Douglas) 판사가 있었다. 그는 1939년부터 1975년까지 무려 36년간 연방대법원 판사를 지냈다. 그러나 그가 유명한 것은 오랫동안 연방대법원 판사를 해서가 아니라, 미국 사회의 지배 계급에게는 눈엣가시였을지 모르나 판사로서 소신 있는 소수 의견을 냈기 때문이다. 그는 심리할 것이 있다면 누구도 최후까지 알아보아야 한다는 소신으로 스파이 혐의를 받은 로젠버그 부부의 사형 집행 정지 명령을 내린 것으로 유명하다.* 또한 더글러스 판사는 교사의 사상을 조사하는 법률이 위헌이라고 판결하는 등 법 적용에서 시민의 자유를 최우선 순위에 두었다. 그가 가진 별칭은 법과 정의에 대한 그의 소신이 어떠했는지를 그대로 보여준다. '길들여지지 않는 더글러스(Wild

---

* 1950년 미국의 원자폭탄 제조의 최고 기밀을 훔쳐 소련에 팔아 넘겼다는 이유로 줄리어스 로젠버그와 에셀 로젠버그 부부가 체포됐다. 줄리어스는 공산당원이었다. 그들 부부는 시종 자신들의 무죄를 주장했고 죄를 인정할 만한 명확한 증거는 없었으나 1951년 4월 5일 사형 판결을 받았다. 이 판결에 대해 로마 교황, 영국 의원단, 아인슈타인 등의 구명 탄원과 더글러스 판사의 형 집행 정지 명령까지 나왔으나, 한국전쟁 등으로 반공 감정이 고조되어 있었던 때였기에 그들은 1953년 전기의자로 처형되었다.

책 화형식을 벌이고 있는 나치. 표현의 자유가 억압당한다면 다른 모든 자유의 침해를 당하더라도 알릴 길이 사라지게 된다. 표현의 자유는 인권의 첨병이자 보루이다.

Bill)', '위대한 반대자(The Great Dissenter)', '고귀한 소수 의견자(The Lone Ranger).' 더글러스는 매카시즘의 광풍 한복판에서 표현의 자유에 대한 글 〈민중의 인권(The Rights of the People)〉을 남겼다.

'불온한' 글을 쓰는 것은 물론이고 '불온' 딱지가 붙은 책을 가지고 있다는 것으로 충분히 죄가 되었던 곳, 아니 지금도 죄가 될 수 있는 곳이 바로 대한민국이다. 여전히 '불온서적'이라는 표현이 통용되는 현실은 이어지고 있다. 나치즘이 책을 불태우고 결국에는 사람까지 불태운 야만을 저지른 데 대해 칼 포퍼(Karl Raimund Popper)는 "열린 사회는 사상의 개방과 여러 기본적 자유를 막으려는 세력들을 영구적으로 감시할 필요성이 있다"고 하면서 "자유의 대가는 영원한 경계(警戒)"라고 강조했다.

민중의 인권*

윌리엄 더글러스

표현의 자유는 민주주의의 기본이다. 고대 아테네 정치가 페리클레스는 행복의 비결을 다음과 같이 말했다. "용기는 자유이고 자유는 행복이나, 자유는 용감한 마음을 갖는 사람만이 가질 수 있다. ……토론과 토의는 때때로 전투 그 자체보다도 더욱 훌륭한 용감함의 증거이다."

완전한 언론 자유는 체제 도전을 포함한다. 현존하는 정권이 서 있는 기본 전제에 도전할 수 있는 자유가 없는 한, 완전한 의미에서의 언론의 자유는 없다는 뜻이다. 미국 수정헌법 제1조는 미국 정치체제의 기초 자체를 공격하는 논의나 주장조차 허용하는 것으로 해석되어야 한다는 것이 나의 신념이다. 미국 수정헌법 제1조는 참으로 대담한 실험이었다. 모든 일을 민중의 무제한적 토론에 부치는 것이다. 그것은 서로 부딪히는 가치 속에서 이야기하고 주장하고 이끄는 자유를 다른 것에 우선하는 권리로 선택했다. 그 결과 무엇이 생기는가를 묻지 않고, 결과야 어찌되든 간에 자유로운 토론과 여론을 보장하는 쪽에 선 것이다.

제퍼슨은…… 다음과 같이 썼다. "……만약 신문을 갖지 않은 정부와 정부를 갖지 않은 신문 중의 어느 것을 선택해야 한다면 나는 아무런 주저 없이 후자를 택할 것이다." 독재는 언론·출판을 철저히 탄압한다. 영국의

---

* 《민중의 인권》(W. 더글러스 지음, 박홍규 옮김, 도서출판 물레, 1987)에서 부분 발췌해 조금 손봤다.

헌법학자 메이가 《영국 헌법사》에서 쓴 바와 같이 "어떤 나라에서든지 권력을 갖는 자는 토론을 자신의 주권과 대립되는 것으로 여겨 벌컥 화내는 태도를 취해왔다."

표현의 자유는 민중이 완전히 주권을 장악했다고 말할 수 있기 위해 절대로 필요한 정치적 권리이다. 민중이 주권 행사의 엄숙한 의무를 수행하기 위해 적절히 정보를 알 수 있는 유일한 보장이다. 표현의 자유가 없다면 공적 쟁점의 몇 가지만이 논의될지도 모른다. 그것이 없다면 민중은 획일주의에 억눌려 그 결과 세계와 세계의 정세에 대한 관심을 전적으로 상실하게 될지도 모른다.

의견의 자유에는 더욱 깊은 의의가 있다. 그것은 개혁의 기회를 보증한다. 만일 살아남고자 한다면 언제나 능동적으로 변화해야 하는 것이 정치의 법칙이다. 영국의 정치가 버크가 말했듯이, "어떤 변화의 수단도 갖지 않는 국가는 스스로를 보전하는 그 어떤 수단도 갖지 못한 국가이다."

마지막 한 사람에게도 언론의 자유는 주어져야 한다. 만일 언론의 자유가 결정적으로 중요하다면, 더욱 하층의, 더욱 수가 적은, 더욱 비천한 소수파에게까지 주어져야 한다. 민중이 현명한 주권자이기 위해서는 문화적·학문적·예술적·지적 생활에 대한 제약 내지 제한이 있어서는 안 된다. 우리 사회에서는 지식의 탐구가 자유롭고 아무런 제약도 받지 않는 것이어야만 한다. 나치 독일의 경우와 같이 대학이 정치권력을 흔드는 사람들을 위한 확성기가 되어버려서는 안 된다. 교사는 사상을 추구하고 어떤 영역에도 나아가도록 허용되어야만 한다. 토의에 관해서는 종점이 존재하지 않는다. ……교육은 끝없는 대화의 일종이고, 대화는 그 성질상 견해의 대립을 전제로 한다.

내 필생의 목표이고 모든 미국인이 갖는 삶의 대상이기도 하다고 내가 믿는 문명은, 대화의 문명이라고 부를 수 있다. 그것은 여러분과 견해를 달리하는 사람을 죽이는 것 대신에 여러분과 함께 사물의 이치를 논의하는 문명이다. 획일주의는 정신적 영양실조를 초래한다. ……획일주의 국가에서 시민의 시계(視界)는 지극히 한정되기 때문에 자기 주위의 세계에 현명한 반응을 보일 수가 없다. 그들은 정부가 조작하는 선전기관의 희생자로 될 뿐이다.

공정한 평론의 특권은 공공 이익에 관계되는 사실, 예컨대 정부의 행동이나 공직 후보자의 적합성 같은 사실에 대한 평론인 한 그것이 진실인가 하는 허위인가에 관계없이 비방에 관한 법의 엄격한 적용을 배제할 수 있다. 단지 비방하는 것이 때로는 치안을 침해한다든가 그런 경향을 갖는다든가 이유만으로 어떤 특정한 문서에 의한 비방을 유죄로 인정해서는 안 된다. 그 특정한 비방이 가솔린의 증발 연기가 충만한 장소에서 성냥을 켜는 것과 비슷한 경우에만 유죄로 되어야 한다.

적정 절차는 무엇인가? 적정 절차는 입법기관이 합리성을 갖지 않고 자의적으로 행동해서는 안 된다고 요구한다. 그런데 이 기준은 수정 제1조와는 무관하다. 수정헌법 제1조는 본래 표현이 어떤 경우에 '합리적으로' 억압될 수 있는가를 결정하는 권한 자체를 정부로부터 뺏으려는 의도에서 제정자가 입법한 것이기 때문이다. 사상은 범죄가 될 수 없다. ……사상범이라는 죄인은 존재하지 않는다. 존재하는 것은 행동의 범죄뿐이다.

언론의 자유를
선동이라
틀어막다

〈선동법〉, 1798

"타당한 권위로 통치되는 미국 정부의 여하한 조치에 반대하거나
또는 미국 법률의 시행을 훼방할 목적으로 …… 누구든지 불법적으로
결합하거나 공모한다면 …… 미국이 관할하는 법정에서의 유죄 판결에
따라 5천 달러 이하의 벌금과 6개월 이상 5년 이하의 징역형에 처한다."

"본문에는 권리를, 그 각주에는 권리의 침해를." 인권을 보장한다고 큰 소리치는 정부를 비판할 때 자주 인용하는 마르크스의 말이다. 선전하는 문구에는 엄연히 '인권'이 있는데 현실을 규정하는 힘센 손에는 언제나 '예외 규정'이 들려 있다. 미국의 〈선동법(Sedition Act)〉이 대표적인 사례이다.

근대적 인권 선언의 하나인 미국의 〈버지니아 권리장전〉(1776)은 "출판의 자유는 전체 자유를 지켜주는 거대한 방파제이며, 독재 정부 이외에는 아무도 이를 제지할 수 없다"고 규정했다. 미국 수정헌법 제1조(1791년 발효)는 이를 구체적으로 명시했다. "연방 의회는 국교를 정하거나, 자유로운 신앙 행위를 금지하거나, 또한 언론과 출판의 자유를 그리고 국민이 평화로이 집회할 수 있는 권리 및 불만 사항의 구제를 위해 정부에게 청원할 수 있는 권리를 약화시키는 법률을 만들 수 없다." 이것이 표현의 자유를 보장한 '본문'이라면, "미국에 반하는 범죄를 처벌하기 위한 법"이라는 꼬리표가 붙은 〈선동법〉은 '각주'에 해당한다.

2006년 삼성 에스원 해고 노동자들이 한강에서 시위를 하고 있다. 자신의 생각을 제대로 표현할 길이 없는 사회적 약자들은 자신의 맨몸을 수단으로 주장을 펼치기도 한다. ⓒ참세상

인권의 역사에서 언론의 자유는 투쟁의 중요한 목적이자 무기이다. 정치 · 경제 체제가 인간과 인간성의 발현을 억누르면 이에 맞서는 투쟁은 입에 물린 재갈을 풀고 속에 품은 생각을 해방시키는 것일 수밖에 없다. 정치 목표를 구상하고 설정할 수 있는 자유(사상의 자유), 그것을 드러내고 나눌 수 있는 자유(언론의 자유), 그것을 실현하기 위해 행동할 수 있는 자유(집회 · 결사의 자유)가 삼두마차인 것은 당연하다.

17세기 종교전쟁의 참상에 시달리던 유럽에서 국가 권력이 관여할 수 없는 내면적 자유의 확립, 즉 종교와 국가의 분리는 중요한 투쟁이었다. 종교가 지배하는 영역과 수행하는 기능이 광범위했기 때문에 사회적 투쟁은 바로 종교 투쟁일 수밖에 없었다. 사상의 자유와 언론의 자유는 종교의 자유를 모태로 했고 출판 허가제 등의 통제는 종교의 지나친 영향으로 여겨졌다. 이런 맥락에서 언론의 자유에 대한 고전인 《아레오파기티카(Areopagitica)》*에서 밀턴(John Milton)은 출판 허가제와 검열을 도입한 의회에 대해 부르짖는다. "좋은 책을 죽이는 것은 이성 자체를 죽이는 것이요, 신의 표상을 눈에서 지우는 것이다. ······ 모든 자유들보다 나에게 알 자유, 발언할 자유, 자

＊ 정식 제목은 'Areopagitica, a Speech of Mr. John Milton for the Liberty of Unlicensed Printing, to the Parliament of England'이다. '아레오파기티카'는 대법관의 뜻을 가진 라틴어이다.

유롭게 논쟁할 자유를 달라. 진리가 자유롭다면, 그것은 모든 가능한 실수를 극복하고 승리할 것이다." 이런 밀턴의 신념은 의견과 언론의 자유를 향한 투쟁의 초석이 되었고 18세기 미국과 프랑스의 혁명 과정에서 다시 제기되었다.

대통령을 욕하는 것은 유죄!

그렇다면 〈버지니아 권리장전〉에서 정신적 자유와 언론의 자유를 인권의 시금석처럼 떠받들고 헌법으로도 보장한 미국에서 왜 〈선동법〉 같은 각주를 만들었을까? 프랑스와의 외교적 사건, 이른바 'XYZ 사건'이 발단이었다. 1794년 독립전쟁에서 발생한 피해를 일부 보상한다는 미국과 영국 간의 합의에 프랑스는 심기가 편치 않았다. 미국 독립전쟁을 지원하느라 재정이 거덜 난 프랑스는 '숙적' 영국과 협조하려는 '배신자' 미국을 가만두지 않았다. 그리하여 대서양과 지중해상에서 미국 상선 3백여 척을 나포해 프랑스로 끌고 갔다. 곧 미국 존 애덤스 대통령은 프랑스로 사절단을 보냈으나 협상은 성사되지 않았다. 프랑스가 공식 사과와 정식 차관 제공뿐만 아니라 개인 뇌물까지 요구했기 때문이었다. 미국 사절단은 '프랑스 외교관 X, Y, Z 세 명이 뇌물을 원한다'는 보고서를 올렸다. 그리고 애덤스 대통령은 보고서를 슬그머니 폭로했다. 프랑스의 무리한 요구가 미국 국민에게 알려지자 두 나라는 선전포고도 없이 전쟁을 시작했다(하지만 두 나라는 이렇다 할 교전도 없이 1800년 협정으로 이 사건을 마무리했다).

이 와중에 애덤스 대통령을 비롯한 미국 연방주의자들은 반정부 비판을 일소하려는 목적으로 〈선동법〉을 제정했다. 즉, 국가 대 국가의 전쟁 위험이 불거진 상황에서 국가의 존립이나 명예를 해칠 위험이 있다고 판단되기만 하면 처벌할 수 있는 법률이었다. 같은 맥락에서 〈외국인법〉도 제정됐다. 정부에 위해를 가하는 것으로 판단되는 외국인, 미국에서 태어나지 않은 사람은 추방할 수 있다는 법이었다.

〈선동법〉은 비열하고 당파적인 목적으로 집행되었다. 연방 판사들은 발언의 진실성 여부를 떠나 당파적 이해에 반하는 모든 발언을 선동죄로 몰아세웠다. 게다가 진실 입증 책임은 피의자에게 있었다. 버몬트 주의 신문 발행자였던 매튜 라이언스는 애덤스 대통령이 "우스꽝스러운 허위의식, 바보 같은 아첨, 이기적인 욕심에 대한 끝이 없는 욕망"을 가지고 있다고 비난했다. 이 발언 때문에 라이언스는 1천 달러 벌금형을 선고받았는데, 징역 4개월 만에 벌금을 모금해 풀려나는 일도 있었다.

1801년 〈선동법〉은 폐지되었다. 연방 정부는 남북전쟁 당시에 약간 제한을 둔 것을 제외하고는 이후 백 년 동안 언론의 자유 조항을 침해하지 않았다. 이후의 선동죄는 유명 인사가 자신의 명성을 보호하기 위해 소송을 제기하는 법으로 바뀌었다. 연방 의회는 제1차 세계대전 중인 1918년 다시 한 번 〈선동법〉을 통과시켰는데 그나마 이때에는 '명백하고 실재하는 위험'이라는 척도가 만들어졌다. 1918년의 〈선동법〉은 '국가안보'를 위협하는 행위를 "미국 정부, 의회, 대통령에 반해 글 쓰고, 말하고, 출판하는 범죄"로 정의했다. 이처럼 미국에서도 언론의 자유는 1930년대 초반까지 눈에 띄는 발전은 이루어지지 못했다.

미국은 2005년 3월 세계를 대상으로 '보편적 민주주의'를 증진하는 외교 정책을 펼치겠다며 〈민주주의 증진법(Advance Democracy Act of 2005)〉을 상·하원에 동시 상정했다. 미국은 이 법안에서 언론의 자유를 완전히 행사할 권리를 말하고 있다. 그러면서 이를 위해 비민주주의 국가에 대해 공식적 비난, 공관장의 소환, 경제 제재, 미국 입국 금지 등 온갖 조처를 다하겠다고 한다. 이것을 인권에 대한 '본문'으로 읽어야 할까 '각주'로 읽어야 할까?

선동법: '미국에 반하는 범죄를 처벌하기 위한 법'이란 제목의 법률에 부가되는 법

SEDITION ACT: AN ACT IN ADDITION TO THE ACT ENTITLED,
'AN ACT FOR THE PUNISHMENT OF CERTAIN CRIMES AGAINST THE UNITED STATES'

1798년 7월 14일

1. 의회에 모인 미합중국 상·하원은 이와 같이 제정한다.

타당한 권위로 통치되는 미국 정부의 여하한 조치에 반대하거나 또는 미국 법률의 시행을 훼방할 목적으로, 또는 미국 정부의 공직자가 그 책임이나 임무를 인수·수행·집행하는 것을 위협 또는 방해할 의도로

누구든지 불법적으로 결합하거나 공모한다면, 그리고 누구든지 앞서 언급한 의도를 갖고 반항, 폭동, 불법집회 또는 결합에 조언, 자문, 알선 시도를 하는 자는

그러한 음모·위협·자문·조언·시도가 의도한 효과를 발생했는지 여부를 떠나 심각한 범죄로 간주되며,

미국이 관할하는 법정에서의 유죄 판결에 따라 5천 달러 이하의 벌금과 6개월 이상 5년 이하의 징역형에 처한다. 그리고 이 액수와 기간에 적절하도록 법원의 재량에 따라 법원이 지시하는 액수의 보석금을 판결할 수 있다.

2. 미국 정부, 의회 또는 대통령을 비방, 모욕, 명예훼손할 의도로

또는 그들에 대한 반대와 선량한 미국 국민의 증오를 선동할 목적으로,

또는 미국의 법률에 대해 또는 헌법이 부여한 대통령의 권한이나 법률의 이행에서 행해진 대통령의 행위에 대해 반대 또는 저항할 목적으로,

또는 미국의 법률에 저항·반대·무효화시킬 목적으로,

또는 미국과 그 국민이나 정부에 반하는 외국 국가의 적대적인 구상을 지원·고무·교사할 목적으로,

미국 정부, 의회 또는 대통령에 반대하는 잘못된 중상적이고 악의적인 저작을 쓰고, 인쇄하고, 발언·출판하거나,

그런 저작·인쇄·발언·출판을 입수하거나,

의도적으로 그러한 저작·인쇄·발언·출판을 지원한 자는

누구든지 미국 관할권하의 법정에서 유죄로 판결되면 2천 달러 이상의 벌금과 2년 이하의 징역형에 처한다.

(이하 생략)

외국인 거주자
백만 시대의
권리와 의무

**〈모든 이주노동자와 그 가족의
권리 보호에 관한 국제 협약〉, 1990**

> "이주노동자와 그 가족은 공무원, 개인, 집단 또는 기관 등
> 그 누구에 의한 폭력, 상해, 협박 및 위협에 대해서도
> 국가의 효과적인 보호를 받을 권리가 있다."

우리나라에서 이주노동자 문제가 불거져 나오기 시작한 건 1994년 1월에 있었던 농성으로 기억된다. 네팔과 방글라데시 출신 열세 명의 이주노동자가 산재 치료와 보상을 요구하며 경실련 강당에서 농성을 벌였다. 그때 그들의 호소문에 이런 말이 담겨 있었다. 10여 년이 훌쩍 지난 지금, 과연 그들의 호소는 우리 사회에서 얼마만큼 받아들여졌을까?

우리가 아무리 불법 노동자라고 하지만, 우리도 여러분과 같이 피와 느낌을 가지고 있는 사람입니다. 우리는 지난날 한국이 가난했을 때 많은 한국인이 이국땅에 나가서 고난받았던 것을 알고 있습니다. 그때의 심정을 생각하면서 가난한 나라에서 온 우리의 처지를 헤아려주시고, 사람으로, 이웃으로 맞아주셨으면 합니다.

외국인 노동자, 이방인 노동자, 손님 노동자, 이주노동자, 이주 여성 등

독일 광산에서 일하는 한국인 광부. 고된 노동이긴 했지만
그들에게는 더 나은 삶에 대한 꿈과 의지가 있었다.
지금 우리 곁에 있는 이주노동자들도 마찬가지가 아닐까.

으로 불리는 사람들이 있다. 주로 더럽고 위험하고 어려운 일을 한다. 체류가 불법이면 힘든 노동도 '불법'에 가려져 손가락질 받는다. 위험하고 열등한 존재로 취급받는다. 말이 결혼이지 사기·매매·폭력으로 고통받는 경우가 많다. 가족과 생이별해야 하고 새로 태어난 아이를 온전히 키우기도 어렵다. 자신의 권리를 위해 노조를 만든다 해도 만드는 족족 지도부가 연행되고 사냥식의 단속에 떨어야 한다.

이렇게 끔찍한 현실 속에서도 많은 사람들이 이주를 한다. 결코 자발적이라 할 수 없는, 좋든 싫든 이주할 수밖에 없는 현실이 등 떠밀기 때문이다. 하와이에 이민 노동 간 먼 선조나 광부와 간호사로 떠나갔던 가까운 선조 역시 그런 현실에서 고국을 떠난, 그곳에서는 '이주자'였다.

불법이다 아니다, 환영한다 아니다와 관계없이 어떤 조건에서건 누구나 누려야 하는 것이 바로 사람의 권리, 인권이다. 그리고 기본적인 인권이 존중되는 환경을 만드는 것은 우리 사회의 과제이다. 이주(노동자)는 현실이며, 우리 사회의 테두리 속에서 같이 살아가는 인간의 문제이기 때문이다.

모든 사람은 이주자일 수 있다 |

1990년 12월 18일 유엔 총회는 〈모든 이주노동자
와 그 가족의 권리 보호에 관한 국제 협약(International Convention on the
Protection of the Rights of All Migrant Workers and Members of Their
Families)〉을 채택했다. 그리고 이날을 '세계 이주민의 날'로 정했다.

〈모든 이주노동자와 그 가족의 권리 보호에 관한 국제 협약〉은 그동안
'시민', '거주민' 등의 용어에 가려 있던 권리 주체인 이주민, 특히 이주노동
자를 보호할 목적으로 채택됐다. 여기서 말하는 '이주노동자'란 "국적을 부
여한 나라(모국)가 아닌 국가에서 유급 활동에 종사할 예정이거나 이에 종사
하고 있거나 또는 종사해온 사람"이다. 이 협약은 이주노동자뿐만 아니라
그 가족에 대한 보호도 같이 규정하고 있는 데 의의가 있으며, 이주노동자를
단순한 노동력의 필요를 넘어 사회적 실재로서 인정한 점에서 진일보한 관
점을 가지고 있다.

협약은 전문과 9부 93조로 구성된 상대적으로 방대한 인권 문헌이다. 1부
는 협약의 적용 범위와 이주노동자에 대한 정의, 이주노동자의 다양한 형
태―월경(越境) 노동자, 계절 노동자, 선원 노동자, 순회 노동자, 특정사업
노동자, 특별 취업자, 자영 노동자 등―를 세부적으로 규정하고 있다. 2부는
협약에서 보장하는 권리가 어떤 종류의 차별 없이 향유돼야 함을 명시하고
있다. 3부는 출국의 자유, 생명권, 고문이나 비인도적 형벌의 금지, 강제노
동의 금지, 사상·양심의 자유, 신체의 자유, 국외 추방의 제한, 자녀의 권
리, 노동조합에 대한 권리 등을 규정하고 있다. 4부는 등록된 이주노동자들
에게 추가적으로 인정되는 권리로 일시출국의 권리, 이동·주거 선택의 자
유, 결사에 대한 권리, 본국의 공무에 참가할 권리, 가족의 결합, 직업 선택

의 자유 등을 규정하고 있다. 1~3부에서 명시하고 있는 이주노동자의 권리는 체류 자격 여부와 관계없이 누려야 하는 권리라는 점을 밝히고 있으며, 특히 4부는 시민적·정치적 권리 영역에서 등록 노동자의 권리를 상세히 규정하고 있다.

협약은 이전과는 다른 관점에서 이주노동자를 바라보고 있다. 우선 이주노동자와 그 가족의 권리는 그들이 고용되어 있는 국가의 법이나 모국의 법으로 보호받고 있지 못하기 때문에 국제 사회가 보호의 책임을 진다. 둘째, 이주노동자와 그 가족구성원의 국제적인 정의와 처우 기준을 마련하고 구체적으로 명시했다. 집단적 추방, 지위나 지위 변화에 따른 형의 부과, 이중과세 등으로부터 보호받고 소득과 저축을 가지고 귀국할 자격 등을 보장한다. 셋째, 이주노동자를 노동자나 경제적 존재만이 아닌 '가족을 가진 사회적 존재'로 바라본다. 넷째, 등록된 합법 노동자건 아니건 기본권을 평등하게 적용해야 하는 원칙을 천명했다. 다섯째, 불법적이고 은밀한 이주를 억제하기 위한 노력, 평등하고 인간적이고 적법한 조건의 증진을 통해 이주노동자에 대한 착취를 방지하는 것을 협약의 과제로 삼고 있다. 마지막으로 최소 기준의 확립을 추구하고 있다. 자국 영토 내에서 누구에게 거주 조건과 노동 허용 조건이 주어지는가를 결정하는 것은 국가의 권한으로써 보호되지만, 국내 보호 기준이 미흡한 국가는 국제적 최소 기준에 근접하게 권리를 행사해야 한다.

이 밖에 배우자의 권리, 노동하고 있는 나라에서 태어난 어린이의 권리, 가족 재결합의 권리, 노동계약과 작업장에서의 안전 보장 문제, 본국 송환 프로그램, 이주노동자 조직을 정책 참여자로서 인정하는 것 등을 상세히 규정하고 있다.

한편 이주노동자의 열악한 인권 상황은 협약의 분량과 채택 과정 자체가 잘 드러내고 있다. 방대한 내용을 담고 있지만 다른 국제 인권 조약과 비교

할 때 채택에서 발효까지 아주 오랜 시간이 걸렸다. 무엇보다 당사국 수가
여전히 너무 적다. 현재 37개국에 불과한 당사국은 주로 가나, 필리핀, 스리
랑카, 우간다 등 아프리카와 아시아의 가난한 나라들이다. 한국 정부를 비롯
해 잘산다는 나라는 하나도 가입하지 않았다.

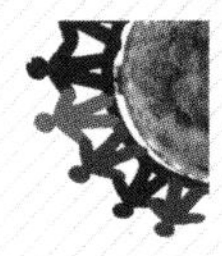

모든 이주노동자와 그 가족의 권리 보호에 관한 국제 협약

INTERNATIONAL CONVENTION ON THE PROTECTION OF
THE RIGHTS OF ALL MIGRANT WORKERS AND MEMBERS OF THEIR FAMILIES

유엔 총회, 1990년 12월 18일

……수백만 명이 관련되고 국제 사회에서 많은 나라에 영향을 미치고 있는 이주 현상의 중요성과 정도를 실감하고,

이주노동자의 유입이 관계국과 그 국민에 미치는 영향을 인식하며,

이주노동자와 그 가족의 처우에 관한 기본 원칙을 수용함으로써 각국의 태도 조화에 기여할 수 있는 규범 수립을 희구하고,

무엇보다 출신국에 없다는 점과 취업국에 체재함에 따라 직면하는 어려움으로 이주노동자와 그 가족은 종종 취약한 상황에 처하게 됨을 고려하고,

이주노동자와 그 가족의 권리가 충분히 인식되어 있지 않으며 따라서 적절한 국제적 보호가 필요함을 확신하고,

특히 가족 이산으로 이주는 이주노동자 본인은 물론 그 가족에게도 종종 심각한 문제를 야기함을 고려하고,

이주와 관련된 문제는 비정규 이주의 경우에 한층 심각하다는 점에 유의해 그들의 기본적 인권 보호를 보장함과 동시에 이주노동자의 은밀한 이동과 불법 거래를 방지하고 제거하기 위해서는 적절한 조치가 취해져야 함을 확신하고,

미신고 또는 비정규적 상황하의 이주노동자는 종종 다른 노동자보다도 불리한 근로 조건에 고용되어 있으며 일부 고용주는 불공정한 경쟁으로 이

익을 얻기 위해 이에 현혹되어 그 같은 노동력을 찾는 점을 고려하고,

모든 이주노동자의 기본적인 인권이 보다 광범위하게 승인된다면 비정규적 상황의 이주노동자의 고용에 의지하기가 단념될 것이며 나아가 정규적 상황의 이주노동자와 그 가족에 일정한 권리를 추가로 인정한다면 모든 이주노동자와 고용주가 당사국의 법률과 절차를 존중하고 준수하는 것이 촉진될 것임을 고려하고,

그러므로 범세계적으로 적용될 포괄적인 협약에서 기본 규범을 재확인하고 확립해 이주노동자와 그 가족의 권리에 대한 국제적 보호를 달성할 필요성을 확신하면서 다음과 같이 합의한다.

……

제1조   2. 이 협약은 이주의 준비, 출국, 통과와 취업국에 체류하면서 유급 활동을 하는 전 기간은 물론 출신국이나 거주하던 국가로의 귀환을 포함하는 이주노동자와 그 가족의 전 이주 과정에 적용된다. ……

제2조   이 협약의 적용상 '이주노동자'란 그 사람이 국적국이 아닌 나라에서 유급 활동에 종사할 예정이거나, 이에 종사하고 있거나, 종사해온 사람을 말한다.

……

제16조   2. 이주노동자와 그 가족은 공무원, 개인, 집단, 기관 등 그 누구에 의한 폭력, 상해, 협박, 위협에 대해서도 국가의 효과적인 보호를 받을 권리가 있다.

……

제18조   1. 이주노동자와 그 가족은 법원에서 그 나라의 국민과 평등한 권리를 가진다. 그 사람은 형사상 범죄나 소송상 권리와 의무를 결정할 때 법률에 의해 설립된 권한 있고 독립적인 공평한 법원에서 공정한 공개심리를 받을 권리가 있다.

……

제22조   1. 이주노동자와 그 가족에 대한 집단적 추방 조치는 금지된다. 각각의 추방은 개별적으로 심사하고 결정해야 한다.

......

제25조 1. 이주노동자는 보수 및 다음 사항에 있어서 취업국 국민보다 불리한 취급을 받지 않는다.

(a) 다른 근무 조건, 즉 초과근무, 노동 시간, 주간휴가, 유급휴가, 안전, 보건, 고용관계 종료, 기타 그 나라의 법률과 관행상 근무 조건에 포함되는 사항.

(b) 다른 고용 조건, 즉 최저 고용연령, 가사노동 제한, 기타 그 나라의 법률과 관행상 고용 조건으로 간주되는 사항.

......

제26조 1. 당사국은 이주노동자와 그 가족에 다음과 같은 권리를 인정한다.

(a) 관련 조직의 규정만을 조건으로 노동조합 및 자신의 경제적, 사회적, 문화적, 기타 이익을 보호하기 위해 법률에 따라 설립된 기타 조직의 집회와 활동에 참가할 권리.

(b) 관련 조직의 규정만을 조건으로 노동조합 및 위에 지적한 조직에 자유로이 가입할 권리.

(c) 노동조합 및 위에 지적한 조직의 원조 및 지원을 추구할 권리.

2. 이러한 권리의 행사에 대하여는 법률에 규정되고 국가안보, 공공질서, 타인의 권리 및 자유를 보호하기 위해 민주 사회에서 필요한 제한 이외에는 어떠한 제한도 부과할 수 없다.

......

제28조 이주노동자와 그 가족은 해당국 국민과의 평등한 대우에 기초해 생명 유지와 회복 불가능한 건강상 피해를 방지하기 위해 긴급하게 요구되는 진료를 받을 권리를 가진다. 응급진료는 그의 체류나 취업이 비정규적임을 이유로 거절되어서는 안 된다.

제29조 이주노동자의 자녀는 성명, 출생등록, 국적에 대한 권리를 가진다.

제30조 이주노동자의 자녀는 해당국의 국민과 평등한 대우에 기초해 교육받을 기본권을 가진다. 어느 부모의 체류나 취업이 비정규적이라거나 취업국에서의 자녀의 체류가 비정규적임을 이유로 취학 전 공립 교육기관이나 학교의 입학이 거부되거나 제한되어서는 안 된다.

제31조 1. 당사국은 이주노동자와 그 가족의 문화적 독자성에 대한 존중을 보장해야 하며, 그의 출신국과의 문화적 유대 유지를 방해하여서는 안 된다.

2. 당사국은 이에 관한 노력을 지원하고 조장하는 적절한 조치를 취할 수 있다.

제32조 이주노동자와 그 가족은 취업국에서의 체류가 종료되었을 때 그들의 소득과 저축을 이전하고, 관련국의 해당 법률에 따라 가재와 소지품을 이전할 권리를 가진다.

......

제40조 1. 이주노동자와 그 가족은 그들의 경제적, 사회적, 문화적, 기타 이익을 증진하고 보호하기 위해

취업국에서 단체와 노동조합을 결성할 권리를 가진다.

......

제42조 1. 관련 당사국은 출신국과 취업국 양쪽에 이주노동자와 그 가족의 특별한 필요, 희망, 의무가 고려될 수 있는 절차나 기관의 수립을 검토해야 하며, 적절한 경우 이주노동자와 그 가족이 이 기관에 자유롭게 선출된 대표자를 둘 수 있는 가능성을 상정해야 한다.

2. 취업국은 지역사회의 생활과 운영에 관하여 결정할 때 국내법에 따라 이주노동자와 그 가족의 협의와 참여를 권장해야 한다.

3. 취업국이 주권의 행사로서 이주노동자에게 정치적 권리를 부여하면, 그는 취업국에서 정치적 권리를 누릴 수 있다.

제43조 1. 이주노동자는 다음 사항의 이용에 관해 취업국의 국민과 평등한 대우를 누린다.

(a) 당해 기관과 사업상의 입학 요건, 기타 규정을 따른다는 조건하에 교육기관 및 교육사업의 이용.

(b) 직업안내 및 취업소개의 이용.

(c) 직업훈련 및 재훈련시설과 기관의 이용.

(d) 사회적 주거 계획을 포함한 주택의 이용. 이에는 임차료 착취로부터의 보호를 포함한다.

(e) 당해 사업의 참가 자격을 충족하는 경우 사회 및 의료 혜택의 이용.

(f) 협동조합 및 자주관리사업에 참여, 단 이것이 이주상의 지위 변경을 의미하지 않으며, 당해 단체의 규정과 규칙을 따라야 한다.

(g) 문화생활의 이용과 참여.

......

제44조 1. 당사국은 가정이 사회의 자연적이며 기초적인 단위이고, 사회와 국가의 보호를 받을 권리가 있음을 인정하며, 이주노동자 가족의 결합을 보장하기 위해 적절한 조치를 취해야 한다.

......

제45조 2. 취업국은 적절한 경우에는 출신국과 협력하여 이주노동자의 자녀에게 특히 현지 언어를 가르치는 것과 관련해 그들이 현지의 학교제도에 용이하게 적응하기 위한 정책을 추구해야 한다.

3. 취업국은 이주노동자의 자녀에 대한 모국어 및 출신국의 문화 교육을 촉진하도록 노력해야 하며, 출신국은 적절한 경우 언제든지 이에 협력해야 한다.

4. 취업국은 필요하다면 출신국의 협력을 받아 이주노동자의 자녀의 모국어 교육을 위한 특별과정을 설치할 수 있다.

......

제67조   1. 관련 당사국은 이주노동자와 그 가족이 귀국하기로 결정했거나, 체류 또는 취업 허가가 만료됐거나, 취업국에서 비정규적 상황에 있을 때, 그들 출신국으로의 질서 있는 귀환에 관한 조치를 채택하는 데 적절히 협력해야 한다.

2. 관련 당사국은 정규적 상황의 이주노동자와 그 가족과 관련해 출신국에서의 그들의 재정착을 위한 적절한 경제 환경을 조장하고 그들의 항구적인 사회적·문화적 재통합을 용이하게 하기 위해 당사국 간에 합의된 조건에 따라 적절히 협력해야 한다.

제68조   1. 통과국을 포함한 관련 당사국은 비정규적 상황에 있는 이주노동자의 불법 내지 비밀 이동과 취업을 방지하고 근절하기 위해 협력해야 한다. 이 목적을 위해 각국이 그 관할권 내에서 취할 조치에는 다음 사항이 포함된다.

(a) 이민을 오고 가는 것에 관한 잘못된 정보의 유포행위에 대한 적절한 조치.

(b) 이주노동자와 그 가족의 불법 내지 비밀 이동을 적발하고 근절하는 조치와 이 같은 이동을 조직하거나 수행하거나 이를 지원하는 개인, 집단 또는 단체를 효과적으로 제재하기 위한 조치.

(c) 비정규적 상황에 있는 이주노동자와 그 가족에게 폭력, 협박, 위협을 가하는 개인, 집단이나 단체를 효과적으로 제재하기 위한 조치.

......

제70조   관련 당사국은 정규적 상황의 이주노동자와 그 가족의 근로 조건과 생활 조건이 적절성, 안전성, 위생적 기준과 인간의 존엄성의 원칙에 상응할 것을 보장하기 위해 자국민에게 상응하는 조치를 취해야 한다.

(이하 생략)

나랏말싸미
인권에
달아

**〈국가인권기구의
지위에 관한 원칙〉, 1993**

> "국가인권기구는 인권의 보호 및 향상을 위한 자문, 인권을 위한
> 교육과 홍보, 국제 협력, 인권 침해에 대한 조사 및 구제 등의
> 기능을 수행하는 데 필요한 권한을 확보해야 한다."

〈국가인권기구의 지위에 관한 원칙(Principles Relating to the Status of National Human Rights Institutions)〉은 '파리 원칙(Paris Principles)'이라고도 한다. 1991년 파리에서 열린 제1차 국가인권기구 국제 워크숍에서 제정되어 1993년 유엔 총회에서 채택됐다. 유엔이 국가인권기구라는 제도를 이야기한 것은 1946년의 일이다. 〈국가인권기구의 구조와 기능에 관한 지침〉 등이 기본적인 문서 역할을 하다가, 여러 나라 국가인권기구에서 축적된 경험을 기반으로 다시 집대성한 것이 〈국가인권기구의 지위에 관한 원칙〉이다.

먼저 국가인권기구가 무엇인지부터 살펴보자. 〈국가인권기구의 지위에 관한 원칙〉은 국가인권기구를 "인권의 보호 및 향상을 위한 자문, 인권을 위한 교육과 홍보, 국제 협력, 인권 침해에 대한 조사 및 구제 등의 기능을 수행하는 곳"이라고 명시하고 있다. 국가인권기구는 입법부, 사법부, 행정부 어디에도 속하지 않는 별도의 독립기구인데, 〈국가인권기구의 지위에 관한 원칙〉은 "국가인권기구가 국가 권력의 남용을 견제할 수 있으려면, 헌법

이나 법률을 통해 모든 국가기관으로부터 독립해 활동할 수 있는 제도적 독립성을 보장하는 것이 필수적"이라고 그 이유를 설명하고 있다. 그런데 민간 인권 단체도 늘어나고 있는데 굳이 국가에서 인권기구를 만들어야 하는 이유는 무엇일까?

국가인권기구는 감시견이자 반성문이다

세상살이에서 억울한 일을 당할 때 법은 멀고 돈은 없는 사람들이 있다. 그들의 하소연을 들어주고 풀어줄 곳을 찾기 어렵다. 보통 사람들처럼 인권 단체도 비슷한 사정에 놓일 때가 많다. 국제 인권 기준을 들이대도 무슨 소린지조차 모르는 권력 기관엔 '쇠귀에 경 읽기'이다. 인권 단체의 말을 경청하기는커녕 상대조차 하지 않으려 한다. 인권 침해에 대한 호소를 접수해도 군대, 경찰, 교도소 등 민간인이 접근할 수 없는 곳이 많다. 또한 아무리 좋은 국제 인권 규범이 만들어져도 국내에 적용되지 않으면 '그림의 떡'이다. 이런 때 이런 곳에 국제 기준을 국내에 더 적절하고 빠르게 적용할 수 있는 기구가 필요하다. 법원보다 가깝고, 돈이 안 들며, 신속한 인권 구제를 제공하고, 인권 침해를 호소하기 어려운 사각지대의 사람들을 찾아다니고, 인권에 대한 교육과 인식 향상을 도모하는 인권 전담 기구가 바로 국가인권기구이다. 이런 필요에 따라 각국은 국가인권위원회 또는 옴부즈맨* 형태의 국가인권기구를 두고 있다.

한마디로 국가인권기구는 국가가 스스로 '반성문'을 쓰는 장치이다. 우리의 현대사가 입증하고 있듯이 인권을 보장해야 할 국가기관이 실제로는 인권의 주요 가해자인 일이 다반사이다. 때문에 국가 기관의 인권 침해를 반

---

* 정부나 의회에 의해 임명된 관리로서, 시민에 의해 제기된 각종 민원을 수사하고 해결해주는 사람을 옴부즈맨이라 한다. 옴부즈맨이 기소권을 보유하는 경우도 있으나, 일반적으로 기소권이 없다.

성하는 것과 아울러 국가 기관을 휘젓고 다니다 인권 침해에 대해 짖어대라고 풀어놓은 '감시견'이라 할 수 있다. 물론 민간 인권 단체가 분명히 감시견 역할을 하고 있다. 그럼에도 국가인권기구를 설치하는 것은 인권 보장이 국가의 의무임을 인정하기 때문이다. 그래서 민간은 민간대로 제 역할을 하고, 국가는 자신의 임무인 인권 보장을 위해 전문적이고 독립적인 전담기구를 만들자고 국제 사회가 합의한 것이다.

국가인권기구가 성공적이려면 '엉터리 반성문'을 쓰거나 '짖지 않는 감시견'이 되지 않도록 하는 일이 관건이다. 하지만 자기 내부를 감시하고 견제하는 일이 말처럼 쉽지는 않다. 그래서 다른 어떤 국가 기구의 영향을 받지 않는 '독립적인' 기구이어야 한다는 원칙을 세웠다. 독립성이 보장되지 않으면 국가의 '알리바이용', '장식용' 기구로 전락하기 십상이기 때문이다.

그런데 바로 독립성 때문에 우리나라에서 국가인권위원회를 만드는 데 오랜 산통이 있었다. 길었던 군사 독재 아래 우리 사회는 국가인권기구 같은 걸 알 리 없었다. 귀동냥이나마 하게 된 것은 1993년 유엔 세계인권대회를 통해서였다. 전 세계 정부 대표와 민간 인권 단체가 모인 대회에서 우리는 '아, 우리도 국가인권기구를 한번 가져보자'는 꿈을 품었다. 1998년 인권을 모토로 내건 김대중 정권에 와서야 정부 차원의 논의도 본격화됐다. 그런데 정부는 국가인권위원회를 별반 힘이 없는 홍보성 기구로 법무부 산하에 만들려고 구상하고 있었다. 인권 단체들은 권력 기관으로부터 독립성을 갖지 않는 국가인권기구는 오히려 독이라며 맞섰다. 유엔 인권고등판무관을 비롯한 국제 사회도 우리나라의 국가인권위원회 설립 과정에 주목하면서 정부의 치장과 위장이 아니라 진짜 독립성을 가진 기구로 만들어져야 한다고 목소리를 보탰다. 마침내 2001년 11월 국가인권위원회는 입법·행정·사법 그 어느 권력 기관에도 속하지 않은 '독립성'을 갖고 태어날 수 있었다.

국가인권기구는 글로벌 스탠더드 |

국가인권기구는 설립 근거를 각국의 헌법이나 법률에 두고 있다. 하지만 국제적으로 승인된 인권 규범을 자국에 적용하는 역할을 담당한다. 이른바 '글로벌 스탠더드'를 사회의 여러 문제에 적용하는 조직이 바로 국가인권기구이다. 또한 인권에는 실정법이 아우르기 힘든 회색 영역이 존재한다. 기존 질서에 부합하는 법 규정만으로는 진전될 수 없는 인권 상황이 존재한다. 따라서 국가인권기구는 사법기관의 판단과 다를 수 있는 여지를 남겨두고 있다. 2008년 초 이명박 대통령 인수위원회에서 정부 조직 개편안에 국가인권위원회를 대통령 직속기구로 편제·개편하겠다는 계획을 내놓았다가 반대에 부딪혀 철회했던 적이 있다. '글로벌 스탠더드'를 무시하고 국가인권위원회 설립 취지에 무지해서 벌어진 해프닝이었다.

그동안 우리나라의 국가인권위원회 활동이 만족스럽기만 한 것은 아니었다. 독립적이라지만 국가 기구임에는 틀림없는지라 뻣뻣하고 때로 무능을 보이기도 한다. 국가인권위원회가 다른 권력 기관에 인권의 이름으로 권고해도 즉시 바로잡히는 것도 아니었다. 법무부, 국방부 등 권력 기구들이

피켓 시위를 하고 있는 한 시민. 인권위원회라는 국가기구도 마찬가지이지만 인권 그 자체는 국가의 권력으로 쥐락펴락할 수 있는 성질의 것이 아닌, 당연히 지켜져야 할 가치이다. ⓒ참세상

노골적으로 권고를 무시하거나 역행하는 조치를 취할 때도 많았다. 현재 국가인권위원회가 가진 무기라고는 '독립성'밖에는 없기 때문이다.

이렇게 안팎으로 허약해서 보는 이가 안쓰럽기까지 한 국가인권위원회를 왜 지켜야 할까? 그것은 미약하더라도 사회적 약자가 부여잡을 하나뿐일지도 모를 동아줄이기 때문이다. 유치장, 감옥, 군대, 경찰, 복지시설, 학교 등에서 인권 침해를 당해도 하소연할 곳 없을 때 아쉽게나마 진정서라도 보낼 수 있는 곳이기 때문이다. 사각지대에서 벌어진 인권 침해의 진상을 조사할 수 있는 국가 기구가 국가인권위원회기 때문이다. 기관 책임자에게 인권을 교육하는 기구, 어느 권력 기관에게나 잘못을 지적하는 기구, 사회 관습과 여론에 맞서 참신하고 진보적인 인권 해석을 내놓는 인권 전문기구이기 때문이다.

국가인권위원회는 권력 기구를 감시한다. 국가인권위원회를 감시하는 것은 인권의 주체, 국가의 주권자이다. 국가인권위원회에 대한 비판과 감시를 소홀히 한다거나 외부 권력 기관의 간섭과 무시로부터 국가인권위원회를 지켜내지 못한다면, 사회적 약자가 부여잡을 마지막 동아줄은 끊어져버리고 권력의 감시견은 애완견으로 권력기구의 반성문은 뻔뻔한 회피로 바뀔 수 있다.

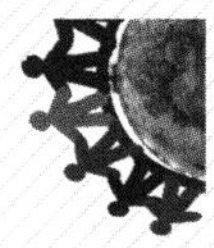

국가인권기구의 지위에 관한 원칙

PRINCIPLES RELATING TO
THE STATUS OF NATIONAL
HUMAN RIGHTS INSTITUTIONS

유엔 총회, 1993년

……

권한

- 국가인권기구는 인권을 보장하고 향상시키는 데 필요한 광범위한 권한을 확보해야 하며, 그 권한은 헌법이나 법률에 구체적으로 명시되어야 한다.
- 국가인권기구는 인권의 보호 및 향상을 위한 자문, 인권을 위한 교육과 홍보, 국제 협력, 인권 침해에 대한 조사 및 구제 등의 기능을 수행하는 데 필요한 권한을 확보해야 한다.
- 국가인권기구는 권한에 속하는 모든 사안을 독자적인 판단에 따라 자유롭게 심사할 수 있어야 한다.

독립성

- 국가인권기구가 국가 권력의 남용을 견제할 수 있으려면, 헌법이나 법률을 통해 모든 국가 기관으로부터 독립해 활동할 수 있는 제도적 독립성을 보장하는 것이 필수적이다.

지위와 권한의 독립성

- 국가인권기구가 정부나 여타 공공 기관, 사적 단체로부터 간섭이나

방해를 받지 않고 독자적으로 의사를 결정하고 기능을 수행할 수 있을 만큼 충분한 권한과 법적 지위를 보장해야 한다.
- 무엇보다도 국가인권기구는 입법·사법·행정 등 모든 국가기관으로부터 독립하여 설치되는 것이 필수적이다.

업무의 독립성

- 국가인권기구가 자체적으로 마련한 절차 규칙에 따라 일상적 업무를 수행할 수 있어야 한다.
- 정보 제공 요청 등 다른 기관, 특히 정부 기관의 협조를 강제할 수 있는 권한을 확보해야 한다.

재정적 독립성

- 국가인권기구는 활동의 물적 기반이 되는 재정을 다른 국가 기관으로부터 독립해 안정적으로 그리고 충분히 확보할 수 있어야 한다.
- 국가인권기구가 자체적으로 예산을 편성하고 직접 국회에 제출·승인을 요구하는 방식이 바람직하며 어떤 형식으로든 다른 정부 부처의 예산에 연계되어서는 안 된다.

운영 방식

- 국가인권기구는 권한에 관한 모든 사안을 독자적으로 판단하고 회의 체계 구성이나 소집 등 운영 방식을 자유롭게 결정할 수 있어야 한다.
- 국가인권기구는 의견이나 권고사항을 직접 또는 언론 기관을 통해 널리 알리고 여론에 호소할 수 있어야 한다.
- 국가인권기구는 특히 취약 집단이나 특정 지역의 인권을 보호하고 향상시키는 데 헌신하고 있는 민간단체와 협력관계를 발전시켜야 한다.

준사법적 권한

- 국가인권기구는 개별적인 인권 침해에 관한 진정을 접수받아 신속하고 저렴한 방법으로 피해자를 구제할 권한을 가질 수 있다.
- 실정법상 명백한 범죄 행위로 보기 힘든 이른바 '회색 영역'의 인권 침해 문제를 조사·구제할 수 있다.
- 국가인권기구가 인권 침해 조사와 구제 기능을 제대로 수행하기 위해서는 진실을 규명할 수 있는 충분한 권한을 보장받아야 한다. 조사에 필요하다면 누구든지 청문할 수 있어야 하며, 필요한 모든 정보나 문서에 접근할 수 있어야 한다.
- 조사 결과 인권 침해가 확인되었을 때에는 피해자에게 적절한 구제 조치를 제공할 수 있는 결정의 효력을 보장받아야 한다.

참을 수 없는 악이
시민불복종을
정당화한다

시민불복종의 고전들

> "양심의 명령에 따라 악법에 복종하지 않겠다는 사람,
> 그래서 악법이 조장하는 불법에 도전해 사회 양심을
> 일깨우기 위해 감옥의 형벌조차 기꺼이 감수하겠다는
> 사람은 실제 어느 누구보다도 가장 법을 존중하고 있다."

차도에 내려서면 연행하겠다고 하자 보행 신호 때만 횡단보도로 내려와 촛불을 들고 행진한다. 살수차로 물을 쏴대는 경찰에게는 '온수!'를 외치며 버틴다. 그래도 연행하겠다는 경찰 앞에서 "그래 날 잡아 가라"고 전경 버스에 제 발로 오른다. 배후가 의심스럽다는 말에 양초 공장 사장님을 들이밀기도 한다. 대충 구호나 외치고 집에 가던 집회가 아니라 끝장을 보겠다고 밤 새던 사람들이 거리 한가득이었다.

언젠가 2008년 봄·여름을 되돌아볼 때 많은 이들의 기억 속에 함께 떠오르는 낱말이 하나 있을 것이다. '촛불.' 촛불을 들고 그렇게 거리에 나선 것은 참 낯선 광경이지만 촛불로 대변되는 시민불복종(civil disobedience)은 이미 많은 사람들이 주창해왔다. 촛불 시민의 이론적·사상적 배후가 있다면 바로 그들일 것이다. 그들이 촛불 집회에 함께했다면 우리에게 어떤 말을 했을까?

거리의 자유발언대에 소로(Henry David Thoreau)가 등장해 연설한다.

우리는 먼저 인간이어야 하고, 그다음에 국민이어야 한다. 법에 대한 존경심보다는 먼저 정의에 대한 존경심을 기르는 것이 바람직하지 않은가?

불의가 당신으로 하여금 다른 사람에게 불의를 행하는 하수인이 되라고 요구한다면, 분명히 말하는데, 그 법을 어겨라.

오늘날 이 정부에 대해 어떻게 처신하는 것이 한 인간으로서 올바른 자세일까? 나는 대답한다, 수치감 없이는 이 정부와 관계를 가질 수 없노라고. 나는 노예의 정부이기도 한 이 정치적 조직을 나의 정부로 단 한순간이라도 인정할 수 없다. 모든 사람이 혁명의 권리를 인정한다. 그것은 정부의 폭정이나 무능이 너무나 커서 참을 수 없을 때 정부에 대한 충성을 거부하고 저항하는 권리이다.

당신의 온몸으로 투표하라. 단지 한 조각의 종이가 아니라 당신의 영향력 전부를 던져라.*

마틴 루터 킹 목사는 길거리 토론에 나서 질문에 답하고 있다.

• 다른 의사 표현 방법도 많은데 왜 꼭 데모를 하나?

왜 직접 행동하느냐고, 왜 연좌 데모를 하느냐고, 협상이 더 나은 방도가 아니냐고? 이러한 당신들 의견은 전적으로 옳으며 협상이야말로 우리의 행동이 원하는 궁극 목표이다. 비폭력 직접행동은 위기와 긴장감을 조성해 협상을 거부하는 사회를 곤경에 빠뜨리고 더 이

---

* 《시민의 불복종》(헨리 데이비드 소로 지음, 강승영 옮김, 이레, 1999).

상 협상을 회피하지 않게 만드는 데 의의가 있다. 사회적 쟁점을 본격적으로 부각시켜 더 이상 흐지부지되지 않게 하는 것이 바로 우리가 직접행동을 하는 이유이다. ……더욱 나은 발전을 위해 건설적이고 비폭력적인 긴장은 필요하다. ……우리 직접행동의 목표는 위기의식을 갖고 협상의 문호를 개방하지 않을 수 없게 만드는 일이다. 그러므로 협상을 주장하는 당신들 의견과 내 생각은 조금도 다를 바 없다.

• 이제 막 시작한 정부 아닌가? 좀 기다리고 지켜봐야 하지 않나?

시민권의 그 어느 한 부분도 압력을 가하지 않고서는 쟁취할 수 없었음을 인식해야 한다. 유감스럽지만 특권층이 그들의 특권을 자발적으로 포기한 일은 역사적으로 한 번도 없었다. ……우리는 피나는 경험을 통해 '자유는 압박자가 거저 주는 것이 아니라 피억압자가 강력히 요구해야만 얻을 수 있는 것'임을 잘 알고 있다. ……수년 동안 '기다리라!'는 말만 들어왔다. 그러나 이 '기다리라'는 말은 항상 '결코 안 된다!'라는 뜻으로 사용됐다. '지나치게 오래도록 지연된 정의는 부정된 정의이다'라는 어느 저명한 법관의 말이 생각난다.

• 불복종하려는 사람들의 편의대로 골라서 법을 지키고 안 지키고 한다면 법질서가 바로 설 수 있겠는가?

'어떤 법은 지키고 어떤 법은 지키지 않는 것에 대한 변명은 무엇이냐'고 묻는 사람도 있을 것이다. 법에는 공정한 법과 불공정한 악법 두 가지 유형이 있다는 사실이 바로 이 질문의 답변이 될 것이다. 나는 솔직히 공정한 법을 지키는 데 일인자가 되고 싶다. 공정한 법은 합법적인 책임감뿐만 아니라 도덕적인 책임감 때문에라도 꼭 지켜야 한다. 반대로 악법에 복종해서는 안 되는 도덕적 책임감까지 있

빗속에서 촛불 집회를 하고 있는 시민들. 도로 교통법, 집시법 등을 어겼지만 인권, 자신의 생명, 행복, 평화, 민주주의에 대한 권리를 지켜내기 위한 시민다운 행동이었다. ©참세상

어야 한다. …… 양심의 명령에 따라 악법에 복종하지 않겠다는 사람, 그래서 악법이 조장하는 불법에 도전해 사회 양심을 일깨우기 위해 감옥의 형벌조차 기꺼이 감수하겠다는 사람은 실제 어느 누구보다도 가장 법을 존중하고 있다고 나는 믿는다.

• 시위대의 행동이 폭력 사태를 초래한 것 아닌가? 경찰만 나무랄 일이 아니다.

우리의 행동이 비록 평화적이었다 할지라도 폭력 사태를 재촉했으므로 마땅히 비난받아야 한다고 말하는 사람들이 있다. 그러면 강도 사건에서 돈을 지니고 다닌 것이 강도를 유발한 원인이므로 피해자를 비난해야 한다는 억지 논리가 맞는 말인가. …… 헌법에 보장된 기본권을 쟁취하려는 노력이 폭력 사태를 불러올까 봐 억누르는 것은 옳지 못하다는 연방법원의 판결을 우리는 똑똑히 기억해야 한다. 사회는 마땅히 강도를 벌하고 피해자를 보호해야 한다.

• 시위대 속에는 순수한 사람들도 있겠지만, 일부 극단론자가 배후 조종을 하고 있지 않나?

극단론자냐 아니냐보다는 어떤 종류의 극단론자냐가 문제이다.

사랑을 위한 극단론자인가, 증오를 위한 극단론자인가, 아니면 부정을 유지하기 위한 극단론자인가, 정의를 지켜내려는 극단론자인가? …… 전 세계는 창조적인 극단론자가 지독히 필요하다.

• 시간이 흐르고 지치면 이 열기도 식지 않겠나?

인간의 존엄성을 지키기 위해 과감히 일어나 흑백의 자리를 구분한 버스를 타지 않고 걸어 다니면서 '피로하지 않느냐'는 주위의 물음에 '나의 두 다리는 지쳤지만 영혼은 편안하다'고 말한 몽고메리에 사는 일흔두 살의 노파, 그 노파로 상징되는 늙고 핍박받고 찌든 흑인이 얼마든지 있다.*

거리에서 나눠주는 유인물에는 노암 촘스키(Avram Noam Chomsky)의 글이 실려 있다.

참을 수 없는 악이 시민불복종을 정당화한다**

Intolerable Evils Justify Civil Disobedience

나는 미국의 정책에 대한 저항이 정당화될 수 있다—사실상 그것은 도덕적 필수물이다—고 생각하지만, 의견불일치를 포기해야 한다고는 여기지 않는다. …… 세상에서 가장 부유하고 힘센 국가가 자국

---

* 비폭력 시위를 벌인 혐의로 구속된 마틴 루터 킹이 감옥에서 데모를 비방한 동료 목사들의 성명서를 접하고 이를 반박하며 쓴 〈버밍햄 감옥으로부터의 편지(Letter From Birmingham Jail)〉 참조하여 가상의 인터뷰로 재구성했다.

** 1967년《뉴욕타임스》는 베트남전을 반대하는 불복종 운동에 대해 진보와 보수를 망라한 십여 명이 넘는 학자와 저술가의 답변을 구했다. 이 글은 노암 촘스키의 답변이다.

의 이익을 위해 엄청난 고통과 파괴를 강제하는 것을 정당화할 수 있는가?

시민불복종 행위를 부정하는 것은 '참을 수 없는 악'이다. 양심을 가진 사람이라면 누구나 당국에 언제나 복종해야만 한다고 생각하지 않는다. 어디엔가 선이 그어져야만 한다. 그 선 너머에 시민불복종이 있다. 시민불복종은 아주 수동적으로 정부가 주도한 폭력에 참여하는 걸 단지 거부하는 것일 수 있다. …… 시민불복종은 전쟁을 일으키는 기구에 상징적으로 맞서는 것일 수도 있다. 참여자들이 정부의 무력에 맞서 입장을 고수하고 한 걸음도 물러나지 않을 때 그러한 상징적 대결은 시민불복종이 된다. 시민불복종은 상징적 행동을 넘어서서 전진하는 것일 수도 있다.

시민불복종의 한도는 대결하고 있는 악의 정도와 외적인 효과와 도덕적 원칙을 고려해 결정되어야 한다. 원칙과 전략에 근거해 나는 시민불복종이 철저히 비폭력이어야 한다고 생각하지만 지면상 이에 대한 근거와 결론에 대해서는 논의할 수 없다.

제기된 마지막 질문은 중요한 질문이다. 미국의 정책을 방어하는 자들은 막연하게 공산주의의 '공격'을 말한다. 정확하게 언제 그런 공격이 있었던가? …… 모두가 아는 것은 말하지 않겠다. 미국이 행한 바를 말하려고 부적절한 단어를 사용하는 것은 그 폭력과 도덕적 비겁함으로 희생당한 사람들에 대한 모욕이다. 그렇다, 시민불복종은 미국 역사에서 가장 수치스러운 장을 끝내려는 노력 속에서 전적으로 정당화된다.

나는 극단의 도덕적 스펙트럼에서 따온 매우 진실한 두 개의 인용구로 답변을 마치겠다.

"자연적으로 보통 사람들은 전쟁을 원치 않는다. …… 정책을 결정하는 것은 국가 지도자들이고, 그 국가가 민주주의이든 파시스트 독재이든 의회 독재이든 공산주의 독재이든 간에 언제나 인민을 끌고 가는 것은 간단한 문제이다. 목소리를 내건 침묵하건 인민이 언제나 지도자들의 분부대로 하도록 할 수 있다. 아주 간단하다. 인민에게 이렇게 하기만 하면 된다. 침략받고 있다고 말하는 것이다. 그리고 애국심이 부족해 국가를 위험에 빠뜨리고 있다고 평화주의자를 비난하는 것이다. 이 방법은 모든 나라에서 똑같이 작동한다."

"정의롭지 못한 법률과 관행이 살아남는 것은 사람들이 복종하고 따르기 때문이다. 사람들은 두려움에서 그렇게 한다. 악이 지속되는 것보다 사람들이 더 두려워하는 것*이 있다."

첫 번째 인용은 히틀러의 심복이었던 나치 장교 헤르만 괴링 (Hermann Wilhelm Géring)의 말이다. 시민불복종을 권하는 사람들은 이런 일이 이 나라에서 똑같이 작동하지 않기를 바라는 희망을 표현하고 있는 것이다. 두 번째 인용은 환경운동가 무스테(A. J. Muste)가 간디의 말을 해설한 것이다. 이들의 말이 오늘날만큼 더 적절한 적은 없었다.

---

* 인용문 앞에 언급한 도덕적 두려움, 개인의 손해 등을 가리킨다.

수많은 나와의
연대가
절실한 때

**〈그들이 왔다〉,
마르틴 니묄러**

"그들은 나를 잡으러 왔지만
나를 위해 말해줄 사람은 아무도 없었다."

"처음에 그들은 공산주의자를 잡으러 왔다." 마르틴 니묄러(Martin Niemöller)의 고백 또는 시는 이렇게 시작한다. 그는 이 시를 통해 자신을 반성하고 방관자의 무관심을 비판했다. 그의 시는 상호 의존성과 연대를 강조하고자 할 때, 자주 인용되고 있다.

이 유명한 인용문의 주인공, 독일의 신학자이자 목사인 마르틴 니묄러의 인생은 극과 극이었다. 니묄러는 제1차 세계대전 당시 독일 잠수함 U보트의 지휘관이었으며, 한때는 히틀러와 나치당의 지지자였던 것으로 알려져 있다. 그런 그가 나치의 교회 문제 간섭 때문에 반대 입장에 서게 됐다. 니묄러는 1931년 '목회자 긴급 동맹'을 결성해 나치에 저항하며 전국 곳곳으로 설교하러 다니다가 1937년 비밀경찰에 붙잡혀 나치 수용소에서 전쟁이 끝날 무렵까지 생활했다. 종교인으로서 그는 고백교회*를 창설하기도 했고

---

* 고백교회(Bekennende Kirche). 1930년대 교회를 나치의 선전도구화하려는 히틀러 정권에 저항한 종교 단

세계교회협의회(WCC) 의장도 지냈다. 전후에 그는 평화운동가로서 서독이 서구와 군사 동맹을 맺는 데 강력히 반대했으며, 핵무기 경쟁에 반대하며 세계적 화해와 군축을 위해 싸웠다.

마르틴 니묄러의 말은 '고백'으로 알려져 있기는 하나, 하나의 원본이 있는 것은 아니다. 어떤 이는 이를 '시'라 부르기도 한다. 그는 수많은 인터뷰와 설교에서 이 말을 즐겨 썼다. 질문과 의도에 따라, 강조하고 싶은 바에 따라 지칭하는 대상과 배열되는 순서가 달랐다. 또한 인용하는 이들도 자신의 의도에 따라 달리 쓰기도 했다. 니묄러가 처음 이런 말을 한 것으로 추정되는 1946년에는 '공산주의자', '불치병 환자', '장애인', '유대인 또는 여호와의 증인', '점령된 국가의 인민'을 언급했다고 한다. 유대인만이 아니라 많은 독일인이 불치병자나 장애인이란 이유로 정책적으로 살해당했기 때문이다.

미국 사회의 여러 인사들이 이 말을 인용하면서 매카시즘의 영향으로 '공산주의자'가 사라지고, 빌려 쓴 이의 편향된 의도 때문에 '유대인'이 맨 앞에 오기도 했다. 홀로코스트(유대인 학살) 기념관에 새겨져 있다는 문구가 대표적이다. 어떤 경우에는 '공산주의자'가 아닌 '사회민주주의자'가 사용된다(이 글에서는 1968년 미국 의회에서의 연설 기록을 인용했다).

그러나 정확한 문장이 무엇이었나를 다투기보다는 담긴 의미에 더 주목할 가치가 있다. 민권운동과 베트남 전쟁 반대자들이 즐겨 인용했다는 것처럼 이 말의 메시지와 영향력을 빌려 오늘날에도 계속 비슷한 문구들이 만들어지고 있다. '세계화 반대자', '무슬림', '성적 소수자', '이주자', '시위대' 등이 들어가는 다양한 개작을 만날 수 있다.

체. 1934년 바르멘에서 열린 제1차 전국 고백교회 회의에서 칼 바르트(Karl Barth)가 기초한 신학적 성명을 채택했는데, 그 내용은 성서와 신앙의 중시, 정치적 목적 및 지도자 원리에 대한 교회의 불복종과 전체주의 국가에 대한 반대 등이다.

만약 우리가 이 시를 바꾼다면, 그들이 잡으러 온 사람들 속에 누구를 넣고 뺄 수 있을까? 오늘날 한국 사회에는 잡힐 위기에 처한 사람들이 너무 많지 않은가. 더욱 중요한 것은 "결국 나를 지켜줄 만한 사람들이 아무도 남아 있지 않다"고 고백하는 사람이 누구인가이다. 아무 말도 아무 행동도 취하지 않는 '나'를 돌아보고 수많은 '나'와의 연결이 절실한 때이다.

그들이 왔다*

THEY CAME

마르틴 니묄러

맨 먼저 그들은 공산주의자를 잡으러 왔지만

나는 공산주의자가 아니었으므로 아무 말도 하지 않았다.

그리고 그들은 노동조합원을 잡으러 왔지만 나는

노동조합원이 아니었으므로 아무 말도 하지 않았다.

그리고 그들은 유대인을 잡으러 왔지만

나는 유대인이 아니었으므로 아무 말도 하지 않았다.

마지막으로 그들은 나를 잡으러 왔지만

나를 위해 말해줄 사람은 아무도 없었다.

＊《세계인권사상사》(미셸린 이샤이 지음, 조효제 옮김, 길, 2005)에서 재인용.

인권을 외치다

첫판 1쇄 펴낸날 2009년 8월 27일
     10쇄 펴낸날 2020년 5월 27일

지은이 류은숙
발행인 김혜경
편집인 김수진
편집기획 이은정 김교석 조한나 이지은 유예림 김수연 유승연 임지원
디자인 한승연 한은혜
경영지원국 안정숙
마케팅 문창운 정재연
회계 임옥희 양여진 김주연

펴낸곳 (주)도서출판 푸른숲
출판등록 2002년 7월 5일 제 406-2003-032호
주소 경기도 파주시 회동길 57-9번지, 우편번호 413-120
전화 031)955-1400(마케팅부), 031)955-1410(편집부)
팩스 031)955-1406(마케팅부), 031)955-1424(편집부)
www.prunsoop.co.kr

ⓒ 류은숙, 2009
ISBN 978-89-7184-820-3 (03900)

이 도서의 국립중앙도서관 출판시도서목록(CIP)은 e-CIP 홈페이지(http://www.nl.go.kr/ecip)와
국가자료공동목록시스템(http://www.nl.go.kr/kolisnet)에서 이용하실 수 있습니다.(CIP2009001186)